Schulden ohne Sühne?

Warum der Absturz der Staatsfinanzen uns alle trifft

Kai A. Konrad
Holger Zschäpitz

Schulden ohne Sühne?

Warum der Absturz der Staatsfinanzen uns alle trifft

C.H.Beck

Mit 21 Graphiken

Satz: Fotosatz Reinhard Amann, Aichstetten
Druck und Bindung: CPI – Ebner & Spiegel, Ulm
Gedruckt auf säurefreiem, alterungsbeständigem Papier
(hergestellt aus chlorfrei gebleichtem Zellstoff)
Printed in Germany
ISBN 978 3 406 60688 5

www.beck.de

Für Kathrin

Für Katja, Levin und Fritz

Inhalt

Vorwort

«September 2013. Mitten in der heißen Phase des deutschen Wahlkampfs treffen sich Bundeskanzlerin Merkel und der französische Staatspräsident Sarkozy zu einer eilends anberaumten Krisensitzung. Die drohende Zahlungsunfähigkeit Spaniens hat den Kurs des Euro einbrechen lassen: Spekulanten wetten auf eine Implosion der Währungsunion. Sie werfen nicht nur die Staatspapiere Spaniens auf den Markt, auch andere Peripherie-Länder wie Irland oder Portugal sind den spekulativen Angriffen von Hedgefonds ausgesetzt [...]»

Mit diesem düsteren Zukunftsszenario wollten wir im Januar 2010 das erste Kapitel dieses Buchs beginnen. Doch was wir für die nächsten Jahre befürchtet hatten, wurde innerhalb von drei Monaten praktisch Wirklichkeit. Kurz vor der Schlussredaktion durften wir noch Zeugen einer beispiellosen Rettungsaktion werden – ein 750-Milliarden-Euro-Paket, das die Zahlungsunfähigkeit Griechenlands und anderer Staaten der Eurozone ein für alle mal aus der Welt schaffen sollte. So zumindest die Hoffnung der Regierungen, deren fiskalische Möglichkeiten damit wohl ausgereizt sind. Sogar die bisher eisern auf ihre Unabhängigkeit und Glaubwürdigkeit bedachte Europäische Zentralbank machte Zugeständnisse und flankierte den politischen Rettungsplan.

Soll man in solchen Tagen, in denen Katastrophenszenarien schneller wahr werden, als die Tinte trocknet, also noch ein Buch schreiben? Kann man ein langsames Medium bemühen, um die Ereignisse zu erfassen, die in ihrer Geschwindigkeit und Dramatik nahezu alle Beteiligten überrollen? Man kann nicht nur, man sollte es auch. Nur wer die Zusammenhänge und die Akteure kennt, kann die weitere Entwicklung, ja das möglicherweise katastrophale Ende der Geschichte abschätzen.

Die beeindruckenden Zahlen, die sich jeder Vorstellungskraft entziehen, und die politischen Akteure, die innerhalb von Tagen oder Stunden fundamentale Entscheidungen treffen, verstellen schnell den Blick für die Konsequenzen der Staatsschuldenkrise. Die finanz- und währungspolitischen Weichenstellungen der vergangenen Wochen sind entscheidend für die Schicksalsfragen Europas: die Stabilität des

Euro, die finanz- und wirtschaftspolitische Zukunft der Währungsunion und die zukünftige Gestalt der Europäischen Union. Die Folgen betreffen jeden Einzelnen von uns. Es geht um unser Zusammenleben, unsere wirtschaftliche Zukunft und auch sehr konkret um unser Portemonnaie.

Dieses Buch soll Ihr kleines Staatsschulden-Vademekum werden – wir wollen die Hintergründe und Zusammenhänge öffentlicher Schulden offenlegen, die Zahlen begreifbar und die Triebkräfte hinter den historischen und aktuellen Entwicklungen sichtbar machen, und die Konsequenzen der finanzpolitischen Rettungsmaßnahmen analysieren. Staatsschulden und ihre bitteren Folgen sind kein unabwendbares Schicksal. Die Politik hat viele Optionen – wir glauben, einige sind besser als andere und weisen Wege aus der Misere auf.

Viele Personen haben zu diesem Buch einen Beitrag geleistet. Einige möchten wir namentlich nennen. Besonderer Dank gilt Ronnie Schöb, der den entscheidenden Impuls für den Titel des Buchs gegeben hat. Er, Johannes Becker, Daniel Eckert, Tim Lohse und Katja Losch haben das gesamte Manuskript gelesen und kommentiert. Tom Cusack hat uns mehrfach mit erfrischend anderen Sichtweisen konfrontiert. Christian Deubner, Lars P. Feld, Clemens Fuest, Wolfgang Franz, Bruno Frey, Christian Kastrop, Hans-Werner Sinn und Nando Sommerfeldt danken wir für ihre Bereitschaft, Teilaspekte und Ideen des Buchs ausführlicher mit uns zu diskutieren. Hilfreiche Kommentare haben wir auch von Hans Tietmeyer bekommen. Die wissenschaftliche Verantwortung bleibt natürlich bei den Autoren. Michael Burda danken wir für einen wichtigen Hinweis bei der Datenrecherche. Jonathan Beck hat dem Manuskript als Lektor durch kritischen und konstruktiven Schliff noch mehr Klarheit verliehen. Nina Bonge hat dafür gesorgt, dass aus einfachen Zahlenreihen spannende Grafiken entstanden sind. Sie war es auch, die gemeinsam mit Athina Grigoriadou unsere Zusammenarbeit souverän gemanagt hat. Bernhard Enzi, Caroline Heinrichs, Moritz Müller-Freitag, Sabrina Korreck und Jennifer Zeiser haben mit ihren Bibliotheksrecherchen und einer sorgfältigen Prüfung aller Quellen beigetragen. Rebekka Göpfert von der Agentur Graf & Graf hat uns zu diesem Projekt ermuntert und mit ihren konstruktiven Kommentaren alle Stufen des Produktionsprozesses begleitet. Nicht zuletzt gilt unser Dank Bettina Pohle vom Berliner Zukunftssalon, die unsere Zusammenarbeit begründet hat. Und natürlich hätte dieses Projekt niemals in der Form ohne unsere Ehefrauen stattfinden können, die – beruflich selbst voll eingespannt – Entbehrungen hinnehmen mussten. Als kritische Leserinnen haben sie einen maßgeblichen Anteil daran, dass das Buch weitgehend frei von Jargon geblieben ist.

Staatsschulden ohne Sühne?
Ein erster Überblick

«Was ein richtiger Staat ist, geht nicht Pleite.» Das sagte noch im Januar 2010 der Bielefelder Historiker Werner Abelshauser in einer Umfrage der «Welt am Sonntag» zum Ausblick auf die neue Dekade. Doch schon ein Vierteljahr später klingt das Statement wie aus einer anderen Ära. Nur dank finanzieller Hilfen in dreistelliger Milliardenhöhe konnte im Frühjahr 2010 Griechenland vor der Zahlungsunfähigkeit bewahrt und damit der erste Staatsbankrott eines westlichen Industrielands seit dem Zweiten Weltkrieg zunächst abgewendet werden. Der Glaube an den unerschütterlichen Staat hält sich dennoch wacker – immer neuer Billionenschulden und den Erfahrungen der Vergangenheit zum Trotz. Es ist höchste Zeit, mit diesem Mythos aufzuräumen. Dazu soll dieses Buch einen Beitrag leisten.

Muss es uns eigentlich kümmern, wenn sich der Staat immer weiter verschuldet? Leider ja: Zerrüttete Haushalte schaden dem Gemeinwohl eines Landes, weil für Staatsaufgaben wie Sicherheit, Infrastruktur oder Bildung das Geld fehlt. Auch unser aller Privateigentum ist in Gefahr, wenn die Staatsfinanzen auf die schiefe Ebene geraten. Denn öffentliche Schulden von heute sind die Steuern und Zwangsabgaben von morgen. Oder der Staat bedient sich der Geldentwertung durch Inflation, weil er so teilweise auch seine Schulden entwerten kann. Die Währung Euro ist nicht mit Gold oder anderen handfesten Werten gedeckt. Sondern wie jede moderne Währung gründet ihr Wert allein auf das Vertrauen, dass Regierungen und die Zentralbank die Kaufkraft erhalten.

Die Lebensversicherung oder die Riester-Rente zur Altersvorsorge, die Euros auf dem Sparbuch oder die Bundesanleihen im Depot – alle diese Vermögensformen mit einem längeren Zeithorizont bauen auf eine stabile Währung und stehen nun mit der Währung auf dem Spiel. Geldentwertung durch Inflation im Inland ist dabei nur eine von mehreren Gefahren. Eine weitere ist ein drohender Staatsbankrott im Ausland. Zum Beispiel muss eine Lebensversicherung oder die örtliche Sparkasse das ihr anvertraute Geld selbst auch investieren, um ihren Kunden eine Verzinsung zu bieten. Zumindest bisher floss ein großer Teil dieses Geldes in vermeintlich sichere Staatsschuldpapiere aus dem Euroraum.

Zum Erscheinungszeitpunkt dieses Buches lasten auf jedem Deutschen ungefähr 22 500 Euro Schulden – und jeden Tag werden es rund fünf Euro mehr. Diese Staatsschulden fallen früher oder später auf die Staatsbürger zurück. Schon jetzt ist die Lebensqualität jedes Einzelnen beeinträchtigt, wenn der klamme Kämmerer das Schwimmbad an der Ecke in ein «Naturbad» umwidmet, um Heizkosten zu sparen, oder aber die Schule im Viertel und das traditionsreiche Theater schließen müssen.

Einen Staatsbankrott darf man sich nicht vorstellen wie den Konkurs einer Firma, die ihre Ladentür mit Brettern vernagelt, oder wie den privaten Pleitier, dem der Gerichtsvollzieher das Konto pfändet. Der Staatsbankrott kann viel subtiler daherkommen: eine vorübergehende Aussetzung oder die Kürzung von Zinszahlungen hier, die forcierte Abwertung der eigenen Währung da, plötzliche Vermögenszwangsabgaben, die in Privatverträge eingreifen, dort. Wie wäre es mit einem Hypothekensonderopfer, einer Investmentfondsdeutschlandabgabe? Hierzulande wird in einigen politischen Kreisen zum Abtragen der Schulden bereits eine einmalige Vermögensabgabe diskutiert, der in Ausnahmefällen wohl auch das Grundgesetz nicht im Wege steht.[1]

Auch Hauseigentümer könnten zu einem beliebten Ziel werden, lassen sich diese doch im Grundbuch leicht ausfindig machen. Außerdem sind Immobilien, wie der Name schon sagt, unbewegliche Güter: Sie können dem Zugriff des Staats nicht ausweichen. Seit es im Jahr 2006 der Bund den Ländern überlässt, die Höhe der Grunderwerbssteuer festzulegen, haben mehrere Länder den Satz angehoben, darunter Berlin und Hamburg.[2] Dem Einfallsreichtum findiger Steuerpolitiker sind kaum Grenzen gesetzt.

Die Geschichte macht wenig Mut. Im vergangenen Jahrhundert mussten die Deutschen gleich zwei Mal erleben, dass ihr Geld das Papier nicht mehr wert war, auf dem es gedruckt war – jeweils ausgelöst durch überbordende Schulden der öffentlichen Hand. Und die Geschichte zeigt auch: Mit jedem Euro, den der Schuldenberg wächst, steigen die Begehrlichkeiten, die privaten Vermögen mit Zwangsabgaben oder anderen Maßnahmen anzuzapfen.

Sicher: Staatsschulden sind nicht per se schlecht. Öffentliche Kredite können durchaus sinnvoll sein, um zukunftsträchtige Investitionen zu finanzieren, konjunkturell bedingte Steuerausfälle auszugleichen und in einem Abschwung nicht noch zusätzlich auf die Bremse zu treten. Nur muss sich die öffentliche Hand am langfristigen Wirtschaftstrend orientieren. Im Abschwung dürfen Kredite aufgenommen werden, die durch Überschüsse im Aufschwung finanziert werden. Wenn aber der Schuldenberg in guten wie in schlechten Zeiten immer weiter und schneller wächst, baut sich eine Lawine auf, die unseren Wohlstand mit in die Tiefe reißt.

Ohnehin hat das erste Jahrzehnt des neuen Jahrtausend gezeigt, dass nichts unmöglich ist. Seit 2000 wurden alte Gewissheiten reihenweise kassiert. Die Pleite der amerikanischen Investmentbank Lehman Brothers im September 2008 hielt noch zwei Tage vor dem Kollaps kaum jemand für möglich. Ebenso wenige hätten im Dezember 2009 vorhergesagt, dass die finanzielle Schieflage Griechenlands die ganze Eurozone ins Wanken und den Euro ins Rutschen bringen könnte. Schließlich trägt der Ägäisstaat gerade einmal 2,6 Prozent zur Wirtschaftskraft der Eurozone bei, kaum mehr als der US-Staat Tennessee für die Vereinigten Staaten. Doch wie in einer Kette von Dominosteinen drohte Griechenland in der Eurozone weitere Wackelkandidaten zum Fallen zu bringen.

Die Misere der Staatsfinanzen begann früher, aber sie wurde bis zum Anschlag verschärft durch die epochale Finanzkrise, die im Jahr 2007 mit geplatzten Hypothekenkrediten ihren Ausgang nahm. Die Exzesse einer jahrelangen Kreditexpansion wurden durch die Krise keineswegs bereinigt. Ein Großteil der privaten Schulden von Banken oder anderen Finanzdienstleistern ist einfach in die öffentlichen Haushalte verschoben worden. Zusätzlich wurden Billiarden mobilisiert, um die Wirtschaft vor einer Neuauflage der Großen Depression zu bewahren. Am Ende des Jahres 2010 stehen die Staaten der Erde zusammen voraussichtlich mit 48 Billionen Dollar in der Kreide – ein Zahlenungeheuer mit 14 Stellen. Für die 48 Billionen könnte man jedem Erdenbürger wahlweise einen Dacia Kleinwagen, ein hochwertiges BMW-Motorrad oder Zahnersatz ohne Zuzahlung geben.

Allein im Jahr 2010 sind noch einmal sechs Billionen Dollar an Schulden hinzugekommen. Einen solch sprunghaften Anstieg hat es in Friedenszeiten noch nicht gegeben, auch nicht einen solchen Schuldenstand. Im Verhältnis zur globalen Wirtschaftsleistung beträgt die Quote 80 Prozent. Im Klartext: Um die öffentlichen Schulden auf einmal abzuzahlen, müssten alle sieben Milliarden Menschen und Unternehmen auf der Erde über ein Dreivierteljahr lang allein für den Fiskus arbeiten.

Historisch sind auch die Schulden der Bundesrepublik Deutschland. Bund, Länder und Gemeinden haben bis Ende 2010 Schulden von rund 1800 Milliarden Euro aufgehäuft. Die Zinszahlungen verschlingen bereits ein knappes Fünftel der Steuereinnahmen. Allein die Zinslast des Bundes beträgt 40 Milliarden Euro und ist mittlerweile der zweitgrößte Posten im Bundeshaushalt. Im Vergleich zu anderen Nationen steht das Land noch relativ stabil da. In Japan beispielsweise sind die öffentlichen Haushalte mit dem Doppelten ihrer Wirtschaftsleistung verschuldet.

Doch die Rechnung für die globale Finanzkrise ist noch längst nicht vollständig beglichen. Dem Haushalt der Bundesrepublik drohen weitere Belastungen in dreistelliger Milliardenhöhe, die aus der Solidarhaftung innerhalb der Euro-Gemeinschaft erwachsen. Finanzschwache Staaten wie Griechenland sollen durch die starken Nationen gestützt werden. Ohne Reformen gelangen so auch die starken Nationen in eine prekäre Situation. Spätestens wenn das stärkste Land nicht mehr in der Lage ist, weitere Schulden zu schultern, ist auch das weltweite Finanzsystem am Ende. Denn wer rettet dann die Retter? Elf Jahre nach Einführung der europäischen Gemeinschaftswährung treten also die Konstruktionsmängel der Währungsunion zutage. Die Mechanismen, die Haushaltsdisziplin sichern sollten, greifen nicht. Die Einheitswährung scheint trotz des bestehenden Regelwerks auf Dauer ohne Transferzahlungen so nicht zu funktionieren.

Erfahrungen mit einer solchen Beistandsverpflichtung hat die Bundesrepublik eigentlich bereits seit Jahrzehnten innerhalb der Bund-Länder-Gemeinschaft. Im Jahr 1992 hat das Bundesverfassungsgericht für das Saarland und Bremen eine extreme Haushaltsnotlage festgestellt und beiden Ländern Anspruch auf Sanierungshilfen durch den Bund zugesprochen. Nach der gewährten Hilfe für Griechenland können die schwachen Peripherieländer der Eurozone mit einer ähnlichen Argumentation in Brüssel anklopfen, beziehungsweise in Frankfurt bei der Europäischen Zentralbank. So wie im Jahr 2006 das Land Berlin ähnlich wie Bremen und das Saarland beim Bund Hilfen einforderte, könnten andere finanzschwache Eurostaaten auf den ersten Solidarfall Griechenland zeigen. Der Umgang mit der griechischen Notlage ist daher eine der folgenreichsten politischen Weichenstellungen dieses Jahrzehnts. Grund genug, sich mit dieser Problematik ausführlicher zu befassen.

Mögliche europäische Finanzhilfen sind nur ein Problem. Von ähnlicher Größenordnung sind die finanziellen Herausforderungen, die durch den demographischen Wandel in Deutschland auf den Staat und damit auf uns zukommen. Mit der alternden Bevölkerung gibt es immer weniger Personen im Erwerbsalter, die den Großteil der Steuern und Sozialabgaben erwirtschaften. Gleichzeitig erhöhen sich die Ausgaben für die steigende Zahl der Rentner. Angesichts dieser Herausforderungen scheint selbst ein Schuldenstopp auf geordnete Art und Weise außer Reichweite – von einer Rückführung ganz zu schweigen.

Ein berechtigter Einwand ist, dass den Staaten auch nach 1945 der Abbau ähnlich hoher Schuldenberge gelang. Die Nebenwirkungen waren dramatisch. Beim Kriegsverlierer Deutschland gab es eine Währungsreform, Japan erlebte eine kurze und heftige Hyperinflation. Bei den Kriegsgewinnern war die Vermögenserosion weniger offensichtlich: Dort schöpften die Regierungen über hohe Steuern den Wohlstand der Bürger ab, um sich zu sanieren. Der Spitzensteuersatz in Amerika lag nach dem Zweiten Weltkrieg bei über 90 Prozent. Ein Übriges tat die Inflation. Zusätzlich konnten die Regierungen noch auf einen rasanten Konjunkturaufschwung bauen – das berühmte Wirtschaftswunder – und auf eine junge Bevölkerung. Heute ist Ersteres höchst ungewiss und Letzteres angesichts des demographischen Wandels in vielen Staaten ins Gegenteil umgeschlagen.

Dennoch ist dies kein Grund, in Fatalismus zu verfallen. In diesem Buch zeigen wir Strategien aus der Billionenfalle – für Staatslenker wie Staatsbürger gleichermaßen. Für überschuldete Länder muss ein Weg geschaffen werden, der neue Schulden unattraktiv macht und gleichzeitig Anreize setzt, Altlasten zu bereinigen. Allein auf gesetzliche Schranken zu setzen, wäre blauäugig, wie am europäischen Stabilitäts- und Wachstumspakt zu sehen ist: Nur die wenigsten Euro-Mitglieder halten sich konsequent an die strikten Verschuldungsgrenzen. Über verbale Rügen oder im Sande verlaufene Strafverfahren ist die EU bislang noch nicht hinausgekommen, obwohl der EU-Vertrag durchaus härtere Sanktionen vorsieht.

Wenn die bestehenden politischen Regeln also kein ausreichender Anreiz für mehr Haushaltsdisziplin und schon gar nicht für die Rückführung von Schulden sind, müssen andere Sanktionsmechanismen wirken. Eine wichtige Rolle kommt den Marktkräften zu. Anders als Privatpersonen oder kleine Unternehmen leihen sich die Finanzminister das Geld meist nicht direkt von den Banken. Sie bieten Staatsanleihen auf dem milliardenschweren Kapitalmarkt an, um neue Schulden aufzunehmen oder alte abzulösen. Die Käufer dieser Anleihen sind es, die den Staaten das Geld borgen und dafür Zinsen erhalten wollen. Letztlich sind es auch die Märkte, die Schuldengrenzen diktieren. Ein Staat kann nur so lange auf Pump leben, wie er Interessenten für seine Schuldtitel findet.

Wer sind diese Akteure, die mit ihren Kauf- und Verkaufsentscheidungen ganze Nationen zu Fall bringen können? Wegen seiner Funktion als Königsmacher haben wir dem Anleihemarkt und seinen Akteuren zwei eigene Kapitel im zweiten Teil dieses Buchs gewidmet.

Aber wird sich die Politik dem Votum der großen Kreditmarktspieler stellen, wenn zuhause Demonstrationen drohen oder die Wählergunst auf dem Spiel steht? Oder werden die Volksvertreter eher versuchen, die Marktkräfte außer Kraft zu setzen? In Staaten wie den USA, Großbritannien oder Japan sind die de jure unabhängigen Notenbanker neuerdings in das Geschäft der Staatsfinanzierung eingestiegen. Sie betätigten sich seit 2008 als Aufkäufer von Staatsschuldpapieren. Im Frühjahr 2010 folgte auch die Europäische Zentralbank. Von da ist es nur noch ein kleiner Schritt zu einer direkten Finanzierung des Staats mit Geld aus der Notenpresse.

Einen anderen Weg, dem freien Kapitalmarkt zu entgehen, hat die Politik in Argentinien im Jahr 2001 beschritten. Sie setzte einfach die Zinszahlungen aus und erklärte ihren vorwiegend ausländischen Kreditgebern den Bankrott. Islands Staatspräsident Olafur Ragnar Grimsson wiederum ließ im Frühjahr 2010 das Volk darüber abstimmen, ob es knapp vier Milliarden Euro Entschädigungen an britische und niederländische Sparer leisten wollte, die das Finanzinstitut Landsbanki bei seinen Auslandsaktivitäten in den Sand gesetzt hatte. Das Ergebnis des Referendums überrascht kaum. Nur wenige Isländer wollten mit umgerechnet 12 000 Euro pro Kopf für die Fehler ihrer Banker geradestehen.

Die Lösung der Schuldenprobleme hängt auch vom sozialen Zusammenhalt in der jeweiligen Gesellschaft ab. Erträgt eine Demokratie überhaupt die sozialen Zumutungen, die ein Schuldenabbau in der Regel mit sich bringt, oder wird eine solche Regierung einfach abgewählt, so dass eine Haushaltskonsolidierung politisch unmöglich ist? Ist das öffentliche Haushalten auf Kredit ein Webfehler repräsentativer Demokratien? Gibt es überhaupt feste Grenzen der Staatsverschuldung, bei deren Überschreiten die Pleite vorbestimmt ist?

Staatsschulden sind auch ein Ausdruck für den Umgang der Generationen untereinander. Sind höhere Schulden gegenüber Familien mit Kindern unfair, weil deren Nachkommen die Lasten zu schultern haben, während Kinderlose lediglich die gegenwärtigen Annehmlichkeiten öffentlicher Ausgaben genießen können? Oder gibt es aus Sicht der Generationengerechtigkeit vielleicht sogar gute Gründe für Staatsverschuldung?

Auf all diese Fragen hält das Buch teils überraschende Antworten bereit. Die wachsende öffentliche Verschuldung ist eines der dringendsten Probleme unserer Zeit, die Lösung eine der Schicksalsfragen der westlichen Zivilisation, wenn es um die Zukunft unserer Währung, unseres Wohlstands und unseres wirtschaftlichen Ranges in der Welt geht. Der um sein Geld besorgte Staatsbürger sollte die möglichen Optionen und deren Konsequenzen kennen, um sich gegen eine Vermögenserosion oder gar -vernichtung zu wappnen. Das Buch ist keine Sammlung von Anlegertipps. Aber die Einordnung der aktuellen Ereignisse in die moderne Theorie und in den historischen Kontext hilft, aktuelle Entwicklungen zu bewerten und als aufgeklärter Anleger richtig zu reagieren.

Man muss teilweise weit in die Geschichte zurückblicken, um ähnlich gravierende Umwälzungen zu identifizieren. Deshalb haben wir auch der Schuldenhistorie großen Platz eingeräumt. «This time is different – dieses Mal ist alles anders», so nennen Carmen Reinhart und Kenneth Rogoff ihren Rückblick auf acht Jahrhunderte von Finanzkrisen. Sie zeigen, dass sich Staatsverschuldung eben immer wieder in den verschiedenen Formen des Staatsbankrotts entladen hat. Staatsbürger haben im Glauben daran, dass dieses Mal alles anders kommt, ihr Geld wieder und wieder in der Geschichte verloren. Diesen teuren Irrtum wollen wir den Lesern möglichst ersparen.

Die drei Teile des Buches bauen nicht aufeinander auf, sie können also separat angesteuert werden. Wer sich nicht gleich vom Ernst unseres Lageberichts die Stimmung verderben lassen will, startet vielleicht lieber im zweiten Teil, der die Hintergründe des öffentlichen Kredits ausleuchtet und dabei mit allerlei Mythen aufräumt. Ungeduldige können sich gleich zur wirtschaftspolitischen Analyse der europäischen Schuldenkrise und den Therapievorschlägen im dritten Teil begeben.

Wir haben uns von vielen spannenden Büchern und Aufsätzen inspirieren lassen. Wenn Sie einzelne Gedanken und Ideen vertiefen möchten, finden Sie Quellenangaben in den Endnoten im Anhang.

Wie der polnische Lyriker Stanislaw Jerzy Lec scharfzüngig bemerkte, ist die Summe von Nullen eine gefährliche Zahl. Und so müssen wir an dieser Stelle noch eine Warnung aussprechen. Milliarden, Billionen, Billiarden: Auf den kommenden Seiten werden Sie von vielen Nullen umgeben sein. Dem Neuroökonomen Armin Falk zufolge sprengen alle Beträge, die über ein Jahresgehalt oder den Preis eines Einfamilienhauses hinausgehen, unsere Vorstellungskraft.[3] Um sich an höhere Dimensionen zu gewöhnen, dauere es mindestens eine Generation. Italiener, die vor der Euroeinführung in hohen Lirabeträgen rechnen mussten, haben uns Deutschen da wohl etwas voraus. Zur Klarstellung haben wir ein paar Nullen aufgeschrieben:

1 000 000: eine Million
1 000 000 000: eine Milliarde
1 000 000 000 000: eine Billion
1 000 000 000 000 000: eine Billiarde
1 000 000 000 000 000 000: eine Trillion
1 000 000 000 000 000 000 000: eine Trilliarde[4]

TEIL I

Staatsschulden – ein Lagebericht

1. Ein kurzer Blick auf die Schuldenberge

Die weltweite Verschuldung der Staaten ist in den vergangenen Jahren geradezu explodiert. Und dafür ist nicht allein das Krisenjahr 2008 verantwortlich, als die Regierungen rund um den Globus das größte Konjunkturpaket der Weltgeschichte auflegten. Bereits in den wirtschaftlichen Boomjahren zuvor hatten die Finanzminister das Geld mit vollen Händen ausgegeben. Zwischen 2001 bis 2010 haben sich die Schulden aller Nationen mehr als verdoppelt: von 20,4 auf 48 Billionen Dollar. Bis Ende 2011 ist ein weiterer Anstieg auf 51,5 Billionen Dollar zu erwarten.[1]

Unübertroffener Schuldenkönig ist Amerika mit Schulden von 14 Billionen Dollar. Eine unrühmliche Rolle in der Statistik spielen aber auch die Länder der Eurozone. Sie dürften Ende 2011 auf einen im Vergleich zu den USA nur leicht niedrigeren Schuldenstand von 12,5 Billionen Dollar blicken. Das Unangenehme dabei: Der Anteil der Eurozone an den Weltschulden ist größer als ihr Anteil an der globalen Wirtschaftsleistung. Sie ist im Vergleich also fiskalisch unsolider als der Durchschnitt der Staatengemeinschaft.

Die Zahlen machen deutlich: Die öffentlichen Haushalte der Staatengemeinschaft sind überdehnt. Die Bilanzen einzelner Länder könnte es schon bald zerreißen. Nicht umsonst steht im für gewöhnlich recht treffsicheren Weltrisikoreport 2010 der Denkfabrik World Economic Forum von Davos die Gefahr von Staatsbankrotten an erster Stelle.[2]

Nicht nur für Griechenland, auch für Spanien ist die Situation besonders angespannt. Das ehemalige wirtschaftliche Wunderkind Europas, das sich nach einem goldenen Jahrzehnt mit einem boomenden Immobiliensektor rühmen konnte, Italien beim Wohlstand übertrumpft zu haben, wurde im Jahr 2008 mit dem Platzen der Hypothekenblase entzaubert. Überschuldete Verbraucher müssen ihren Konsum zurückfahren, das Land leidet unter dem Euro und zu allem Überfluss bleiben auch die Touristen aus. Jeder fünfte Spanier ist arbeitslos, unter den jungen Leuten ist sogar jeder Dritte ohne Beschäftigung. Es fehlt an industrieller Basis und internationaler Wettbewerbsfähigkeit.[3]

Anfang 2010 veröffentlichte Moody's, eine der Ratingagenturen, die für Kreditgeber die Bonität eines Staates beurteilen, ein fiskalisches

«Elends-Ranking» («misery index»). Dort fanden sich die Spanier auf der Spitzenposition wieder, noch vor anderen ökonomischen Wackelkandidaten wie dem Baltikum, Griechenland, Irland, Island oder Großbritannien. Der Index summiert die Arbeitslosenrate und das Haushaltsdefizit in Prozent der Wirtschaftsleistung. Er misst damit eine brisante Mischung. Staaten mit hoher Neuverschuldung und einem desolaten Arbeitsmarkt haben keinen finanziellen Spielraum, um mit Konjunkturprogrammen die sozialen Folgen der Beschäftigungslosigkeit abzufedern. Noch schwieriger fällt es diesen Ländern, einen harten Sanierungskurs zu beschreiten, wollen sie nicht Demonstrationen oder soziale Unruhen riskieren. Bei einem Haushaltsdefizit, das im Jahr 2010 schätzungsweise zehn Prozent der Wirtschaftsleistung beträgt, kommt für Spanien inklusive der Arbeitslosenquote von 20 Prozent ein Wert von 30 zusammen.[4] Neben Spanien weisen auch Irland und Griechenland hohe Werte auf.[5]

In den vergangenen Jahren profitierten die öffentlichen Haushälter noch von stetig sinkenden Zinsen. Das verdeckte die Zusatzbelastungen der öffentlichen Haushalte durch den eigentlichen Schuldenanstieg.[6] Aus Angst vor einer Großen Depression flüchteten sich während der Finanzkrise viele Anleger in Regierungstitel und akzeptierten niedrigste Verzinsungen. Die Nullzinspolitik der Notenbanken tat das Übrige, um die Sätze niedrig zu halten.[7] Allerdings hat sich bereits seit Anfang 2010 die Stimmung gedreht. Ein Gefühl von besonderer Sicherheit geben Staatsanleihen nicht mehr, seit sich an den Märkten langsam die Meinung durchsetzt, dass die Regierungen das Schuldenrad überdrehen.

Im Frühjahr 2010 kulminierte der Vertrauensschwund gegenüber den Ländern in einer bemerkenswerten Entwicklung. Mit einem Mal bevorzugten Anleger in Europa die Anleihen von Unternehmen gegenüber manchen Regierungstiteln. Anders gesagt: Europäische Firmen wurden für sicherere Schuldner gehalten als die Staaten der Eurozone. In der Geschichte ließ sich eine derartige Risikowahrnehmung allenfalls nach großen Kriegen beobachten, wenn die Staaten die Kriegslasten über sogenannte Kriegsanleihen finanzieren mussten. Im 15. Jahrhundert beispielsweise hatte der französische König Karl VIII. für seine Kriegsanleihen italienischen Gläubigern einen Zins von 100 Prozent zu bieten, während Unternehmen in der gleichen Zeit lediglich zwischen fünf und zehn Prozent zahlen mussten. Und die Bank of England verlieh im 17. Jahrhundert dem britischen William III. Geld für einen Zins von acht Prozent, wohingegen die offizielle Rate für Unternehmen nur halb so hoch lag.[8]

Den Gesetzen von Angebot und Nachfrage können sich die Zinsen für Staatsschuldpapiere nicht entziehen. Je mehr Anleihen auf einmal auf den Markt kommen, desto höhere Zinsen müssen Staaten den Kreditgebern dafür bieten. Zur Erinnerung: Noch in den neunziger Jahren mussten Regierungen den Investoren zwischen sieben und zehn Prozent bieten. Ein Anstieg der Zinsen vom aktuell sehr niedrigen Niveau geht ganz leicht mit zusätzlichen Haushaltsbelastungen in Milliardenhöhe einher – vor allem für Staaten mit hohen Schuldenständen. Ein näherer Blick in den folgenden Kapiteln zeigt, wie gefährlich nah einzelne Staaten schon jetzt dem finanziellen Ruin sind – wir beginnen mit Deutschland.

2. Deutschlands Finanzverfassung

«Ich habe in einen Abgrund gesehen.» Mit Worten des Entsetzens kommentierte der ehemalige deutsche Finanzminister Peer Steinbrück die tiefroten Bilanzen der Hypo Real Estate. Im September 2008 – kurz nach der Pleite der amerikanischen Investmentbank Lehman Brothers – musste die Bundesregierung bei der Bank mit Milliarden einspringen. Das Institut war eine gigantische Wette auf den Zinsunterschied zwischen kurz- und langfristigen Krediten eingegangen und hatte verloren.

Wäre Steinbrück im Jahr 2010 noch Finanzminister, dürfte ihm beim Blick in den Bundeshaushalt erst recht schwindelig werden. Die Staatsverschuldung hat in Deutschland ein historisches Ausmaß erreicht und legt mit atemberaubendem Tempo weiter zu. Das lässt sich mit wenigen Zahlen dokumentieren. Ende 2010 werden die Verbindlichkeiten von Bund, Ländern und Gemeinden 1,8 Billionen Euro betragen (1 800 000 000 000 Euro). Pro Kopf ist damit jeder der gut 80 Millionen Deutschen mit 22 500 Euro belastet. Pro Sekunde steigen die Außenstände um 4481 Euro.[9]

Der deutsche Finanzminister Wolfgang Schäuble musste für seinen Etat 2010 gut 80 Milliarden Euro – inklusive Investitions- und Tilgungsfonds sogar rund 100 Milliarden Euro – an neuen Krediten bu-

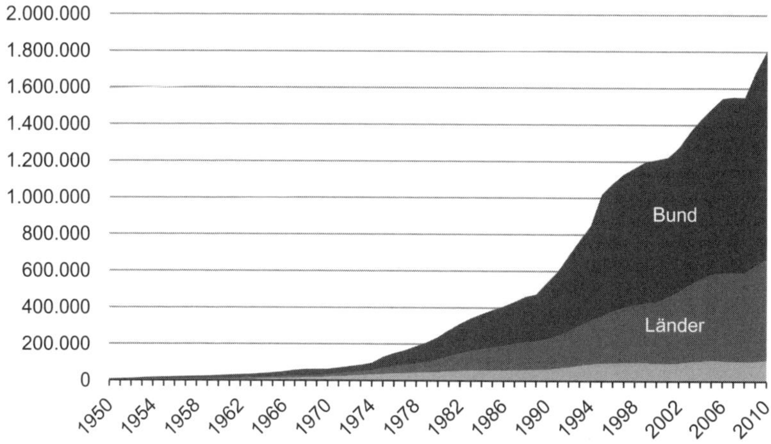

Abb. 1: Gesamtschuldenstand von Bund, Ländern und Gemeinden (Mio. Euro)
Quelle: Statistisches Bundesamt

chen; ein Negativrekord in der Geschichte der Bundesrepublik. Hinzu kommen noch einmal knapp 30 Milliarden zusätzliche Kredite von Ländern und Gemeinden. Das Haushaltsdefizit beträgt insgesamt rund fünf Prozent der deutschen Wirtschaftsleistung, nachdem der Etat im Jahr 2008 noch fast ausgeglichen war. Die Schuldenquote, d. h. die Höhe der Schulden im Vergleich zur jährlichen Wirtschaftsleistung, steht bei 77 Prozent. Sie ist damit fast doppelt so hoch wie nach der Wiedervereinigung und bedeutet, dass die Deutschen für die Rückzahlung ihrer Schulden nach aktuellem Stand etwa die ersten vierzig Wochen des Jahres nur dafür produzieren müssten.

Die Zinslasten von zur Zeit fast 40 Milliarden Euro im Jahr verschlingen 18 Prozent der Steuereinnahmen und werden zunehmend zur Belastung für den Haushalt. Dabei profitieren Bund und Länder eigentlich von günstigen Zinsen. Mussten in den vergangenen drei Jahrzehnten den Kreditgebern noch im Schnitt fast sechs Prozent bezahlt werden, waren es 2010 laut Finanzministerium gerade einmal drei Prozent.

Ein Anstieg des Zinsniveaus würde die Lasten natürlich weiter in die Höhe treiben und gerade die Kommunen auf einen Schlag in Bedrängnis bringen. Die Kämmerer mussten für ihre kurzlaufenden Kassenkredite phasenweise noch nicht einmal ein Prozent zahlen. Der Bund hat den Vorteil, dass ein Großteil der Schulden zu festen Konditionen langfristig

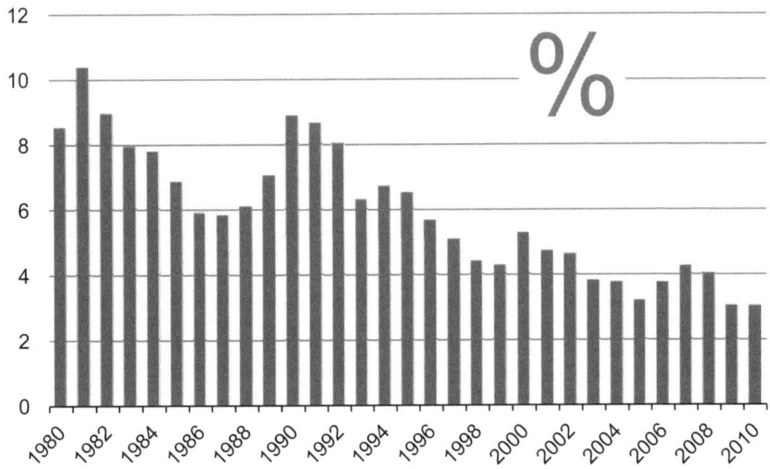

Abb. 2: Durchschnittliche Verzinsung der Bundesschuld (in Prozent)
Quelle: Bundesministerium der Finanzen

finanziert ist. Die durchschnittliche Gesamtlaufzeit beträgt um die sechs Jahre. Damit schlagen sich Zinserhöhungen erst mit zeitlicher Verzögerung im Haushalt nieder, weil nur die Anschlussfinanzierung und die Ausgabe neuer Schuldenpapiere teurer wird.

Nun weiß jeder, der privat Schulden hat, dass es nicht allein auf die Höhe der Verbindlichkeiten ankommt, sondern auch auf die Einnahme- und Ausgabensituation. Wie viel Geld kann man zusätzlich beschaffen? Wo lässt sich der Gürtel enger schnallen? Auch mit Blick auf diese Parameter hat die öffentliche Hand wenig Spielraum. Im Jahr 2010 steuerte die Staatsquote auf 49 Prozent zu. Das bedeutet, dass jeder zweite in Deutschland erwirtschaftete Euro durch die öffentlichen Hände geht. Der Staat verwendet das Geld für Sozialleistungen und Subventionen, für das eigene Personal, aber auch für Investitionen in Kitas, Schulen oder Universitäten. Nun muss man nicht wie Helmut Kohl eine Staatsquote von 50 Prozent als die Schwelle zum Sozialismus betrachten.[10] Aber jedenfalls steht Deutschland zum ersten Mal seit Mitte der neunziger Jahre wieder an dieser 50-Prozent-Marke und es ist schwierig, ohne Schaden für das langfristige Wachstum die Abgabenlast noch weiter zu erhöhen.[11]

Wie eng der Spielraum für weitere Erhöhungen der Einnahmen ist, macht auch eine weitere Zahl deutlich: die Abgabenbelastung mit Steu-

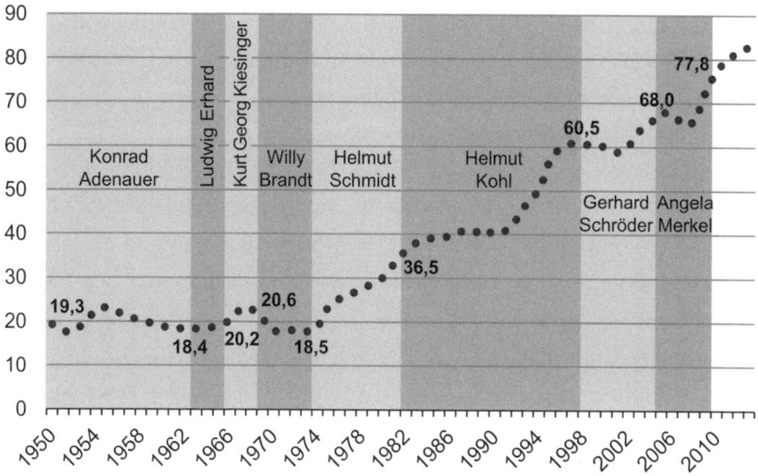

Abb. 3: Schuldenquote von Bund, Ländern und Gemeinden
(in Prozent des Bruttoinlandsprodukts)
Quellen: Statistisches Bundesamt, bei Prognosen Fitch Ratings und Internationaler Währungsfonds

ern und Sozialbeiträgen. Mit rund 40 Prozent steht diese Quote in der Nähe eines Nachkriegsrekordes. Von diesem Niveau aus ist es für Berlin schwierig, die Schraube weiter anzuziehen.[12]

Nicht minder dramatisch als diese Momentaufnahme fällt der Blick in die Zukunft aus. Schon im Jahr 2012 könnte die nächste runde Marke genommen werden, dann wird für Deutschland mit einer Schuldenquote von 80,3 Prozent gerechnet. Sollten die Zinsen stark steigen, ist sogar ein noch höheres Niveau möglich.[13]

Wirklich abgenommen haben die Schulden seit 1948 zwar nie, aber immerhin verblieb die Schuldenquote trotz stark steigender absoluter Schulden bis Mitte der siebziger Jahre auf einem Niveau um die 20 Prozent der Wirtschaftsleistung. In dieser Phase wuchs das Bruttoinlandsprodukt im gleichen hohen Tempo wie die Schulden. Nach der ersten Ölkrise jedoch konnten weder die Vorkehrungen zur Begrenzung der Staatsverschuldung im Grundgesetz noch der von vielen als politischer Erfolg Deutschlands gesehene europäische Stabilitäts- und Wachstumspakt den Schuldenanstieg stoppen.

Dem in Abbildung 3 gut sichtbaren treppenförmigen Verlauf lässt sich wenigstens ein positiver Aspekt abgewinnen: Es gab zwischenzeitlich immer wieder Phasen der Stabilisierung. Das zeigt, dass sich in Deutschland die öffentlichen Haushalte noch nicht in einer Schuldenspirale befinden, die sich immer schneller dreht und mit normalen Mitteln nicht mehr anzuhalten ist. Vielmehr scheint eine Konsolidierung der Haushalte durchaus noch möglich, wenn der entsprechende Wille der politischen Akteure und eine gewisse Bereitschaft der Bundesbürger besteht.

Aktuell hat es jedoch den Anschein, als sei der öffentliche Kredit ein fester Posten in den jährlichen Etats der Finanzminister, und als handele es sich bei der Staatsverschuldung um ein «naturgesetzliches Phänomen». Das war nicht immer so. Die Einstellung zur öffentlichen Schuldenaufnahme unterlag im Laufe der Zeit erheblichen Schwankungen.[14]

Staatsfinanzen sind die in Zahlen geronnene Geschichte einer Nation. Die öffentlichen Haushalte bilden ab, wofür Geld ausgegeben wird und wofür nicht. Auch machtpolitische Ambitionen und militärische Abenteuer schlagen sich in den Haushaltszahlen nieder. Die öffentlichen Finanzen erfassen wie ein «Seismograph» die zentralen Veränderungen in Politik, Ökonomie, Kultur und Gesellschaft.[15] Sie sind das Ergebnis eines komplexen politischen Prozesses, an dem viele Teile der Gesellschaft und Wirtschaft, aber auch die Gebietskörperschaften Bund, Länder und Gemeinden beteiligt sind. Sie sind auch Ausdruck machtpolitischer Konstellationen und marktpolitischer Ordnungsvorstellungen. Geopolitische Problemlagen wie der Krieg seinerzeit in Kuwait, der Afghanistankonflikt oder die Terrorismusbekämpfung fließen in einen öffentlichen Haushalt genauso ein wie der demographische Wandel einer Gesellschaft.

Wie die folgende kleine Finanzgeschichte der Bundesrepublik zeigt, können ruckartige Veränderungen bei der Verschuldung durchaus als politische Zäsuren beziehungsweise Wendemarken interpretiert werden. Eng damit verbunden sind die damit einhergehenden Verfassungsänderungen.

Neustart nach dem Zweiten Weltkrieg

Nach einer ausufernden Schuldenpolitik in der nationalsozialistischen Epoche wurde der Schuldenzähler nach dem Zweiten Weltkrieg auf nahe Null gestellt. Die Tilgung der öffentlichen Verbindlichkeiten erfolgte auf radikale Weise: Wie andere Geldwerte auch, wurden im Zuge der Währungsreform vom 20. Juni 1948 die Reichsschulden von 392,5 Milliarden Reichsmark um 93,5 Prozent gekürzt und in die neue «Deutsche

Mark» umgewandelt. Der Staat wurde also auf einen Schlag 93,5 Prozent seiner Schulden los. Es handelte sich um den «schärfste(n) Währungsschnitt in der deutschen Wirtschaftsgeschichte»[16].

Die ausländischen Gläubiger Deutschlands, darunter auch die Siegermächte, genossen allerdings eine bevorzugte Behandlung. Deren Forderungen von 1,4 Milliarden Reichsmark wurden auf der Londoner Schuldenkonferenz 1952 verhandelt und schließlich im Paket mit anderen Verbindlichkeiten anerkannt. Den Großteil der Auslandsverbindlichkeiten beglich der Bund in den sechziger Jahren, ein kleiner Teil ist auch im Jahr 2010 noch offen.[17]

Die drastische Enteignung durch die Währungsreform ermöglichte der Bundesrepublik zwar einen Start ohne größeren fiskalischen Ballast, aber sie hat wohl mindestens eine Generation für das Thema Geldentwertung besonders sensibel gemacht. Vielleicht wurden deswegen im Grundgesetz von 1949 die Vorschriften zur Staatsverschuldung relativ restriktiv gefasst.[18] Die Vorschrift zur Begrenzung der Schuldenaufnahme des Staats knüpfte an die Tradition der Verfassungsväter der Weimarer Verfassung an, die eine Kreditaufnahme als normales Instrument der Haushaltsfinanzierung nicht vorsah, sondern lediglich bei «außerordentlichem Bedarf» und zu «werbenden Zwecken». Die verbindliche Formulierung des Artikels 115 im Grundgesetz von 1948 kam mit 69 Wörtern aus und lautete:

> Im Wege des Kredites dürfen Geldmittel nur bei außerordentlichem Bedarf und in der Regel nur für Ausgaben zu werbenden Zwecken und nur auf Grund eines Bundesgesetzes beschafft werden. Kreditgewährungen und Sicherheitsleistungen zulasten des Bundes, deren Wirkung über ein Rechnungsjahr hinausgeht, dürfen nur auf Grund eines Bundesgesetzes erfolgen. In dem Gesetze muß die Höhe des Kredites oder der Umfang der Verpflichtung, für die der Bund die Haftung übernimmt, bestimmt sein.

Nicht allen Zeitgenossen war diese Formulierung genügend präzise und restriktiv. Der Rechnungshof des Deutschen Reichs (Britische Zone) war einer der Bedenkenträger. Er befürchtete eine «ungesunde» Ausweitung der Kreditfinanzierung öffentlicher Ausgaben und forderte schärfere Regeln. Die Formulierung verschloss den Weg in die Staatsverschuldung ja nicht vollständig. Die politischen Akteure mussten dafür nur jeweils einen außerordentlichen Bedarf feststellen. Verschuldung sollte außerdem nur «in der Regel», also nicht zwingend nur für Projekte mit klaren wirtschaftlichen Erträgen dienen. Erfinderische Regierungen hätten mit dieser Formulierung leicht ein ganz erhebliches Maß an Staatsverschuldung erreichen können.[19]

Die Schlupflöcher in der Verfassung blieben aber weitgehend ungenutzt. Die Regierung verfolgte überwiegend eine Politik der Schuldenenthaltsamkeit. Ausgaben waren durch «ordentliche» Einnahmen gedeckt. Und so betrug die Verschuldung des Gesamthaushaltes im Jahr 1950 gerade einmal umgerechnet rund zehn Milliarden Euro. Bis 1960 stiegen die Schulden zwar auf mehr als das Doppelte. Allerdings ging ein Großteil der Nettokreditaufnahme auf die Länder sowie die Altschuldenregelung aus dem Londoner Abkommen zurück.

Das deutsche Wirtschaftswunder war für eine solide Haushaltspolitik hilfreich. Zwischen 1950 und 1965 erlebte die Bundesrepublik Wachstumsraten, die mit denen Chinas zu Beginn des 21. Jahrhunderts vergleichbar sind. Durchschnittlich 7,6 Prozent legte die bundesdeutsche Wirtschaft in den fünfziger Jahren zu, im Spitzenjahr 1955 gab es ein Plus von 11,5 Prozent. Die Beschäftigtenzahl wuchs in diesen Jahren in der Größenordnung von einer halben Million zusätzlicher Beschäftigter pro Jahr.[20] Die Wachstumsdynamik ließ die Steuern reichlich sprudeln und auch die Finanzlage im Bereich der Sozialversicherung war günstig.

Die Finanzaufwendungen für die Systeme sozialer Sicherung waren mit den heutigen Anforderungen kaum zu vergleichen. Aus dem Bundeshaushalt floss nur wenig Geld in die Renten- oder Krankenversicherung. Das war auch gar nicht nötig, wuchs doch neben der Wirtschaft auch die Bevölkerung. Demographische Probleme, unter denen die Systeme der sozialen Sicherung zu Beginn des 21. Jahrhunderts leiden, lagen noch in weiter Ferne. Und so ging die Schuldenquote von 21 Prozent im Jahr 1950 innerhalb einer Dekade sogar leicht auf 17,4 Prozent zurück. Ob diese Entwicklung auf wirtschaftliches Glück, haushälterischen Sachverstand oder aber die spezifische Formulierung des Artikels 115 im Grundgesetz zurückzuführen ist, lässt sich kaum beantworten.

Siegeszug des Keynesianismus

Noch vor der ersten ernsten Nachkriegsrezession, die in den Jahren 1966/67 die Bundesrepublik traf, trat ein Stimmungswandel ein und die Politik veränderte ihre Einstellung zur Bedeutung eines solide finanzierten Haushalts.[21] Weltweit begann eine Diskussion um die Aufgaben des

Staates in Wirtschaft und Gesellschaft. Der amerikanische Ökonom John Kenneth Galbraith brachte den neuen Zeitgeist auf den Punkt, als er die öffentliche Armut bei gleichzeitigem privaten Reichtum anprangerte. Der Staat müsse für seine Aufgabe einen größeren finanziellen Gestaltungsspielraum bekommen. Das Konzept der sogenannten Globalsteuerung erlebte ungeahnte Popularität. Die öffentliche Hand sollte die Haushaltspolitik den Zielen der allgemeinen Wirtschaftspolitik unterordnen.[22]

Dieser Forderung schlossen sich auch in Deutschland viele politische Lager an. Die Lenkung des Wirtschaftswachstums, etwa durch Steuern auf Investitionen oder eine Beschränkung der Kreditmöglichkeiten des privaten Sektors, wurde zu einer zentralen Aufgabe der Wirtschaftspolitik erhoben. In einer Welt, in der die ersten Astronauten oder Kosmonauten um die Erde kreisten und der erste bemannte Flug zum Mond unmittelbar bevorstand, machte sich großes Technikvertrauen und ein enormer Politikoptimismus breit. Die Steuerbarkeit der Konjunktur schien möglich, Wirtschaftskrisen schienen vermeidbar oder beherrschbar.

Kreislauftheoretische Vorstellungen gesamtwirtschaftlicher Zusammenhänge erlebten innerhalb und außerhalb der Wissenschaft eine echte Hochkonjunktur. Varianten der Theorien von John Maynard Keynes zur Krisenanfälligkeit moderner Volkswirtschaften und über staatliche Konjunktursteuerung als Therapie hatten sich auch innerhalb der Zunft der deutschen Ökonomen verbreitet. So rieten in dieser Zeit auch zentrale wissenschaftliche Beratergremien der Bundesregierung dazu, in den Wirtschaftskreislauf mit staatlichen Ausgabenprogrammen und anderen staatlichen Steuerungsinstrumenten einzugreifen. Beispiel hierfür ist das Gutachten einer Sachverständigenkommission für Finanzreform (das sogenannte Troeger-Gutachten). In der Zusammenfassung heißt es dort:[23]

Der moderne Industriestaat muß seine Wirtschafts- und Sozialpolitik in den Dienst
- der inneren und äußeren finanziellen Stabilität,
- eines kräftigen, möglichst gleichmäßigen Wirtschaftswachstums,
- einer optimalen Ausnutzung der verfügbaren Arbeitskräfte und der sonstigen nationalen Produktionsfaktoren und
- einer gewissen Verringerung der Ungleichmäßigkeit der Einkommens- und Vermögensverteilung

stellen. Diese Zielsetzungen müssten von der Bundesregierung wirksamer als bisher durch eine entsprechende Fiskal- und Kreditpolitik gefördert werden können. Dazu muß ihr das notwendige Instrumentarium zur Verfügung stehen.

In diesen Formulierungen sind Kernpunkte der nächsten Verfassungsreform bereits vorgezeichnet. Der Paradigmenwechsel fand seine konkrete rechtliche Fundierung in der Verabschiedung des Gesetzes zur Förderung der Stabilität und des Wachstums im Jahr 1967 und in entsprechenden Änderungen des Grundgesetzartikels 115 zwei Jahre später. Das neue Gesetz nennt vier Kriterien für das in der Verfassung definierte Ziel des «gesamtwirtschaftlichen Gleichgewichts»: Es beauftragt die Regierung, für ein stabiles Preisniveau, einen hohen Beschäftigungsstand, ein außenwirtschaftliches Gleichgewicht und ein stetiges und angemessenes Wirtschaftswachstum zu sorgen.[24]

Es gab natürlich auch kritische Kommentare zu der Reform. Die Bemerkungen von Rudolf Stucken könnten auch in gegenwärtigen Diskussionen zur Föderalismuskommission II fallen:

> Unbefriedigend ist dabei, daß *viele Begriffe, mit denen im Gesetz gearbeitet wird, sich einer exakten Definition entziehen*; [...] Widerspricht eine ein- bis zwei prozentige Preissteigerung je Jahr schon der Stabilität des Preisniveaus? Ist hoher Beschäftigungsstand schon bei zwei bis drei prozentiger Arbeitslosigkeit im Durchschnitt eines Jahres gegeben? Wann ist Wirtschaftswachstum «angemessen»? Unter welchen Umständen liegt eine Störung des gesamtwirtschaftlichen Gleichgewichts vor, was mehrfach als Vorbedingung für einschlägige Maßnahmen im Gesetz genannt wird? Auf Grund dieser Unbestimmtheit bleibt ein *großer Ermessensspielraum* für die Anwendung des Gesetzes, was auch seine Vorteile hat. Aber die Anwendung des Gesetzes bleibt damit eine Kunst, die *Intuition* verlangt. [...] Ist bei der Unbestimmtheit der Begriffe damit zu rechnen, dass auch die unangenehmen Maßnahmen zur rechten Zeit ergriffen werden? Demgemäß ist die Frage der sinnvollen Anwendung des Gesetzes nicht nur eine Frage der Intuition, sondern auch eine *Frage des Charakters*, insbesondere auch der souveränen Haltung gegenüber den Wählerwünschen, an der es in den letzten Jahren gefehlt hat.[25]

Zum modernen Bild des Staats als aktiven Wirtschaftsgestalter schien auch die «altväterliche Verschuldungsschranke» aus Weimarer Zeiten, die ihren Weg ins deutsche Grundgesetz gefunden hatte, nicht mehr zu passen.[26] Mit Blick auf die Schuldenpolitik sah die Neufassung vom 12. Mai 1969 drei bemerkenswerte Sachverhalte vor. Erstens wurden Bund und Länder verpflichtet, bei ihrer Haushaltswirtschaft den Erfordernissen des gesamtwirtschaftlichen Gleichgewichts Rechnung zu tragen (Art. 109 Grundgesetz). Der Staat sollte fortan durch seine Ausgabenpolitik Konjunkturausschläge nach oben oder unten abfedern und so das als Schwankungen um den Wachstumspfad verstandene Konjunkturmuster in seinen Extremen einschränken.

Außerdem wurde die Kreditkompetenz des Bundes in Artikel 115 deutlich ausgeweitet: Kreditaufnahme ist nicht mehr an «werbende Zwecke» geknüpft, sondern bis zur Höhe der im Haushaltsplan veranschlagten Ausgaben für Investitionen erlaubt. Zur «Abwehr einer Störung des gesamtwirtschaftlichen Gleichgewichts» kann auch diese Grenze überschritten werden. Außerdem kann der Bund per Gesetz Sondervermögen schaffen, die eine noch weniger reglementierte Spielwiese der Haushaltspolitik bilden.

Schon in den damaligen Beratungen wurde die Unschärfe der Vorschriften und Begriffe von einigen Beobachtern kritisch gesehen. Insbesondere der Terminus des «gesamtwirtschaftlichen Gleichgewichts» und einer «Störung» desselben hat den Zeitgenossen Kopfzerbrechen bereitet und sollte Verfassungsrechtler und die Gerichte noch ausführlicher beschäftigen.[27]

Der Staatsrechtler Wolfram Höfling resümiert die Geschichte der Reform des Haushaltsrechts von 1967 und ihre Diskussion entsprechend kritisch. Die Geschichte der Staatsschuldenpolitik sei «zugleich die Geschichte der Entgrenzung der Staatsschuldenpolitik»:

> Die Reformdiskussion rückte die effektive Einbindung der staatlichen Kreditaufnahme in eine umfassende Konjunktur- und Stabilitätspolitik so sehr in den Vordergrund, daß ganz automatisch die überkommene Begrenzungsfunktion der Verfassungsregeln über den Staatskredit zu einem – teilweise nur noch als lästig empfundenen – Sekundärthema denaturierte.[28]

Man kann von einem Perspektivenwechsel sprechen: Die Legitimität staatlicher Kreditaufnahme wird fortan nicht mehr an dem damit finanzierten Einzelprojekt und dessen Vor- und Nachteilen gemessen. Das Gesamtvolumen der Neuverschuldung wird dem Gesamtvolumen an Investitionen im Haushaltsplan vergleichend gegenübergestellt und ist selbst bestimmt durch die Notwendigkeiten der allgemeinen Konjunktur- und Wachstumspolitik. Das Haushaltsrecht ordnete sich dem «Sog des Interventionismus» und den Bedürfnissen einer «Globalsteuerung» wirtschaftlicher Aktivität unter.[29]

Sind die neuen Regeln nun verantwortlich für die zunehmende Nutzung von Krediten zur Finanzierung staatlicher Aktivität in Deutschland. Hat die Verfassungsänderung diese Politik geformt? Oder wurde die Verfassung geändert, weil man eine andere, kreditfinanzierte Politik verfolgen wollte? Die Verfassungsänderung selbst war jedenfalls Ausdruck einer veränderten Einstellung entscheidender wirtschaftspolitischer Kräfte, aber Ursache und Wirkung sind kaum zu unterscheiden.

Die Finanzreform des Jahres 1969 muss man nicht unbedingt als eine Entgrenzung der Staatsverschuldung interpretieren, man kann sie auch streng als die Unterordnung der Haushaltspolitik unter die allgemeine Wirtschaftspolitik verstehen. Dann bestimmen die konjunkturpolitischen und wachstumspolitischen Notwendigkeiten den Grad der Neuverschuldung. In wirtschaftlich schlechten Jahren mögen diese Notwendigkeiten dann eine hohe Nettoneuverschuldung erfordern, die eventuell sogar oberhalb der staatlichen Investitionen liegen kann. In Boomjahren können aber auch eine Nettokreditaufnahme von null oder Haushaltsüberschüsse erforderlich sein. Leider wird diese wohlwollende Interpretation der Schuldenregeln, die eine in beide Richtungen aktive Wirtschaftspolitik vorsieht, von der Verfassungswirklichkeit nicht ausgefüllt.

Ein praktisches Beispiel dafür ist die Auseinandersetzung um die Frage, ob die erhebliche Neuverschuldung des Jahres 1981 unter dem SPD-Finanzminister Hans Matthöfer verfassungskonform war. Es handelte sich um Kredite in Höhe von umgerechnet rund 17 Milliarden Euro, gemessen am damaligen Volkseinkommen von 826 Milliarden Euro entsprach das einem Defizit von zwei Prozent. Aus heutiger Sicht wäre das ein Betrag, den sich jeder Finanzminister als Ausweis relativ solider Haushaltspolitik ans Revers heften würde, aber damals war es eine nicht ganz unerhebliche Summe. Die politische Opposition zog daher vor das Bundesverfassungsgericht. Das Gericht urteilte fast acht Jahre später, am 18. April 1989. Es bestätigte, dass die neuen Schulden verfassungskonform waren.

Das Gericht hat das Urteil aber genutzt, zukünftigen Regierungen einige Prüfaufträge und Weisungen zur Staatsverschuldung mit auf den Weg zu geben. Wenn die Regierung sich fortan auf den Sachverhalt einer gesamtwirtschaftlichen Gleichgewichtsstörung berufen möchte, um in einem Jahr besonders hohe Schulden machen zu können, dann hat sie bestimmte Erklärungspflichten. Sie muss im Gesetzgebungsverfahren erklären, worin das drohende Ungleichgewicht besteht, beziehungsweise weshalb sie glaubt, dass die hohen Schulden dazu geeignet sind, dieser

Bedrohung zu begegnen. In der Regierungspraxis ist es jedoch nicht besonders schwierig, derartige Erklärungen zu finden.

Bilanzkosmetik durch Sondervermögen

Für den eher kreativen Umgang der Bundesregierungen mit den Verfassungsprinzipien zur Verschuldung gibt es ein weiteres Indiz. Mit hoher Intensität haben sie Schulden am regulären Haushalt vorbei gemacht, mit der Schaffung von sogenannten Sondervermögen. Der Begriff darf als Euphemismus betrachtet werden, denn bei den Sondervermögen handelte es sich in der Regel um das Gegenteil von dem, was man landläufig unter Vermögen versteht. «Sonderschulden» wäre in vielen Fällen der treffendere Ausdruck. Es geht dabei oft um künftige Verbindlichkeiten oder Kreditaufnahmen, die kurzfristig aus dem laufenden Budget herausgenommen und großenteils erst später in den Haushalt überführt werden.

Der Bonner Grundgesetzkommentar zum Artikel 115 nennt eine ganze Reihe von Sondervermögen, darunter das *ERP-Sondervermögen*, den *Ausgleichsfonds für überregionale Vorhaben zur Teilhabe schwerbehinderter Menschen am Arbeitsleben*, das *Bundeseisenbahnvermögen*, den *Erblastentilgungsfonds*, den *Entschädigungsfonds*, den *Fonds zur Förderung von wirtschaftlichen, sozialen und kulturellen Zwecken in dem in Artikel 3 des Einigungsvertrags genannten Gebiet*, die *Versorgungsrücklage des Bundes*, das *Sondervermögen «Deutscher Binnenschifffahrtsfonds*, den *Fonds nach § 1 Abs. 1 des Gesetzes über eine finanzielle Hilfe für Doping-Opfer der DDR*, den *nationalen Solidaritätsfonds Aufbauhilfe*, das *Sondervermögen «Ufi-Abwicklungserlös»*, den *Klärschlamm-Entschädigungsfonds* oder das *Sondervermögen Deutsche Bundespost*.[30]

Eines der vom Umfang her größten «Sondervermögen» ist der *Erblastentilgungsfonds*. In ihm wurden 1995 die Altschulden der DDR (aus dem «Kreditabwicklungsfonds»), die Finanzschulden der Treuhandanstalt (aus dem «Fonds deutsche Einheit»), die Altschulden der ostdeutschen Wohnungswirtschaft und Altschulden gesellschaftlicher Einrichtungen zu einem Anfangsschuldenstand von über 170 Milliarden Euro zusammengefasst.[31]

Der Verschuldungsverlauf nach 1969

Tatsächlich bekam die Verschuldung nach dem Regierungswechsel von einer Großen Koalition zu einer SPD-geführten Regierung 1969 eine völlig neue Dimension. Die Kanzler Willy Brandt und Helmut Schmidt schienen den öffentlichen Kredit nicht mehr allein als Instrument zur Glättung von Konjunkturzyklen, sondern als legitimes Finanzierungsmittel zu betrachten. Die Schulden wuchsen deutlich schneller als die Wirtschaft. In nur 13 Jahren verfünffachten sich die Schulden des Bundes von umgerechnet 31 auf 160 Milliarden Euro. Länder und Kommunen standen dem kaum nach. So wuchs die Schuldenquote Deutschlands von knapp 20 Prozent des Bruttoinlandsprodukts im Jahr 1969 auf 41 Prozent im Jahr 1982. Mit den Krediten stiegen auch die Zinslasten gewaltig. In den Sechzigern noch eine Minigröße im Bundeshaushalt, erreichte die Quote in den Achtzigern bereits einen zweistelligen Anteil.

Neben dem Wandel in den Grundanschauungen zur staatlichen Gestaltung des Wirtschaftswachstums und der Verfassungsreform spielten jedoch noch andere Faktoren eine Rolle. Im Gefolge des israelisch-arabischen Kriegs kam es Anfang der siebziger Jahre zum Ölboykott. Zwischen März 1973 und Januar 1974 schoss daraufhin der Preis des wichtigsten Energieträgers in die Höhe. Die sogenannte erste Ölkrise führte zur zweiten Rezession der Nachkriegsgeschichte. Im Jahr 1975 erreichte die Neuverschuldung daraufhin mit 54 Milliarden D-Mark einen neuen Rekord.[32] Der Einsatz der neuen Instrumente der «Globalsteuerung» führte die Wirtschaft jedoch nicht erkennbar zurück auf den Wachstumspfad der fünfziger Jahre. Vielmehr schuf die Zeit das Wort «Stagflation» zur Beschreibung der damaligen Situation mit geringer wirtschaftlicher Dynamik (Stagnation) und vergleichsweise hohen Preissteigerungsraten (Inflation).

Der iranischen Revolution folgte 1979 eine zweite Ölkrise, die mit einer Preisverdoppelung beim Schwarzen Gold die wirtschaftliche Dynamik in den frühen achtziger Jahren bremste. Wie bereits sechs Jahre zuvor versuchte die Politik, mit einem kreditfinanzierten Konjunkturpaket dem Einbruch zu begegnen. Auch Verteilungsfragen spielten dabei eine Rolle, etwa bei der Steuerreform von 1974/1975, die insbesondere die unteren Einkommensbezieher um 13 Milliarden D-Mark entlastete. Zwar wurde der Spitzensteuersatz erhöht, aber die SPD konnte beim Koalitionspartner FDP keine Gegenfinanzierung der gesamten

Reform durch die Bessersituierten durchsetzen, so dass ein Großteil auf Pump finanziert werden musste. Die knappen Mehrheitsverhältnisse der rot-gelben Koalition haben deren fiskalische Solidität nicht gerade gestärkt.[33]

Seit den Siebzigern war die Wirtschaftswunderzeit also vorbei. Auch zahlreiche staatliche Konjunkturprogramme, großenteils finanziert durch neue Schulden, konnten das Wachstumswunder nicht wiederbeleben. Mit jedem weiteren Konjunkturpaket sank die Hoffnung, mit Hilfe der Staatsfinanzen wieder auf einen dynamischen Wachstumspfad zu gelangen. Noch nicht einmal das konjunkturelle Auf und Ab ließ sich durch einen steuernden Staat verlässlich bändigen.

Langsam wich der Politikoptimismus einem allgemeinen Staatsskeptizismus. Der Staat wurde zunehmend als Problem statt als Problemlöser gesehen. Wahlen gewannen oft jene, die weniger Staat forderten, wie Margaret Thatcher 1979 in Großbritannien oder Ronald Reagan 1981 in den USA. Reagan fasste die neue Ideologie so zusammen: «Die neun entsetzlichsten Wörter der englischen Sprache sind: ‹I'm from the government and I'm here to help›» (Ich komme von der Regierung, um zu helfen).

Auch in Deutschland verschoben sich die Gewichte in der Wirtschaftspolitik: Anstatt der Globalsteuerung der Nachfrageseite war zunehmend die Verbesserung der Rahmenbedingungen für die Angebotsseite, also die Unternehmen, angesagt. Das sogenannte Lambsdorff-Papier, das ganz dem Zeitgeist folgend die Rücknahme staatlicher Sozialleistungen auf der einen und niedrigere Unternehmenssteuern auf der anderen Seite forderte, war wohl mitverantwortlich für das Zerbrechen der sozialliberalen Koalition im Herbst 1982.

Tatsächlich brachte dieser Machtwechsel zunächst eine Stabilisierung des Schuldenstands bei etwas über 40 Prozent, aber die grundsätzliche Schuldenpolitik fand mit dieser Periode keinen Abschluss, sondern eine Fortsetzung aus anderen Anlässen. Einer davon war der enorme Finanzierungsbedarf in Folge der deutschen Wiedervereinigung. Zentral war die Entscheidung, die Wiedervereinigung durch Kredite statt durch Steuern zu finanzieren. So schnellte die Schuldenquote von rund 40,4 Prozent im Jahr 1991 auf 58,4 Prozent im Jahr 1996.[34]

Nun mag die deutsche Wiedervereinigung nach dem Niedergang der DDR als Ausnahmeereignis einen Anstieg der Staatsverschuldung am ehesten rechtfertigen. Doch war auch das nicht der letzte Gipfel des deutschen Schuldenpfades. Die Rezession nach dem Platzen der Internetblase im Jahr 2001 leitete eine weitere größere Kreditrunde mit einem Anstieg der Schuldenquote bis zu 67,8 Prozent der Wirtschaftsleistung im Jahr 2005 ein.

Zuletzt waren die Finanzmarktturbulenzen im Herbst 2008 in Verbindung mit einem massiven Einbruch der Weltwirtschaft für die Politik ein Anlass, den Schuldenberg auf über 70 Prozent des BIP zu erhöhen. Im Januar 2010 wurde ein Bundeshaushalt verabschiedet, der zu mehr als einem Viertel durch neue Schulden finanziert war.[35]

Seit der Neufassung des Artikel 115 im Grundgesetz im Jahr 1969 verstießen die insgesamt zwölf Finanzminister von SPD, CDU oder CSU immer wieder gegen den Grundsatz, demzufolge die Neuverschuldung nicht höher sein darf als die öffentlichen Investitionen. Besonders leger wurde seit der Jahrtausendwende mit dem Grundsatz umgegangen. In sieben von elf Jahren lag die Nettokreditaufnahme seitdem über den Investitionsausgaben. Weitet man den Zeitraum bis 1990 zurück aus, kommen noch weitere vier fragwürdige Jahre hinzu.

Zugegeben, das neue Millennium bescherte der Ökonomie gleich zwei schwere Rezessionen – eine davon fiel mit einem Minus von fünf Prozent im Jahr 2009 besonders heftig aus. Dennoch wurde beim Haushalten allzu oft die Rechtfertigung der Abwehr einer Störung des gesamtwirtschaftlichen Gleichgewichts bemüht, die allein einen Verstoß gegen den «Verschuldungs»-Artikel 115 des Grundgesetzes rechtfertigt. Im Jahr 2006 etwa konnte bei einem Wirtschaftswachstum von 2,9 Prozent von Wachstumsschwäche und konjunktureller Krise nicht die Rede sein.[36] Dennoch war die Neuverschuldung höher als die öffentlichen Investitionen. Die «fünf Weisen», also der Sachverständigenrat zur Begutachtung der gesamtwirtschaftlichen Lage der Bundesrepublik, sahen daher im Haushalt 2006 einen «klaren Verstoß gegen die Verfassung».[37]

Der Bundeshaushalt hat ein strukturelles Grundproblem, das offenbar wird, wenn man ihn genauer ansieht. Über die Jahre haben sich Budgetausgaben für Soziales verfestigt. So sind Strukturen entstanden, aus denen kaum ein Finanzminister ausbrechen kann. Viele Budgetposten – wie etwa die Zahlungen von Hartz IV – knüpfen an gesetzliche Ansprüche an und sind damit weitgehend unveränderlich. Das Budget für Arbeit und Soziales macht inzwischen knapp die Hälfte des Haushalts aus. Zusammen mit der Zinslast aus den Billionenschulden, die im Haushalt trotz historisch niedriger Zinsen über zwölf Prozent des Etats verschlingen, sind knapp zwei Drittel der Gesamtausgaben weitgehend gebunden.[38]

Hinzu kommen die unverrückbaren Betriebskosten des Bundes. Einschnitte im Sozialetat oder eine Kürzung der Rentenzuschüsse scheinen sich in Zeiten, in denen viele Bundesbürger ohnehin den Glauben an eine gerechte Gesellschaft verloren haben, zu verbieten.[39] Der ehemalige Finanzminister Peer Steinbrück hat angesichts des mangelnden Handlungsspielraums oft über die «Verkarstung» des Haushalts geklagt.

Gibt es einen Ausweg aus dieser Situation? Staatsschulden sind schließlich keine Erfindung der jüngeren Vergangenheit. Ein weiter Blick zurück auf die ältere deutsche Verschuldungsgeschichte legt nahe, dass die deutsche Finanzpolitik in mehr oder weniger regelmäßigen Abständen einen Neustart benötigte – mit entsprechenden Kosten für die Bürger.

Offensichtlich war der öffentliche Kredit ein Instrument der Finanzpolitik und ganz sicher keine Ausnahmeerscheinung für schlechte Zeiten. Fraglos ist in Kriegszeiten die Verschuldung überall auf der Welt gewaltig gewachsen. Aber die Zeit nach 1950 hat auch gezeigt, dass es keiner Weltkriege bedarf, um die öffentlichen Haushalte an den Rand des Abgrunds zu bringen.

Regierungen sollten vielleicht häufiger einmal den Rat bei der «schwäbischen Hausfrau» suchen, die Angela Merkel auf dem Höhepunkt der

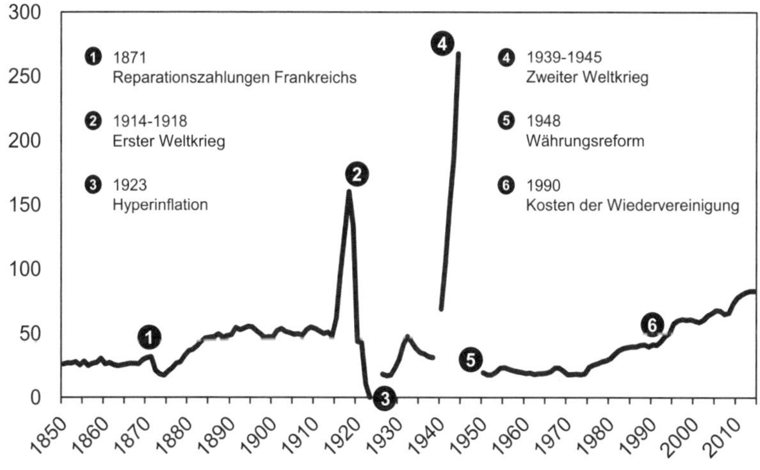

Abb. 4: Deutsche Staatsschulden (in Prozent des Bruttoinlandsprodukts)
Quelle: Richard Syllas Datenbank

Finanzkrise im Winter 2008 als Rollenmodell in die politische Debatte einbrachte. «Man hätte einfach nur die schwäbische Hausfrau fragen sollen», riet Merkel damals in einer Rede auf dem CDU-Parteitag in Stuttgart. «Sie hätte uns eine Lebensweisheit gesagt: Man kann nicht auf Dauer über seine Verhältnisse leben.»[40]

Warum Maastricht nicht hilft

Nach der Verfassungsänderung von 1969 war der Abschluss des Vertrags über die Europäische Union in Maastricht 1992 («Vertrag von Maastricht») in Verbindung mit der späteren Verabschiedung des Europäischen Stabilitäts- und Wachstumspakts die nächste große Zäsur für die deutsche Finanzpolitik. Artikel 104 des Vertrags beschränkt die Verschuldung des staatlichen Sektors der einzelnen Nationalstaaten und definiert ein Protokoll für das Verfahren bei einem übermäßigen Defizit. Im Kern sieht der Vertrag vor, dass die Nationalstaaten einen ausgeglichenen Haushalt anstreben. Die Regelungen wurden als Artikel 126 des EU-Vertrags von Lissabon übernommen, der 2009 in Kraft trat.

Der Artikel 126 nennt zwei wichtige Referenzwerte für die Haushaltspolitik. Danach soll die angesammelte Staatsschuld einen Anteil von 60 Prozent des Bruttoinlandsprodukts nicht übersteigen, und wo sie es tut, soll sich die Schuldenquote über die Zeit in Richtung auf den Referenzwert von 60 Prozent zurückbewegen. Zweitens soll die Summe der Neuverschuldung eines Jahres als Anteil am Bruttoinlandsprodukt des Staats den Referenzwert von drei Prozent nicht überschreiten. Für die Wirksamkeit der Verschuldungsgrenzen ist diese zweite Kennziffer von größerer Bedeutung. Zeitweilige begründete Ausnahmen sind erlaubt. Als Begründung dienen «außergewöhnliche Ereignisse», die sich der Kontrolle des betreffenden Staats entziehen. Gemeint sind beispielsweise Naturkatastrophen, die kurzfristig erheblichen öffentlichen Finanzbedarf auslösen, aber auch schwere wirtschaftliche Krisen.

Dieses Regelwerk stand unabhängig neben den diskutierten Regelungen des Grundgesetzes (Artikel 109 und 115).[41] Formal zielen die Verschuldungsbeschränkungen aus dem Vertrag von Maastricht nicht auf den Bundeshaushalt im engeren Sinne ab, sondern vielmehr auf die Schulden des ganzen öffentlichen Sektors. Die Europäischen Verschuldungsregeln beziehen dadurch nicht nur Schulden der Sozialversicherung mit ein, sondern auch die Verschuldung von Ländern und

Kommunen. Auch die Größen, die als Vergleichsmaßstäbe zur Beurteilung herangezogen werden, im Grundgesetz die Bruttoinvestitionen und im EU-Vertrag das Bruttoinlandsprodukt, sind voneinander unabhängig.

Ein Konflikt kann trotzdem auftreten. Zum einen könnte eine Bundesregierung einmal zu der Überzeugung gelangen, dass die den Anforderungen der allgemeinen Konjunktur- und Wachstumspolitik entsprechende Neuverschuldung so hoch sein muss, dass sie im Widerspruch steht mit dem Referenzwert von drei Prozent aus dem Maastricht-Vertrag. Dann müssten im Grunde zwei Rechtsvorschriften mit Verfassungsrang gegeneinander abgewogen werden.

Zum zweiten wurde mit dem EU-Vertrag eine Schuldengrenze für den Gesamtstaat festgelegt. Es blieb dabei offen, wie die Einhaltung dieser Vorschriften im politischen Prozess der nationalstaatlichen Ebene durchgesetzt wird, wie also zum Beispiel föderale Staaten wie Deutschland die Verschuldung der verschiedenen Gebietskörperschaften untereinander koordinieren. Die Aufteilung der möglichen Neuverschuldung von bis zu drei Prozent auf Bund, Länder und Gemeinden war nicht geregelt.

Ungeklärt war auch die Frage der Verantwortlichkeit gegenüber der EU, falls es dem Gesamtstaat nicht gelingt, das Schuldenziel einzuhalten. Über die Einhaltung des Referenzwerts wachen die Europäische Kommission und der Ministerrat. Bei Nichteinhaltung verschickt Brüssel sozusagen als Warnschuss zunächst einen Blauen Brief. Wenn das nichts nützt, wird ein sogenanntes Defizitverfahren eingeleitet. Am Ende des Defizitverfahrens steht entweder dessen Aufhebung, oder es drohen empfindliche Geldbußen, die bis zu 0,5 Prozent der Wirtschaftsleistung des jeweiligen Schuldensünders erreichen können.

Damit drohte Deutschland im Falle fiskalischer Verstöße in letzter Konsequenz eine Milliardenstrafe. Wer müsste gegebenenfalls diese Milliarden zahlen? Der Bund oder einzelne Länder? Diese Frage war lange weitgehend ungeklärt. Gegenüber der EU für Verfehlungen geradestehen musste der Bund, obwohl er die Länderverschuldung nicht beeinflussen konnte. Erst im Zuge der Reformen der Föderalismuskommission, auf die wir unten genauer eingehen, wurde dieses Problem in Deutschland gemindert.

Die mangelhafte Zuweisung von Kompetenz und Verantwortlichkeit für die gesamtstaatliche Verschuldung gehört wohl mit zu den Gründen, weshalb das EU-Referenzkriterium nicht die Bindungskraft hatte, die sich viele gewünscht hätten. Das mag teilweise erklären, weshalb Deutschland seit dem Jahr 2002 gleich vier Mal in Folge das Referenzkriterium von drei Prozent nicht einhalten konnte. Erst im Rahmen der Föderalismusreform hat Deutschland Fortschritte gemacht und die Schuldenverantwortlichkeit etwas besser zugeordnet.

Föderalismusreform I

Im Rahmen einer Neufassung des Artikel 109 Grundgesetz im Jahr 2006 verpflichteten sich Bund und Länder gemeinsam auf die Einhaltung des EU-Vertrags und teilten sich fortan mögliche Strafzahlungen aus der Verletzung des Stabilitätspakts im Verhältnis 65 zu 35 (Bund/Länder). Für die weitere Zurechnung des Länderanteils auf einzelne Länder sollte ein Einwohnerschlüssel in Verbindung mit dem Verursachungsprinzip zur Anwendung kommen. Wenn Deutschland also den Referenzwert der zulässigen Neuverschuldung übertrifft, lässt sich wenigstens feststellen, ob das stärker durch die Neuschulden des Bundes oder der Gemeinschaft der Länder verursacht ist. Auch für die Zuweisung möglicher Strafzahlungen im Rahmen des Stabilitätspakts wird von dieser Verantwortlichkeit ausgegangen.

Die Fehlanreize werden durch dieses Verfahren gemindert, aber keinesfalls beseitigt. Verschuldet sich beispielsweise das Land Berlin in einem Jahr besonders hoch und deutlich stärker als die anderen Länder und der Bund, und kommt es in der Folge zu einem Defizitverfahren und Strafen, dann ist das Land Berlin von diesen Strafen nur mit einem Bruchteil betroffen, selbst wenn seine Kreditpolitik am Ende für die Verletzung des Stabilitätspakts ausschlaggebend ist.

Es sind indes nicht nur die Fehlanreize innerhalb der Länder, die dazu führen, dass der Stabilitätspakt seine Wirkung als Schuldenbremse nicht in hinreichendem Umfang entfalten kann. Das diplomatische Hin und Her der Beteiligten allein schon um die Frage des Blauen Briefs im Vorfeld der Eröffnung des Defizitverfahrens gegen Deutschland im Jahr 2003 hat diesen Sachverhalt deutlich gemacht: Es bleibt zweifelhaft, ob gegen ein Land, das systematisch übermäßige Neuverschuldung eingeht, tatsächlich materielle Sanktionen ergriffen werden. In der Folge dieses Defizitverfahrens wurde der Stabilitätspakt teilweise neu interpretiert.

Viele Beobachter sehen in diesen Vorgängen eine Schwächung der Europäischen Verschuldungsgrenzen. Andere betonen gern, dass schon die öffentliche Diskussion über eine Verletzung des Vertrags und ein mögliches Sanktionsverfahren eine erhebliche Anreizwirkung mit sich bringt und die nationalstaatlichen Regierungen zu einer zurückhaltenden Schuldenpolitik anregt.

Deutschland ist bei weitem nicht das einzige Land, das mit dem europäischen Schuldenkriterium nicht immer klargekommen ist. Zwischenzeitlich abgeschlossene Verfahren gab es laut Sachverständigenrat für Portugal, Deutschland, Frankreich, die Niederlande, Malta, Polen, die Slowakei, die Tschechische Republik, Zypern, Griechenland, Italien und Großbritannien; laufende Verfahren bestehen für Ungarn (seit 2004), Großbritannien (seit 2008) und seit 2009 für Frankreich, Griechenland, Irland, Lettland, Spanien, Litauen, Malta, Polen und Rumänien.[42]

Die Stimmungslage unter den europäischen Entscheidungsträgern ist im Jahr 2010 wohl eher so, dass man bereits froh ist, wenn diese Länder ab dem Jahr 2013 zu einer Haushaltspolitik zurückkehren, mit der sie den Referenzwert von drei Prozent des EU-Vertrags einhalten. Und irgendwann in der näheren Zukunft sollten sie auch wieder daran arbeiten, die Schuldenquoten langsam in Richtung auf 60 Prozent des Bruttoinlandsprodukts zu senken.

Die Wirksamkeit des Regelwerks hängt also stark von den jeweils aktuellen wirtschaftlichen Rahmenbedingungen ab. Man kann wohl kaum davon ausgehen, dass ein Mitgliedsstaat wirklich sanktioniert wird in einer Situation, in der die überwiegende Mehrheit der Mitgliedsstaaten das Referenzkriterium ebenfalls nicht erfüllt.

Was bringt die Verfassungsreform von 2009?

Die Schieflage in den öffentlichen Haushalten ist in den vergangenen zehn Jahren stärker ins öffentliche Bewusstsein gerückt. Anzeichen für die Reformbedürftigkeit der deutschen Finanzverfassung gab es viele. Das Land Berlin wollte finanzielle Hilfen seitens des Bundes wegen seiner vermeintlich extremen Haushaltsnotlage beim Bundesverfassungsgericht erklagen – und hat verloren. Die Bundesländer Bremen und das Saarland hatten bereits viel früher beim Bundesverfassungsgericht mit ähnlicher Begründung geklagt und nach dem Urteil vom 27. Mai 1992 Bundeshilfen in Milliardenhöhe erhalten. Auf das sich in der Folge entwickelnde Saarland-Bremen-Syndrom kommen wir in Teil III ausführlicher zurück. Auch der blaue Brief aus Brüssel und das später gegen Deutschland eröffnete Defizitverfahren wegen der jahrelangen Überschreitung des Referenzwerts von drei Prozent war ein klares Symptom dafür, dass mit der deutschen Finanzverfassung etwas im Argen lag.

Dieses öffentliche Bewusstsein mag eine der entscheidenden Ursachen gewesen sein, warum nach Abschluss einer ersten Föderalismusreform am 15. Dezember 2006 eine weitere Kommission des Bundestags und des Bundesrats zur Modernisierung der Bund-Länder-Finanzbeziehungen ins Leben gerufen wurde. Diese sogenannte Föderalismuskommission II nahm am 8. März 2007 ihre Arbeit auf. Es sollten Wege gefunden werden, um Haushaltskrisen in Zukunft vorzubeugen. Dafür erschien es unerlässlich, die fiskalischen Zuständigkeiten zwischen Bund und Ländern klarer zu fassen. Auch eine größere steuerpolitische Autonomie der Länder sollte erörtert werden. Herausgekommen ist eine Verfassungsreform, deren wahrscheinlich wichtigster Bestandteil die Veränderung der Verschuldungsregeln von Bund und Ländern ist. In der Präambel des Gesetzentwurfs heißt es:

> «Ziel der Grundgesetzänderungen im Bereich der Finanzverfassung ist es, im Einklang mit den Vorgaben des reformierten europäischen Stabilitäts- und Wachstumspaktes die institutionellen Voraussetzungen für die Sicherung einer langfristigen Tragfähigkeit der Haushalte von Bund und Ländern zu verbessern.»

Umgesetzt wurde dieses Ziel durch Veränderungen der Artikel 109 und 115 des Grundgesetzes sowie die Hinzufügung von Artikel 109a. Artikel 109 hatte seit der Änderung 1969 das Haushaltsrecht im Kern den gesamtwirtschaftlichen Erfordernissen untergeordnet. In der neuen Fassung bleiben die Erfordernisse des gesamtwirtschaftlichen Gleichgewichts weiterhin relevant. Hinzu tritt indes eine gemeinschaftliche Erfüllungsverpflichtung von Bund und Ländern, was die Defizitvorschriften des EU-Vertrags angeht.

Wichtiger noch ist die ausdrückliche Verpflichtung von Bund und Ländern, die Haushalte «grundsätzlich» ohne Einnahmen aus Krediten auszugleichen. Die Budgets dürfen dabei im Konjunkturzyklus atmen: Ein Ausgleichskonto soll über die Zeit Defizite und Überschüsse protokollieren. Dieses Konto soll dafür sorgen, dass sich das konjunkturelle Atmen nicht wie in den vergangenen Jahrzehnten nur auf das «Einatmen» von zusätzlichen Krediten in Abschwungphasen beschränkt. In den Aufschwungphasen sollen Bund und Länder nicht einfach die Luft anhalten, sondern Schulden abbauen.

Ausnahmeregelungen sind vorgesehen für «Naturkatastrophen oder außergewöhnliche Notsituationen, die sich der Kontrolle des Staats entziehen und die staatliche Finanzlage erheblich beeinträchtigen.» Um diese Vorschriften justiziabel zu machen, sieht der neue Artikel 109a einen Stabilitätsrat als gemeinsames Gremium vor. Der Stabilitätsrat soll drohende Haushaltsnotlagen frühzeitig aufdecken und gegebenenfalls Sanierungsprogramme vorschlagen. In Artikel 115 werden die haushaltswirtschaftlichen Grundsätze für den Bund weiter konkretisiert. Der Grundsatz des Haushaltsausgleichs ohne Kredite wird hier gleich ein wenig relativiert: Dieser Zustand gilt als erreicht, «wenn die Einnahmen aus Krediten 0,35 vom Hundert im Verhältnis zum nominalen Bruttoinlandsprodukt nicht überschreiten.»

Diese neuen Verschuldungsregeln gelten für den Bund ab dem Haushaltsjahr 2016. Sie bedeuten bei einer angenommenen Wachstumsrate von nominal drei Prozent pro Jahr, dass die Neuverschuldung des Bundes im Jahr 2016 noch rund zehn Milliarden Euro betragen darf, wenn keine konjunkturelle Schieflage vorliegt. Für die Jahre bis 2016 spezifiziert Artikel 143d Übergangsregeln und macht Vorgaben für den ambitionierten Konsolidierungspfad, auf dem der Bund zu einem annähernd ausgeglichenen Haushalt in 2016 gelangen soll. In den Jahren ab 2011 sollen die Defizite ausgehend von der in 2010 bestehenden Situation in praktisch gleichen Schritten bis hin zu einem annähernd ausgeglichenen Haushalt abgebaut werden. Je nach wirtschaftlicher Entwicklung ist das eine Herkulesaufgabe.[43] Ähnliches gilt für die Haushalte der Länder. Für sie gilt das veränderte Haushaltsrecht ab dem Jahr 2020.

Man mag dem ehemaligen Finanzsenator von Berlin Thilo Sarrazin folgen und der Tatsache, dass das Prinzip des defizitfreien Staatshaushalts nun Verfassungsrang hat, Einfluss zumessen. Vom Text der Verfassung geht mitunter eine Norm bildende Kraft aus. Ist die Ächtung von immer stärker schuldenbasierten Staatsfinanzen in den Köpfen der Politik und der Wähler erst einmal verankert, besteht die Chance, dass sich die Haushaltspolitik in Deutschland wirklich verändert. Andere Experten versprechen sich von den konkreten Verfahrensregeln der neuen Verfassungsartikel indes verhältnismäßig wenig. Stefan Korioth, Professor für öffentliches Recht in München, kritisiert die im Verfassungsrecht unübliche Regelungstiefe in den neuen Artikeln ebenso wie die zeitliche Distanz zwischen Verfassungsänderung und dem Zeitpunkt, zu dem die neuen Regelungen gelten sollen:

> Noch unverständlicher wird das Ganze, wenn berücksichtigt wird, dass gerade diejenigen Politiker, die nicht die Kraft aufbringen, die bislang geltenden Kreditlimitierungen einzuhalten, neue Regeln für zukünftige (Politiker) Generationen erlassen. Die zeitliche Suspendierung ist so weitgehend, dass sogar eine Änderung der Normen vor ihrem Inkrafttreten nicht ausgeschlossen erscheint.[44]

Auch gemessen an dem Anspruch der Politik selbst bleibt die Reform hinter ihren Zielen zurück. In seiner Rede vom 11. September 2007 zur Einbringung des Bundeshaushaltsplans 2008 formuliert der damalige Bundesfinanzminister Steinbrück die vier Eckpunkte einer Reform des Artikel 115 GG:

> Aus meiner Sicht muss eine Neuregelung des Art. 115 GG, die wir in dieser Legislatur umsetzen müssen, folgenden Kriterien genügen:
> Sie sollte:
> - erstens mit den Bestimmungen des europäischen Stabilitäts- und Wachstumspakts konsistent sein,
> - zweitens eine ökonomisch plausible Begrenzung der strukturellen Neuverschuldung sicherstellen
> - drittens ein Atmen der öffentlichen Haushalte mit der konjunkturellen Entwicklung ermöglichen und
> - viertens glaubwürdig in dem Sinne sein, dass ihre Einhaltung wirksam kontrolliert und sanktioniert werden kann.

Die Reform leistet vieles, aber den letzten Punkt leistet sie nicht. Zu unkonkret ist die Abgrenzung zwischen Normalsituation und Ausnahmen. Die Verfassung legt zudem keine Sanktionen oder konkrete Zwangsmaßnahmen fest, die zu ergreifen sind, wenn der Bund oder einzelne Länder vom Ziel eines ausgeglichenen Haushalts systematisch abweichen. Der Artikel 115 mag im Vergleich zur alten Version restriktiver gefasst sein. Richtig justiziabel erscheint er nicht.

Angesichts der Staatsschuldenkrise Griechenlands, die sich zu einer Schuldenkrise des gesamten Euroraums auszuweiten droht, und der problemträchtigen demographischen Entwicklung Deutschlands sind Abweichungen vom in der Verfassung formulierten Konsolidierungsziel vorprogrammiert. Es wird spannend zu sehen, wie Politik und Justiz mit Zielabweichungen umgehen werden.

3. Griechenland – der Weg in die Krise

«Das ist wie Eulen nach Athen tragen», sagt der Volksmund. In der Antike war auf den Münzen Athens eine Eule abgebildet. In seiner Komödie «Die Vögel» behauptet Aristophanes im Jahr 414 vor Christus, die Athener seien so reich, weil in ihren Geldbörsen die Eulen Junge ausbrüteten. Weiteres Geld nach Athen zu tragen, war daher überflüssig. Doch damit ist die Geschichte noch nicht zu Ende. Athen unterhielt damals den Attischen Seebund, eine Art Union der Ägäis. Dessen Kriege gegen Sparta wurden durch das Prägen immer neuer Münzen finanziert. Die erste große Inflation der Zivilisation war geboren. Nun war es sinnlos, die Eulen nach Athen zu tragen, weil sie nichts mehr wert waren. Dennoch konnten am Ende zehn von 13 griechischen Gemeinden des attischen Seebundes, die Kredite beim Delos-Tempel aufgenommen hatten, ihre Schulden mindestens teilweise nicht mehr begleichen. Athen war damit die erste Demokratie, die den Staatsbankrott erklären musste.[45]

Heute, im Jahr 2010, könnte sich die Geschichte wiederholen. Die Eule prangt auf den griechischen Euro-Münzen, was sich geradezu als Menetekel für die Eurozone erweist. Griechenland gab in den vergangenen Jahren viel zu viele dieser «Eulen» aus. Der Schuldenstand hat 2010 rund 120 Prozent der eigenen Wirtschaftsleistung erreicht. Damit ist der Ägäisstaat Spitzenreiter – nicht nur innerhalb der Eurozone. Im weltweiten Ranking wird Griechenland nur noch von drei Staaten übertroffen: Japan (213 Prozent), dem Libanon (154 Prozent) und Jamaika (127 Prozent).[46]

Der 20. Oktober 2009 darf als Ausgangspunkt der Euro-Krise gelten: An diesem Tag mußte der Finanzminister der frisch gewählten griechischen Regierung einräumen, dass es um die Staatsfinanzen erheblich schlechter stand als bis dahin bekannt war. In der Folge kam es zu einem mächtigen Beben an den europäischen Kapitalmärkten. Vom Epizentrum Griechenland ausgehend gerieten sämtliche Staatsanleihen der Randländer der Währungsunion ins Wanken, und obendrein auch noch der Euro. Selbst an der Wall Street, tausende Kilometer von Athen entfernt, waren Ausläufer des Bebens zu spüren. Griechische Staatspapiere verloren in den sechs Monaten nach dem 20. Oktober in der Spitze 40 Prozent ihres Wertes. Gegenüber dem Dollar verlor der Euro zwischen Oktober 2009 und Juni 2010 ein Viertel seines Werts.

Plötzlich war die Elf-Millionen-Nation Griechenland, die gerade einmal rund 0,7 Prozent der weltweiten Wirtschaftsleistung repräsentiert, ein großes systemisches Risiko. An den Märkten ging die Angst um, dass Athen keine Käufer mehr für seine Schuldpapiere finden würde. Und innerhalb der Eurozone verbreitete sich die Sorge, die Finanzmarktprobleme Griechenlands könnten sich auf andere Staaten der Eurozone ausweiten. Griechenland benötigte dringend Geld, da bereits im April und Mai Anleihen im Umfang eines zweistelligen Milliardenbetrags fällig wurden.

Ein gefährlicher Teufelskreis setzte sich in Gang: Die Risikoaufschläge (sogenannte «spreads»), die das Land im Vergleich zu solideren Schuldnern zu zahlen hatte, schossen in die Höhe (vgl. Abbildung 18, S. 184). An den Kapitalmärkten aufgenommenes Geld kam Griechenland zwischenzeitlich viele Prozentpunkte teurer zu stehen als die Bundesrepublik. Doch ein Zinsanstieg um einen Prozentpunkt erhöht den Schuldendienst um fast drei Milliarden Euro pro Jahr.[47] Tatsächlich ist der Risikoaufschlag auf die Zinsen die zentrale Größe in diesem Teufelskreis. Wie der Spiegel einmal treffend schrieb, kann dieser Risikoaufschlag so tödlich wirken wie das Meerwasser, das ein Schiffbrüchiger in seiner Not trinkt.[48] Je höhere Zinsen ein Staat zu zahlen hat, desto höher steigt bei sonst gleichbleibenden Einnahmen und Ausgaben die Verschuldung. Mehr Schulden bedeuten aber wiederum höhere Zinsen. Diese Spirale aus steigenden Finanzierungskosten und steigenden Schulden drohte die Mittelmeerrepublik geradewegs in die Insolvenz zu führen.

Die EU-Regierungschefs sahen sich im Frühjahr 2010 gezwungen, sich auf gleich zwei Gipfeln, am 11. Februar und am 25./26. März, mit dem Problem zu befassen. Die Strategie erinnerte ein wenig an jenen Sonntag im Oktober 2008, als Kanzlerin Angela Merkel zusammen mit dem damaligen Finanzminister Peer Steinbrück vor die Presse trat und eine milliardenschwere Garantie für deutsche Spareinlagen aussprach. Obwohl Merkel und Steinbrück nie konkret sagten, was sie mit der Zusage meinten und um welche Summe es sich letztlich handelte, waren die deutschen Sparer beruhigt. Ohne einen Euro auszugeben, war allein mit

Worten eine Katastrophe – nämlich ein Ansturm auf die Bankschalter – abgewendet worden. Möglicherweise hofften die Finanzminister auf eine ähnliche Wirkung. Wie wir heute wissen, hatten diese Erklärungen nicht den gewünschten Erfolg. Wir diskutieren und bewerten die Vorgänge der Griechenlandrettung ausführlich in Teil III.

Griechenland war im Jahr 2001, zwei Jahre nach Gründung der Währungsunion, Mitglied der Eurozone geworden. Man kann nur darüber spekulieren, welche politischen und wirtschaftlichen Umstände diese Entscheidung herbeigeführt hatten. Einmal in der Währungsunion, so haben die Entscheider in der Kommission und unter den Regierungschefs vielleicht gedacht, würden die Griechen durch den Stabilitätspakt schon zur Sparsamkeit gezwungen. Eventuell noch vorhandene Schwächen der Strukturen und Institutionen in der griechischen Politik, Wirtschaft und Gesellschaft würden dann sicher im Lauf der Zeit verschwinden.

Dass es solche institutionelle Schwächen gab, war damals kaum zu übersehen. Just mit dem Beitritt zur Europäischen Gemeinschaft liefen die öffentlichen Finanzen aus dem Ruder. Im Jahr 1981 betrug die Schuldenquote noch 34,5 Prozent, ein Jahrzehnt später war sie bereits dreistellig.[49] Allerdings fiel der EU-Beitritt auch mit dem Amtsantritt des Gründers der sozialistischen Partei, Andreas Papandreou, zusammen, der nach seinem erdrutschartigen Wahlsieg den öffentlichen Dienst deutlich ausweitete. Und so entfernte sich Griechenland zunächst einmal von den Kriterien für die Aufnahme in den Kreis der Euroländer. Noch 1991, als der Vertrag von Maastricht verhandelt wurde, litten die Griechen unter einer mittleren zweistelligen Inflationsrate. Mit 19,8 Prozent verlor das griechische Geld fast fünf Mal schneller an Wert als im restlichen Europa. Auch das Haushaltsdefizit lag mit 11,5 Prozent der Wirtschaftsleistung deutlich über dem europäischen Durchschnitt. Doch schon acht Jahre später schien der Haushalt plötzlich saniert, die Inflation in Schach. Für beide Zahlen veröffentlichte Athen Werte von deutlich unter drei Prozent. Die Ratingagenturen, die die Kreditwürdigkeit eines Staates beurteilen und auf deren Rolle wir in Teil II genauer eingehen werden, stuften die Bonität des Landes eifrig nach oben.[50]

Viele Staaten nutzten kreative Formen der Budgetpolitik und Haushaltsstatistik, um im entscheidenden Referenzjahr 1997 gut auszusehen und die Bedingungen für die Aufnahme in den Euroclub zu erfüllen.[51]

Griechenland, so erscheint es heute rückblickend, hat sich dabei jedoch besonders phantasievoll betätigt – vielleicht nicht zum ersten Mal in seiner Geschichte.

Seit der Unabhängigkeit vom Osmanischen Reich im Jahr 1822 erlitt das Land fünf Mal einen Staatsbankrott und verbrachte insgesamt mehr als die Hälfte seiner Zeit im zahlungsunfähigen Zustand.[52] Als beispielsweise im Jahr 1832 der Wittelsbacher Otto mit 16 Jahren erster König von Griechenland wurde, fand er die Staatskasse leer vor und musste eine Anleihe aufnehmen. Seine Soldaten bezahlte der Sohn Ludwigs I. von Bayern aus Papas Privatschatulle. Der Versuch, eine gut funktionierende Finanzbürokratie mit eigenen Beamten aufzubauen, schlug fehl. Das Land entledigte sich der Finanzbeamten und später auch des fremden Herrschers. Der Bayer in Griechenland hat die Erfahrung machen müssen, dass über die Griechen zu herrschen «schwierig ist».[53]

Diese Erfahrung mussten gerade in steuerlicher Hinsicht später auch andere machen. «Wir sind leider bankrott.» Mit diesen dürren Worten trat etwa im Jahr 1893 der damalige griechische Ministerpräsident Charilaos Trikoupis vor das Parlament.[54] Er hatte die zweite Pleite des neugriechischen Staates zu verkünden. Das Land war gegenüber ausländischen Gläubigern in Zahlungsverzug geraten. Die Kreditgeber sahen keine andere Chance, als Griechenland einer internationalen Wirtschaftskommission zu unterstellen, die die Erhebung von Steuern und Schuldendienst zu kontrollieren hatte. Zusätzlich wurde den Griechen eine Sondersteuer auf Konsumgüter abverlangt, um die Schulden zu bedienen. Doch schon wenige Jahre später weigerten sich die Athener Zünfte, Steuern zu zahlen, die «zum Machterhalt der jeweiligen Regierungspartei dienen».[55]

Die Militärdiktatur von 1967 bis 1974 markiert ein weiteres Kapitel, das eine ohnehin vorhandene Kluft zwischen dem griechischen Volk und seinen Machthabern verstärkt haben mag.[56] Kenner des Landes attestieren den Griechen Argwohn gegenüber den staatlichen Ordnungskräften wie Polizei oder Finanzbeamten und sprechen von einem tief verankerten «Staatsskeptizismus».[57]

Dieses Misstrauen der Bürger zum Staat macht es schwierig, politische Mehrheiten für höhere Steuern und Abgaben zu mobilisieren. Eine negative Einstellung und fehlendes Vertrauen zum Staat kann zudem ein wichtiger Faktor für ein Ausweichen in die Schattenwirtschaft sein.[58] Berichten zufolge läuft in Griechenland fast ein Drittel der wirtschaftlichen Aktivität am Finanzamt vorbei. Das wäre der höchste Marktanteil der Schattenwirtschaft in allen OECD-Ländern, mehr als in Italien.[59] Insbesondere Freiberufler wie Ärzte oder Rechtsanwälte sollen sich dem Vernehmen nach darin übertreffen, ihre Einkommensverhältnisse zu verschleiern. Laut Steuerstatistik 2008 verdienten diese Berufsgruppen gerade einmal 10 500 Euro im Jahr, deutlich weniger als die durchschnittlich 16 000 Euro eines normalen Angestellten.[60]

Auch Korruption soll weit verbreitet sein. Schmiergeld gilt an der Ägäis eher als kleine Gefälligkeit. Nach einer Schätzung der Anti-Korruptionsorganisation Transparency International mussten griechische Haushalte im Jahr 2009 insgesamt 787 Millionen Euro Bestechungsgeld zahlen: davon 462 Millionen an Staatsdiener und 325 Millionen Euro im privaten Sektor. Die größten Empfänger von Schmiergeld sollen demnach öffentliche Krankenhäuser und die griechischen Finanzämter sein.[61] Die griechische Politik sei ineffizient, die Korruption weit verbreitet, die Bürokratie aufgebläht, die Klientelwirtschaft epidemisch. Mit diesen drastischen Worten fasste der griechische Ministerpräsident auf dem Weltwirtschaftsgipfel in Davos im Winter 2010 die Misere seines Landes zusammen. Wohl selten hat ein Regierungschef die institutionellen Probleme seines eigenen Landes so drastisch dargestellt.[62]

Ist das Griechenland-Experiment gescheitert? Der mit dem Beitritt zur Währungsunion erhoffte institutionelle und finanzpolitische Wandel scheint jedenfalls nicht eingetreten zu sein. Stattdessen hat das Land vor allem die neuen finanziellen Handlungsspielräume genutzt. In der Folge stieg die Schuldenquote weiter an, deutlich stärker als es die Kriterien des Vertrags von Maastricht erlauben. Kreative Bilanztechniken verhinderten, dass diese Haushaltspolitik rechtzeitig von der EU-Kommission beanstandet wurde. «Greek Statistics» ist in Brüssel mittlerweile zum Synonym für solche Praktiken geworden.[63]

Athen hatte beispielsweise nur ein Jahr nach dem Beitritt zur Eurozone seine Schuldensituation mit Hilfe von Investmentbanken beschönigt. Die Transaktionen erinnern ein wenig an das 18. Jahrhundert, als Machthaber ihre kommenden Steuereinnahmen verpachteten, um kurzfristigen Finanzierungsbedarf zu decken. In diesem Fall hatten Investmentbanker künftige Einnahmen in Wertpapiere verpackt und weltweit an Kapitalanleger verkauft. Verbrieft, wie man sagt, wurden beispielsweise Gebühren des Flughafens Athen und sogar künftige Hilfszahlungen aus Brüsseler Strukturfonds. Angeblich wollte der damalige Finanzminister Nikos Christodoulakis sogar das Parthenon, den Haupttempel der Akropolis, verbriefen.[64]

Durch die verbrieften Wertpapiere ließen sich künftige Einnahmen bereits in der Gegenwart ausgeben – ganz ähnlich wie bei einem klassischen Kredit. Der Vorteil jedoch: Kredite hätten ordentlich verbucht werden müssen und folglich die Schuldenstatistik belastet, Verbriefungen hingegen liefen außerhalb der klassischen Haushaltsbilanz. Im Jahr 2002 tat sich die Investmentbank Goldman Sachs mit einer besonderen komplexen Finanztransaktion hervor und bescherte den Griechen von jetzt auf gleich mit Hilfe von Tauschgeschäften eine Geldspritze von einer Milliarde Euro. Dieses umstrittene Geschäft war nach damaligen EU-Standards nicht zu beanstanden.[65]

Zu beanstanden hingegen war, was im Jahr 2009 aufflog. Da mussten plötzlich Bilanzen korrigiert werden, weil die Statistiker mal Teile des Verteidigungshaushalts, mal Kosten des Gesundheitssektors einfach aus dem Budget ausgeklammert hatten. Außerdem hatten sie Teile der Schattenwirtschaft einfach dem Bruttoinlandsprodukt zugeschlagen, so dass die Schulden im Vergleich dazu geringer erschienen. Nach einem Regierungswechsel im Herbst 2009 kam es dann zu massiven Korrekturen, die letztlich die Finanzmärkte auf den Plan brachten: Die griechischen Behörden revidierten beispielsweise das an die Statistikbehörde Eurostat der Europäischen Union gemeldete Haushaltsdefizit für 2008 von fünf Prozent des Bruttoinlandprodukts (BIP) auf 7,7 und den für 2009 erwarteten Fehlbetrag auf einen Schlag von 3,7 Prozent auf knapp 13 Prozent des Bruttoinlandsprodukts. Im Frühjahr 2010 wurden daraus dann fast 14 Prozent. Wie Abbildung 5 zeigt, mussten nachträglich alle Defizitzahlen seit 2001 mehr oder weniger stark revidiert werden.[66]

Seit dem Beitritt zum Euro blieb das Land in den vergangenen neun Jahren also nur ein einziges Mal, nämlich 2006, beim Haushaltsdefizit unter der vorgeschriebenen Grenze von drei Prozent, und das auch nur mit einem Trick. Kurzerhand wurden damals Teile der Schattenwirtschaft wie Schwarzhandel oder Prostitution in die Berechnung der Wirtschaftsleistung mit einbezogen.[67]

All das blieb aber weitgehend ohne Folgen. Ein im Mai 2004 eröffnetes Defizitverfahren wurde eingestellt.[68] Im März 2009 wurde ein weite-

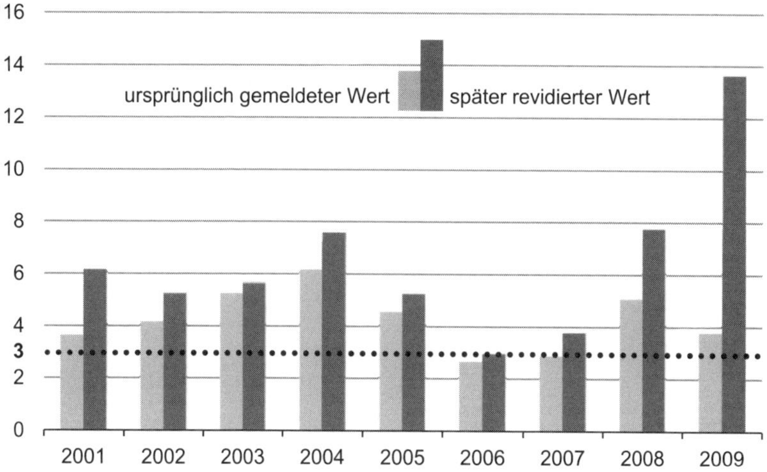

Abb. 5: Griechisches Haushaltsdefizit (in Prozent des Bruttoinlandsprodukts), ursprünglich gemeldeter und später revidierter Wert
Quelle: Eurostat

res Verfahren wegen eines übermäßigen Defizits von der EU-Kommission angestrengt. Als die Situation zu eskalieren drohte, nahm Brüssel die Regierung in Athen unter fiskalische Kuratel, ähnlich wie Ende des 19. Jahrhunderts die internationale Gläubigergemeinschaft. Griechenlands Parlament und Regierung dürfen ohne Zustimmung der EU keine neuen Ausgaben beschließen, was faktisch einer teilweisen Machtübernahme gleichkommt.[69] Zudem werden die Rufe nach einem – gegebenenfalls vorübergehenden – Ausschluss des Landes aus der Eurozone lauter. Beispielsweise empfiehlt der Harvard-Ökonom Martin Feldstein den Griechen, Urlaub vom Euro zu nehmen und mit einer zwischenzeitlich niedriger bewerteten Währung die Probleme anzugehen.[70]

Ob im Euroclub oder außerhalb: Viel Zeit bleibt nicht. Die Griechen sind in den kommenden Jahren weiter auf das Wohlwollen der Finanzmärkte oder die Hilfen der Europäischen Union und des Internationalen Währungsfonds angewiesen. Allein bis zum Jahr 2019 werden Anleihen im Wert von über 200 Milliarden Euro zur Rückzahlung fällig. Das entspricht drei Vierteln der gesamten Schulden Griechenlands.[71] Hinzu kommen weitere Zahlungen für Zinsen sowie eine zusätzliche Neuverschuldung, solange der Staatshaushalt im Defizit ist. Griechenland sieht sich laut Goldman Sachs einer permanenten Liquiditäts- und Solvenzkrise gegenüber. Und statt die griechischen Institutionen durch Auf-

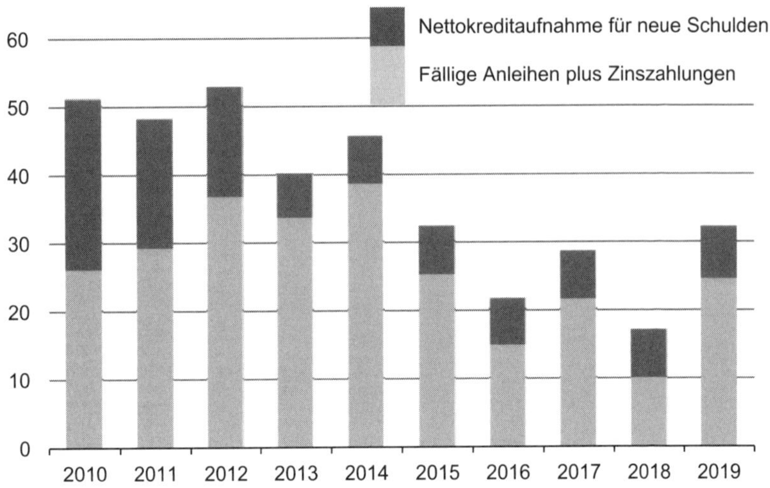

Abb. 6: Refinanzierungsbedarf Griechenlands (in Milliarden Euro)
Quelle: Bloomberg, UBS und Sociéte Générale

nahme in die Währungsunion und den Zwang zu finanzpolitischer Stabilität zu sanieren, gefährdet das Griechenland-Experiment heute die Eurozone.

4. Der Euro – entzaubert

Die ersten zehn Jahre der neuen Währung verliefen durchaus verheißungsvoll. Nach einem etwas holprigen Start legte das europäische Geld gegenüber den wichtigen Währungen US-Dollar und dem britischen Pfund ein knappes Drittel zu. Selbst gegenüber dem Schweizer Franken, für viele der Inbegriff einer Hartwährung, konnte sich die junge Währung behaupten. In den Portfolios internationaler Investoren und Notenbanken stieg die Gemeinschaftswährung hinter dem Dollar zur zweitwichtigsten Reservewährung auf. Dem IWF zufolge lauteten im Jahr 2009 rund 27 Prozent aller Notenbankbestände auf Euro, das sind ganze neun Prozentpunkte mehr als zum Start 1999. In den Buchhandlungen der großen Flughäfen stapelten sich die Bücher, die von der neuen Supermacht Eurozone kündeten. Und als im Jahr 2008 der Finanzorkan über Europa wütete, blieben Währungsverwirbelungen bei den Euro-Mitgliedern aus.

Das war vor dem Start des Euro, zum Beispiel in den Jahren 1992 und 1993, noch ganz anders. Damals führten starke Spannungen zwischen den europäischen Währungen zu abrupten Verschiebungen an den Devisenmärkten. Im Jahr 1992 brach der Europäische Wechselkursmechanismus auseinander, innerhalb dessen die nationalen Notenbanken mit An- und Verkäufen dafür gesorgt hatten, dass die Schwankungen der gegenseitigen Wechselkurse nicht zu stark ausfielen. Großbritannien und Italien mussten das System verlassen, nachdem auch die Notenbanken nicht mehr genügend Reserven hatten, um Pfund und Lira zu stützen.

Mit verantwortlich dafür war der legendäre Angriff des Hedgefonds-Pioniers George Soros auf das britische Pfund. Mit rund zehn Milliarden Dollar spekulierte er erfolgreich gegen die Bank of England, die englische Notenbank: Er setzte das Geld als Sicherheit ein, um sich Unsummen britischer Pfund zu leihen und diese gegen D-Mark und französische Francs umzutauschen, sodass der Wechselkurs des Pfund unter Druck geriet. Die Bank of England versuchte anfangs noch, mit Zinserhöhungen und Aufkäufen des Pfund gegenzuhalten, aber auch ihr gingen bald die Devisenreserven aus. An jenem 16. September 1992, der als «Schwarzer Mittwoch» in die Geschichte einging, waren die britischen Währungspolitiker gezwungen, das Pfund aus dem europäischen Währungssystem (EWS) herauszunehmen.[72] Der Gegenwert des Pfund in anderen Währungen fiel entsprechend stark ab, und Soros war auf einen Schlag eine Milliarde Dollar reicher, weil er seine in Pfund notierten Schulden nun zu einem deutlich günstigeren Wechselkurs zurückzahlen konnte. Auch die spanische Peseta, selbst nicht im EWS enthalten, stürzte gegenüber der D-Mark im September 1992 ab. Ein Jahr später hielt selbst der französische Franc nicht mehr den Attacken der Devisenhändler stand, die engen Grenzen zur deutschen Ankerwährung mussten gelockert werden.

Pikanterweise war die Bundesbank nicht ganz unbeteiligt an dem damaligen Beben. Im Juli 1992 hatte sie zur Bekämpfung der Wiedervereinigungsinflation die Leitzinsen erhöht. Anleger verkauften daraufhin andere Devisen gegen D-Mark, denn eine Währung, die höhere Zinsen bietet, ist als Anlagemedium interessanter.[73] Das brachte die Wechselkurse der Nachbarländer Deutschlands weiter unter Druck. Im Unterschied zu diesen Turbulenzen der neunziger Jahre erwies sich der Euro innerhalb der Gemeinschaft zumindest bis zum Herbst 2009 als Hort der Stabilität.

Das Euro-Projekt schien sogar schon vor dem Start auch jene Kritiker Lügen zu strafen, die der Gemeinschaft fiskalischen Schlendrian voraussagten. Insbesondere die vormals unsoliden europäischen Randstaaten boomten, und ihre Schulden schmolzen wie Schnee in der Sonne. Irland konnte zwischen 1996 und 2006 seine Schuldenquote von 73 auf knapp 25 Prozent annähernd dritteln, Spanien von 67 auf unter 40 Prozent fast halbieren und die Quote selbst in Italien schwand im gleichen Zeitraum immerhin um 15 Prozentpunkte.

Das fiskalische Wunder der Anfangsjahre

Das fiskalische Wunder beruhte weder darauf, dass in den Ländern plötzlich Öl- oder Goldvorräte entdeckt wurden, noch übernahmen besonders strenge Finanzminister das Regiment. Vielmehr profitierten die Länder von einem kräftigen Zinsrutsch, der in vielen Ländern am Rande Europas bereits Mitte der neunziger Jahre einsetzte (Abbildung 7). Immer mehr Kreditgeber vertrauten darauf, dass auch die südeuropäischen Staaten zum Start des Euro dabei sein würden. Das verringerte die Gefahr einer Abwertung von spanischer Peseta oder italienischer Lira gegenüber der Reservewährung D-Mark. Als Folge schrumpften die Risikoaufschläge, die spanische oder italienische Staatsanleihen gegenüber den Bundesanleihen zu bieten hatten, um Geldgeber zu finden. Mit zwei Jahren Verzögerung näherten sich auch die Zinsen für griechische Staatsanleihen dem Niveau der anderen Länder.

Niedrigere Zinsen für Staatsanleihen wiederum reduzierten automatisch die Schuldenlasten und nahmen Druck von den öffentlichen Haushalten.[74]. Die Fälle von Spanien und Italien machen dies besonders plastisch. Noch Anfang 1996 mussten deren Finanzminister ihren Investoren für zehnjährige Schuldentitel zehn beziehungsweise elf Prozent pro Jahr bieten. Zum gleichen Zeitpunkt konnte sich ihr deutscher Kollege Theo Waigel für sechs Prozent verschulden. Dieser Unterschied verschwand bis 2006 fast vollständig. Durch die Währungsunion schmolzen die Risikoaufschläge dahin, alle Länder konnten sich nun zu den gleichen günstigen Konditionen wie die Bundesrepublik Geld leihen. Bei Staatsschulden in Billionenhöhe – und um solche Dimensionen ging es etwa bei Italien – sparte ein Finanzminister mit jedem Prozentpunkt, den

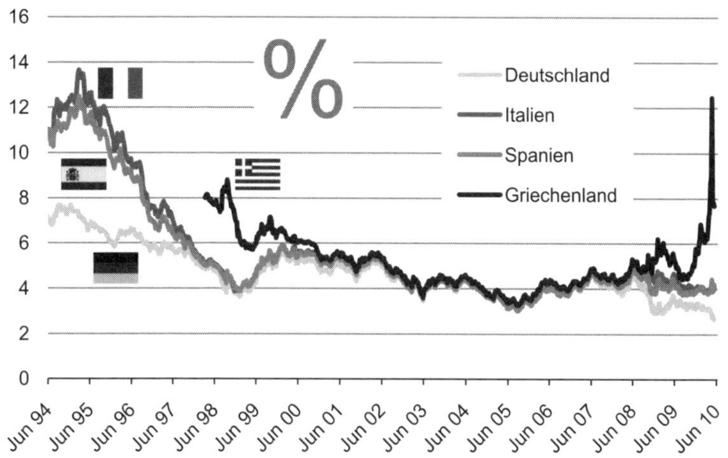

Abb. 7: Renditen zehnjähriger Staatsschuldtitel
Quelle: Bloomberg

er weniger Zinsen an die Investoren zahlen musste, einen zweistelligen Milliardenbetrag.[75]

Die Auswirkung dieser Einsparungen auf die Staatshaushalte zeigt Abbildung 8. Bei Spanien und Irland verringerte sich die Schuldendienstquote – das sind die Ausgaben für Zinszahlungen gemessen an sämtlichen Staatseinnahmen – von über zehn Prozent im Jahr 1997 auf unter fünf Prozent nur zehn Jahre später. Die Schuldendienstquote Griechenlands sank zwischen 1997 und 2007 gar von knapp einem Viertel auf zehn Prozent.

Gleichzeitig wirkten die niedrigeren Zinsen wie ein gigantisches Konjunkturprogramm. Die private Kreditnachfrage schoss in die Höhe. Das billigere Geld befeuerte vor allem den Immobiliensektor. Die spanische Wirtschaft verzeichnete daraufhin in den ersten Jahren der Währungsunion Wachstumsraten zwischen drei und fünf Prozent, die griechische sogar noch etwas höhere – in beiden Fällen war ein Drittel davon allein vom Bausektor getragen. Der «keltische Tiger», Irland, erlebte dank eines atemberaubenden Immobilienbooms ein richtiges Wirtschaftswunder mit zweistelligen Zuwächsen.

Verglichen damit schien das deutsche Wachstum blutarm. Mit Ausnahme von 2000 und 2006 legte die hiesige Wirtschaft mit Raten zwischen null und 1,9 Prozent nur leicht zu. 2003 schrumpfte die deutsche Ökonomie sogar um 0,23 Prozent.[76] In den Peripheriestaaten hingegen

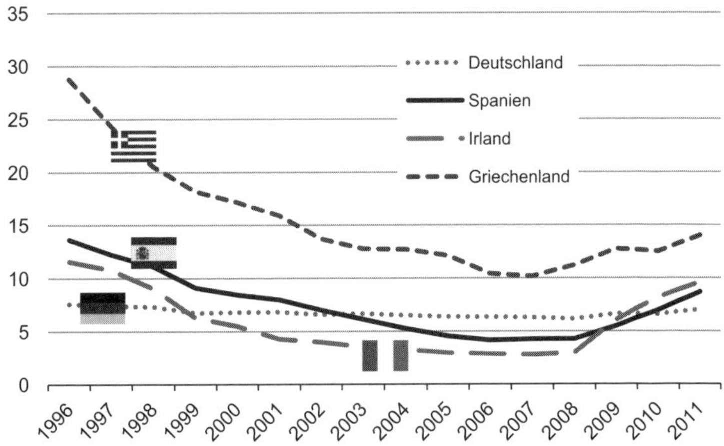

Abb. 8: Zinslast im Verhältnis zu den Staatseinnahmen (in Prozent)
Quelle: Fitch Ratings

wirkte die Währungsunion mit ihrem positiven Zinsschock aus einem weiteren Grund wie ein Wachstumsbeschleuniger. Zwar stieg in Spanien oder Irland, wohl in Verbindung mit dem starken Wirtschaftswachstum, auch das Preisniveau. Dennoch blieben die Zinsen niedrig, die Länder waren ja Mitglieder in der Eurozone. Die Realzinsen, also die nominalen Zinssätze abzüglich der Inflationsrate, waren in diesen Ländern deshalb besonders niedrig. Das machte neue Kredite und Immobilienkäufe noch lohnenswerter. Diese sich wechselseitig verstärkenden Effekte haben zu den hohen Wachstumsraten in den betreffenden Ländern beigetragen.

Immobilienbesitzer in diesen Ländern fühlten sich wegen der steigenden Häuserpreise immer reicher. Dieser Vermögenseffekt mag auch die Nachfrage angeregt haben. Zwischen 2002 und 2007 explodierte in Spanien die Verschuldung der privaten Haushalte, vergleichbar mit den Entwicklungen in den USA. Im Jahr 2010 standen private Haushalte in Spanien mit mehr als dem Doppelten des spanischen Bruttoinlandsprodukts in der Kreide. Zum Vergleich: Die Schulden der privaten Haushalte in Deutschland betragen lediglich 140 Prozent der Wirtschaftskraft, in Frankreich 130 Prozent.[77]

Es sah aus wie ein Wachstumswunder, doch in Wirklichkeit wuchsen gigantische Spekulationsblasen, die im Zuge der Finanzkrise schließlich zum Platzen gebracht wurden. Die hohe Verschuldung der privaten

Haushalte und der große Anteil des kreditabhängigen Immobiliensektors an der Wirtschaftsleistung verursachten für die betroffenen Staatshaushalte besonders große Verluste und dementsprechend kostenträchtige Rettungsmaßnahmen. Allein der spanische Staat verabschiedete im Zuge der Finanzkrise eines der größten Konjunkturprogramme von 48 Milliarden Euro – und geht einem neuen Schuldenrekord entgegen.[78] In Irland ruinierten umfassende öffentliche Bürgschaften für die Banken die Staatsfinanzen.[79] Der fiskalische Konsolidierungserfolg von zweieinhalb Dekaden war dahin.[80]

Der kreditfinanzierte Boom in den Randstaaten Europas erschwert nun auch deswegen die Lösung der Eurokrise, weil er die Wettbewerbsposition dieser Länder verschlechtert hat.[81] In einer Währungsunion bleibt das nicht ohne Konsequenzen. Staaten wie Spanien, Griechenland oder Portugal fielen im inner- und außereuropäischen Vergleich immer weiter zurück, verloren ihre Exportmärkte an Asien mit seinen niedrigen Löhnen, und verzeichneten markante Defizite.[82] Die Europäische Zentralbank hat auf die divergierende Wettbewerbsfähigkeit bereits im Jahr 2006 hingewiesen.[83]

Um bei weiterhin bestehender Mitgliedschaft in der Währungsunion wieder wettbewerbsfähig zu werden, müssten die Preise und Löhne in den Randstaaten nach Berechnungen des New Yorker Ökonomen Nouriel Roubini um 20 bis 30 Prozent schrumpfen. Ein solcher Prozess wäre wahrscheinlich mit jahrelanger Rezession verbunden. Kaum eine Gesellschaft erträgt solche Belastungen lange.[84] Außerdem würde eine Preis- und Lohnsenkung die Schulden als Anteil an einer nominal sinkenden Wirtschaftskraft in die Höhe treiben und damit möglicherweise den Weg in eine Überschuldung beschleunigen.

PIIGS – arme Schweine der Währungsunion

Ins Zentrum der Aufmerksamkeit sind neben Griechenland auch Portugal, Irland, Italien und Spanien gerückt. All diese Länder haben Ähnlichkeiten mit dem Ägäisstaat, vor allem sind deren Schuldenquoten seit der Finanzkrise ebenfalls bedrohlich gestiegen. An den Finanzmärkten werden die fiskalischen Wackelkandidaten unter dem wenig schmeichelhaften Akronym PIIGS zusammengefasst. Als eine Art Anti-BRIC – in diesem Club finden sich die aussichtsreichen Wachstumsnationen Brasilien, Russland, Indien und China wieder – steht PIIGS für die oben genannten angeschlagenen Euroländer der Peripherie. Bringt es Griechenland allein gerade einmal auf 2,6 Prozent der Wirtschaftsleistung in der Eurozone, stehen die PIIGS zusammen bereits für rund 18 Prozent.

Die Schaffung eines einheitlichen Währungsraums in Europa wurde im Vorfeld kontrovers diskutiert. Ein wichtiger Anker in dieser Diskussion war die Theorie des optimalen Währungsraums, die der spätere Nobelpreisträger Robert Mundell bereits im Jahr 1961 entwickelt hatte.[85] Die Theorie besagt, dass sich souveräne Staaten nur dann zu einer Währungsunion zusammenschließen sollten, wenn hierdurch keine Wohlfahrtsverluste für die beteiligten Länder entstehen. Solche wirtschaftlichen Nachteile treten dann auf, wenn plötzliche Krisen oder Schocks die einzelnen Länder einer Geldunion unterschiedlich hart treffen und sie eigentlich mit Wechselkursänderungen gegensteuern müssten. Die Länder einer optimalen Währungsunion sind entweder wirtschaftlich derart homogen, dass es nicht zu sogenannten asymmetrischen Schocks kommen kann, weil Krisen- oder Boomphasen stets synchron verlaufen. Oder die Mobilität von Arbeitskräften und Kapital ist sehr hoch: Steigt ein Land der Währungsunion wirtschaftlich ab, können die Einwohner einfach in den wirtschaftlich prosperierenden Staat umziehen und so den Ausgleich schaffen, der sonst über die Währung stattgefunden hätte. Gemessen an den idealen Anforderungen eines optimalen Währungsraums Mundells dürften indes selbst viele deutsche Bundesländer untereinander keine Geldgemeinschaft bilden, geschweige denn Länder mit Sprachbarrieren in Europa.

Ungleichgewichte treten indes offen zu Tage. In Spanien erreichte das Leistungsbilanzdefizit im Jahr 2007 ganze zehn Prozent der Wirtschaftsleistung, in Griechenland gar fast 15 Prozent. Selbst in den USA, deren defizitärer Handel mit China immer wieder hervorgehoben wird, überstieg das Defizit nie mehr als sechs Prozent.[86] Wenn aber ein Land beständig mehr Waren und Dienstleistungen einführt als es exportiert, lebt es über seine Verhältnisse. Wären die Länder nicht in der Währungsunion, dann könnte sich ihr Leistungsbilanzdefizit in Abwertungen der eigenen Währung entladen. Ein niedrigerer Wechselkurs würde die eigenen Produkte auf den Weltmärkten günstiger und die Importe aus konkurrierenden Staaten teurer machen.[87]

Vor der Einführung der Gemeinschaftswährung hat der Wechselkursmechanismus für viele der heutigen Euroländer eine wichtige Rolle gespielt. Nach 1971, als das System fester Wechselkurse von Bretton Woods zusammenbrach, gewann beispielsweise die D-Mark gegenüber der spanischen Peseta um über 300 Prozent an Wert. Für Griechenland reichte selbst das nicht aus. In den 20 Jahren vor der Währungsunion stieg die D-Mark gegenüber der Drachme um mehr als 600 Prozent.[88]

Das Jahr 2010 scheint nun den Euro-Skeptikern mit einer Verzögerung von zehn Jahren Recht gegeben zu haben. Vor allem angelsächsische Ökonomen hatten davor gewarnt, die Währungsunion als ein Instrument der politischen Vereinigung zu benutzen, etwa um die Macht eines wiedervereinigten Deutschland einzudämmen. Harvard-Professor Martin Feldstein wagte in einem vielbeachteten Aufsatz gar die These, die Einführung einer gemeinsamen Währung könnte innerhalb der Eurozone bewaffnete Konflikte heraufbeschwören. Unterschiedliche Mentalitäten im Umgang mit Inflation und Arbeitslosigkeit sowie Differenzen über angemessene Wirtschaftspolitik hätten langfristig durchaus die Kraft, alte historische Animositäten wieder zu wecken. Als besonders gravierenden Konstruktionsfehler betrachtete Feldstein die Tatsache, dass die EU keine Regelung für einen geordneten Austritt aus der Währungsunion vorsah.[89]

Aber auch in Deutschland regte sich Widerstand. Allen voran schritten dabei die drei Wirtschaftsprofessoren Wilhelm Hankel, Wilhelm Nölling und Joachim Starbatty mit dem Staatsrechtler Karl Albrecht Schachtschneider. Die Viererbande, wie die Euro-Opponenten gelegentlich genannt wurden, hatte kurz vor dem Start der Währungsunion Anfang 1998 sogar mit einer Klage beim Bundesverfassungsgericht gegen die Abschaffung der D-Mark prozessiert – und letztlich verloren.[90] Zwölf Jahre nach ihrer ersten Klage, im Frühjahr 2010, startete die Viererbande ein Comeback und zog erneut zunächst erfolglos vor das Bundesverfassungsgericht.

Die Kritiker weisen darauf hin, dass sich die Hoffnung, die Gemeinschaftswährung werde sich als Katalysator für ein politisches und wirtschaftliches Zusammenwachsen erweisen, zumindest bisher nicht erfüllt hat. Auch hat die Währungsunion nicht die Schuldendisziplin gestärkt, weil die Stabilität der stärkeren Länder auf die schwächeren abfärbt. Eventuell setzt die Währungsunion sogar Anreize für größere Nachlässigkeit – auf diesen Verdacht gehen wir in Teil III unter dem Stichwort «Samariterdilemma» genauer ein.

5. Schulden in 50 Jahren – die Demographiebombe

Viele Staatsanleihen haben eine lange Laufzeit, oft bis zu dreißig Jahren. Die Käufer dieser Anleihen wollen also gern wissen, ob die Regierungen auch noch in einigen Jahrzehnten ihren Zahlungsverpflichtungen nachkommen können. Auch wer langfristig spart – etwa über eine Lebensversicherung, eine Riester-Rente oder ein Sparbuch – hat ein vitales Interesse daran, dass der Wert des Euro nicht langfristig durch Inflation unterminiert wird. Um das zu beurteilen, hilft es, die Haushaltspolitik und die erwartete wirtschaftliche Entwicklung eines Landes in die Zukunft fortzuschreiben. Dabei zeigt sich, ob das Land einen immer größeren, letztlich nicht mehr zu stemmenden Schuldenstand aufbauen wird oder nicht. Eine einfache, geradlinige Fortschreibung der aktuellen Trends reicht allerdings nicht aus, denn dies könnte den demographischen Wandel übersehen, der in den kommenden Jahrzehnten seine volle Wucht entfalten dürfte.

Die Europäische Kommission untersucht diese Fragen in regelmäßigen Abständen in sogenannten Nachhaltigkeitsberichten, zuletzt im Jahr 2009. Aber auch die Banken stellen immer häufiger die langfristige Tragfähigkeit öffentlicher Finanzen auf den Prüfstand. Nicht nur als potenzielle Kreditgeber haben sie ein Interesse an weitreichenden Analysen. Staatsanleihen dienen häufig auch als Pfand für Geschäfte der Kreditinstitute untereinander und auch da ist langfristige Sicherheit gefragt.[91]

Die Kernfrage der Untersuchungen lautet: Liegen bei der bestehenden Struktur der Haushaltspolitik öffentliche Einnahmen und Ausgaben eines Landes hinreichend nahe beieinander, oder führt die Schere zwischen Einnahmen und Ausgaben bei der bereits bestehenden Staatsverschuldung das Land auf eine immer abschüssigere Bahn? Und wie groß wäre gegebenenfalls der Anpassungsbedarf für staatliche Einnahmen und Ausgaben? Die Untersuchung der Europäischen Kommission verwendet zwei gängige Kriterien für Nachhaltigkeit. Zum einen gibt sie Entwarnung, wenn die Schuldenquote des Landes bei einer Fortsetzung der aktuellen Haushaltspolitik innerhalb der kommenden 50 Jahre auf das im EU-Vertrag von Maastricht vorgesehene Niveau von 60 Prozent oder darunter fällt. Das zweite Kriterium fragt: Würde das Verhältnis

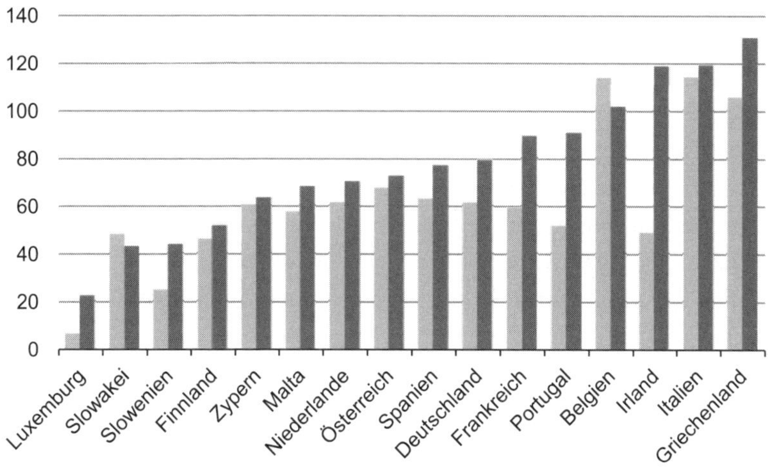

Abb. 9: Schuldenstand in der Eurozone (in Prozent des Bruttoinlandsprodukts) für 1999 und 2011 (geschätzt)
Quelle: Fitch Ratings

von Schulden zu Wirtschaftskraft in der ganz langen Frist explodieren oder nicht, wenn der Staat in seiner Haushaltspolitik einfach so weitermacht?

Zwischen den Nachhaltigkeitsberichten 2006 und 2009 hat sich die Situation der öffentlichen Haushalte der Staaten der Europäischen Union im Durchschnitt noch einmal deutlich verschlechtert. Die Hauptschuld für die Verschlechterung seit 2006 trägt die Finanzkrise. Sie beeinträchtigt die Nachhaltigkeit der Staatsfinanzen vor allem dadurch, dass die Wirtschaftskraft und die Steuereinnahmen in den kommenden Jahren weniger hoch, die Ausgaben aber höher sein werden als vor der Krise. Wie dramatisch die Krise für die Nachhaltigkeit der öffentlichen Haushalte ist, wird davon abhängen, wie die weitere wirtschaftliche Entwicklung verläuft. Handelt es sich bei der Krise nur um einen kurzzeitigen Absturz der wirtschaftlichen Aktivität mit einer schnellen Rückkehr auf den alten Pfad der wirtschaftlichen Entwicklung? War die Krise also nur ein einmaliger kurzzeitiger Produktions- und Steuereinnahmenausfall? Oder ist der Verlust von fünf Prozentpunkten Wirtschaftskraft zumindest teilweise dauerhaft und beeinträchtigt die Staatsfinanzen damit nachhaltig?

Die Finanz- und Wirtschaftskrise ist nach Ansicht der Kommission jedoch nur für einen Teil der Nachhaltigkeitsprobleme der Länder Europas verantwortlich. Ein Großteil der erforderlichen Sparanstrengungen ergibt sich aus Veränderungen in der Größe und Altersstruktur der Bevölkerung: Die niedrige Geburtenrate von etwa 1,5 Kindern pro Frau und eine bereits erheblich gestiegene und vermutlich weiter wachsende Lebenserwartung – 82,1 Jahre für Frauen und 76 Jahre für Männer, alle Zahlen sind Durchschnitte der 27 EU-Staaten im Jahr 2008 – sind die Hauptursachen dafür, dass sich die Altersstruktur der Bevölkerung dramatisch verändert.[92]

Diese Entwicklungen haben Auswirkungen auf Sozialausgaben, besonders auf die Renten und Pensionen, Gesundheitsausgaben und Pflegeleistungen. Für die Altersversorgung, das Gesundheitswesen, die Langzeitpflege und die Arbeitslosenunterstützung haben die Staaten des Euro-Währungsgebiets 2007 durchschnittlich 20,1 Prozent des Bruttoinlandsprodukts aufgewendet. Die Europäische Zentralbank rechnet bis 2060 mit einem Anstieg der alterungsbedingten Haushaltslasten um 15 bis 35 Prozent.[93]

Sollten die öffentlichen Haushalte nicht den demographischen Gegebenheiten angepasst werden, droht eine exponentiell steigende Schuldenquote. Den Berechnungen der Kommission zufolge läge andernfalls der Schuldenstand innerhalb Europas im Jahr 2050 bereits bei weit über 300 Prozent, zehn Jahre später bei annähernd 500 Prozent.[94] Dieses Problem gab es bereits vor der Finanzkrise. Der Anpassungsbedarf hat sich durch die zusätzlichen Belastungen aus der Krise nur erhöht.

Die EU-Kommission geht für diese Berechnungen zunächst einmal implizit davon aus, dass der Kapitalmarkt bei solchen Schuldenständen das Vertrauen in die Kreditfähigkeit der Staaten Europas noch nicht verliert und die Staaten weiterhin zu günstigen Zinskonditionen mit neuen Krediten versorgt. So viel Vertrauen wird der Kapitalmarkt bei luftigen Schuldenquoten jenseits von 400 Prozent wohl kaum aufbringen. Wahrscheinlicher ist, dass die Anleger mit zunehmender Schuldenquote eine wachsende Risikoprämie für Kredite an den Staat verlangen und ab einem bestimmten Punkt dem Staat lieber gar keine neuen Kredite mehr geben werden.

Die Kommission weist auch darauf hin – völlig zu Recht –, dass die offiziellen Schuldenquoten, auf die wir in den vergangenen Kapiteln ausgiebig eingegangen sind, die Schuldenproblematik in den entwickelten Volkswirtschaften Europas und andernorts deutlich unterschätzen. Neben den verbrieften «expliziten« Schulden stehen die Staaten einer Vielzahl von Forderungen gegenüber, die sich aus der Sozialgesetzgebung und der Finanzierungsstruktur von Rentensystemen und Gesundheitssystemen ergeben. Diese Ansprüche werden gelegentlich auch als «implizite» Staatsschuld bezeichnet.

Die genaue Berechnung der impliziten Staatsschuld ist freilich schwieriger als das schlichte Zusammenzählen der verbrieften Kreditsummen. Bei der impliziten Staatsschuld, wie beispielsweise den Lasten für die zukünftigen Pensionen der Staatsdiener, stehen die genauen zukünftigen Ansprüche noch gar nicht fest. Sie hängen von der Wirtschaftsentwicklung ab, aber auch von der Arbeits- und Sozialgesetzgebung. Experten sind sich aber darüber einig, dass diese impliziten Ansprüche in ihrer Summe in der Regel in praktisch allen Ländern der EU meist deutlich höher sind als die explizite, verbriefte Staatsschuld.[95]

Der Freiburger Finanzwissenschaftler Bernd Raffelhüschen hat beispielsweise für Deutschland eine verdeckte Staatsschuld von 4,3 Billionen errechnet, die sich zu der offiziell ausgewiesenen Verschuldung von 1,8 Billionen Euro addiert. Damit läge die Schuldenquote Deutschlands Ende 2010 insgesamt nicht bei 78, sondern bei stolzen 249 Prozent der Wirtschaftsleistung.[96] Deutschland steht noch vergleichsweise gut da. Unter den Ländern mit geschätzt überdurchschnittlicher impliziter Staatsschuld trifft man auf alte Bekannte: Griechenland, Irland, Spanien, Malta, Slowenien, die Slowakei, Zypern gehören dazu ebenso wie die Niederlande. Global betrachtet ist die Situation vor allem für Japan gefährlich. Hier könnte als Folge der rapiden Alterung die Staatsverschuldung bis 2040 auf 600 Prozent hochschnellen.[97]

6. Aufstieg und Fall der Nationen

Mitte Januar 2010 war für Eric Schmidt die Schmerzgrenze offenbar überschritten. Der Google-Chef zeigte sich empört über die chinesischen Behörden, welche er hinter Hackerangriffen auf seine Emailnutzer vermutete. Unter Fürsprache von Außenministerin Hilary Clinton kündigte Schmidt an, die mit Peking verabredete Zensur seiner Suchmaschine

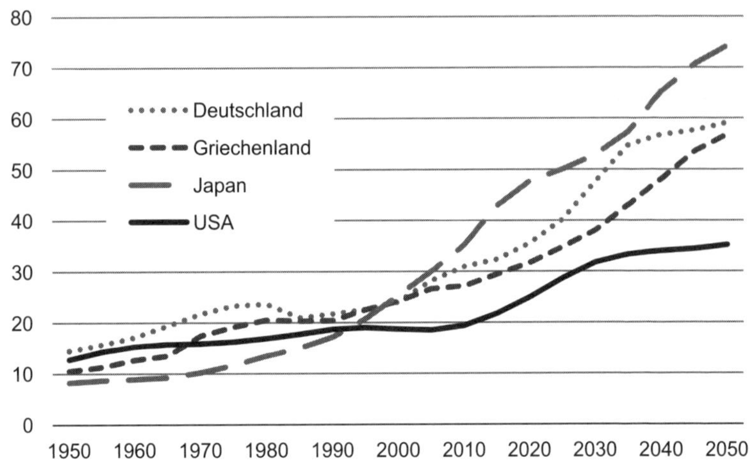

Abb. 10: Anteil der über 65-jährigen in Prozent der 15- bis 64-jährigen
Quelle: UNO, Unicredit

nicht länger zu akzeptieren und sich gegebenenfalls vom chinesischen Markt komplett zurückzuziehen. «USA und China im Onlinekrieg», titelten daraufhin die Zeitungen.

Nur wenige Tage später sorgten geplante Waffenlieferungen der USA an Taiwan für eine weitere Abkühlung in den Beziehungen zwischen Peking und Washington. Und als ob die diplomatischen Beziehungen noch nicht angespannt genug gewesen wären, traf sich der amerikanische Präsident Barack Obama unter starkem Protest der chinesischen Führung im Februar mit dem geistigen Oberhaupt der Tibeter, dem Dalai Lama.[98] Gleichzeitig drohte der Kongress mit Handelssanktionen, sollte Peking den zum Dollar künstlich niedrig gehaltenen Renminbi nicht endlich aufwerten. Die Chinesen wiesen den Vorwurf, die eigene Währung für Exportvorteile zu manipulieren, weit von sich.

In dieses diplomatisch aufgeladene Umfeld platzte eine weitere, eigentlich eher kleine Nachricht, die unter normalen Umständen kaum Aufsehen erregt hätte. Die Chinesen – so ging es aus den aktuellen Verkaufsstatistiken des amerikanischen Schatzamts hervor[99] – hatten im Dezember US-Staatsanleihen im Wert von 34,2 Milliarden Dollar verkauft, noch nicht einmal fünf Prozent ihrer Bestände.[100] Diese Nachricht war nur scheinbar nebensächlich im Vergleich zu den Meldungen zu Google und dem Dalai Lama. Tatsächlich hätten die Chinesen mit keiner anderen Maßnahme deutlicher machen können, dass die Weltsupermacht USA wankt.

Über drei Jahrzehnte hinweg haben die Amerikaner mehr konsumiert als selbst produziert. In Rekordzeit ist so aus der zuvor größten Gläubigernation der größte Schuldner der Welt geworden.[101] Mitte 2010 standen private Haushalte, Unternehmen und der amerikanische Staat zusammen beim Ausland mit rund sechs Billionen Dollar in der Kreide.[102] Am wenigsten hat sich der amerikanische Staat zurückgehalten. Zwischen 2005 und 2010 wuchsen die amerikanischen Staatsschulden um annähernd 90 Prozent.[103] Und da diese Verbindlichkeiten zum überwiegenden Teil über Anleihen finanziert werden müssen, sind die USA bei den eigenen Staatstiteln ganz besonders verwundbar.

Gegenüber der USA haben sich die Chinesen über diesen Umweg in eine mächtige Position gebracht: Auch nach dem kleinen Straf-Verkauf von US-Anleihen im Dezember 2009 bleibt die Volksrepublik weiterhin der größte Kreditgeber der Vereinigten Staaten. Das Reich der Mitte hält rund ein Viertel aller langfristigen US-Anleihen, die sich im öffentlichen Umlauf befinden.[104] Als größter Gläubiger fühlen sich die chinesischen Machthaber berufen, in geostrategischen Angelegenheiten die eigene Position im Zweifel auch gegen den Widerstand der Supermacht durchzusetzen.[105] Sichtbar wurde dies etwa auf der Klimakonferenz in Kopenhagen im Dezember 2009, als Premier Wen Jiabao den US-Präsidenten Barack Obama versetzte und lediglich eine Delegation niederen Ranges unter Führung des Vizeaußenministers He Yafei entsandte.[106]

Dem US-Historiker Paul Kennedy zufolge fallen Nationen, die über ihre Verhältnisse leben und ihr Imperium finanziell überdehnen, früher oder später dem Abstieg anheim. Im Vorteil sind Staaten mit einem gut funktionierenden Anleihemarkt. Im 18. Jahrhundert beispielsweise verdankte Großbritannien seine gegenüber Frankreich überlegene Machtposition seinem System des staatlichen Kredits. Kennedy hatte bereits Ende der achtziger Jahre den USA angesichts der überbordenden (Rüstungs-)Ausgaben einen schleichenden Abstieg vorausgesagt.[107]

Inwieweit die ausufernden Staatsschulden einzelner Länder die globalen Machtzentren verschieben, haben die beiden Berkeley-Ökonomen Stephen S. Cohen und J. Bradford de Long anhand der neuesten Daten für die Vereinigten Staaten noch einmal untersucht. Ihr Ergebnis: Die immer stärkere Verschuldung gegenüber dem Ausland wird den Einfluss der Weltmacht USA in den kommenden Jahren langsam schwinden lassen. Ökonomisch und kulturell vitale Nationen, die sich in einer komfortablen Gläubigerposition befinden, so die Begründung der beiden Ökonomen, können über den Wohlstand der eigenen Staatsbürger hinaus weit mehr in der Welt erreichen. Sie haben die Macht, eine eigene Agenda auf der Weltbühne umzusetzen und dabei die Interessen anderer Länder gegebenenfalls einfach zu ignorieren.[108]

Aus einer Schuldnerposition heraus ist solcher Luxus nicht mehr möglich. Zwar lässt sich der Lebensstandard der eigenen Bevölkerung aufrechterhalten, zumindest so lange, wie ausländische Kreditgeber dem defizitären Haushalt weiteres Geld zuschießen. Allerdings fehlt der finanzielle Hebel, um anderswo die eigene Politik reibungslos durchzudrücken.

China und die USA – eine spezielle Beziehung

Im beinahe gleichen Tempo, in dem Washington neue Verbindlichkeiten aufgetürmt hat, haben die Chinesen ihrerseits Währungsreserven angesammelt. Diese betrugen Ende 2009 knapp 2,4 Billionen Dollar.[109] Die gegenläufige Entwicklung – hier Schulden, dort Vermögen – ist kein Zufall, sondern das Ergebnis einer ganz eigenen Wirtschaftsbeziehung, die die USA und China seit Jahren führen. Dabei macht jeder Partner jeweils das Gegenteil des anderen.

Chimerica hat der Historiker Niall Ferguson die Verschmelzung der beiden Volkswirtschaften von China und Amerika genannt, in der die Rollen der beiden klar verteilt sind: Die Chinesen sparen viel und konsumieren wenig, bei den Amerikanern ist es genau umgekehrt. Die Amerikaner kaufen die Produkte der Chinesen auf Kredit, Peking wiederum vergibt aus seinen Ersparnissen die Kredite an die USA. So zeichnen die amerikanischen Verbraucher seit über einer Dekade für den Großteil des chinesischen Exportbooms verantwortlich und erwirtschaften ihrerseits im Handel mit China immense Defizite. Diese Beziehung ist so lange stabil, wie China durch Ankäufe von amerikanischen Staatsanleihen das hohe Leistungsbilanzdefizit der USA und deren öffentliche Schulden finanziert.[110]

Beide, Schuldner und Gläubiger, befinden sich dabei in einem gegenseitigen Abhängigkeitsverhältnis. Eine zentrale Rolle für das Entstehen dieser Beziehung spielt nach Ansicht vieler Beobachter die Währungspolitik

Chinas. Um die eigene Währung niedrig zu halten, so wird argumentiert, musste die chinesische Zentralbank in großem Stil Dollar aufkaufen. In der ersten Dekade des neuen Jahrtausends stiegen so die Devisenreserven von 165 Milliarden auf 2400 Milliarden an. Das Geld musste investiert werden und floss vor allem in amerikanische Staatsanleihen. Dadurch waren für die Amerikaner nicht nur chinesische Exporte sehr günstig, wegen des weiterhin niedrigen Wechselkurses. Auch für ihre Staatsschulden mussten sie aufgrund der großen Nachfrage aus China keine hohen Zinsen zahlen.[111] Die niedrigen Zinsen stimulierten wiederum den Konsum der amerikanischen Verbraucher und auch den amerikanischen Immobilienboom zusätzlich, was die Ungleichgewichte weiter verschärfte.[112]

Sich aus der gegenseitigen Abhängigkeit zu lösen, ist schwierig. China mag versucht sein, sein einseitiges Exportmodell zu Gunsten einer stärkeren Binnenwirtschaft aufzugeben. Es kann aber nicht den Kollaps seines Hauptschuldners riskieren. Die Ehescheidung von Chimerica birgt Risiken. Die USA könnten China Handelssanktionen androhen, um auf eine Erhöhung des chinesischen Wechselkurses zu drängen. Das Reich der Mitte könnte im Gegenzug Washington mit einem Käuferstreik bei amerikanischen Staatsanleihen oder gar dem Verkauf von US-Schatztiteln reagieren.

Das würde die USA in Schwierigkeiten bringen. Das Schatzamt muss nach derzeitigen Prognosen Jahr für Jahr Anleihen im Wert von rund 1,3 Billionen Dollar platzieren. Angesichts der geringen Sparneigung der Amerikaner sind Ausländer eine wichtige Käuferzielgruppe. Als Inhaber der Weltreservewährung, in der die meisten Notenbanken, Anleger und Geldsammelstellen weltweit ihre Ersparnisse deponieren, werden die Amerikaner das Geld wohl bekommen. Weniger klar sind die Zinskonditionen. Die Schuldenquote der USA ist mit annähernd 100 Prozent heute in etwa drei Mal so hoch wie noch in den siebziger Jahren. Trotzdem muss Washington für den Schuldendienst im Jahr 2010 keinen größeren Budgetanteil aufbringen als noch vor 45 Jahren, weil die Zinsen so niedrig sind. Ein scharfer Anstieg der Zinsen kann angesichts der Höhe der Verbindlichkeiten den Haushalt rasch ruinieren.[113]

Die ausländischen Anleger haben allen Grund zur Sorge. Die Vereinigten Staaten weisen die am schnellsten wachsende Verschuldung der westlichen Welt auf. Der Berg der amerikanischen Verbindlichkeiten wuchs allein 2009 um 1,5 Billionen Dollar und 2010 dürften noch einmal 1,6 Billionen Dollar dazugekommen sein. Die Dimensionen werden deutlich, wenn man bedenkt, dass das Defizit von 1,6 Billionen Dollar den Wert der Güter und Dienstleistungen übersteigt, die Russland oder Spanien in einem Jahr produzieren. Konjunkturprogramme, die Rettung ganzer Industriezweige, dazu massive Steuerausfälle: Einnahmen und Ausgaben trifteten immer weiter auseinander. Im Jahr 2010 waren gerade noch 58 Prozent des US-Haushalts durch Steuern gedeckt, der Rest wurde durch Kredite finanziert.[114]

Nur einmal in der amerikanischen Geschichte waren die Schulden gemessen an der Wirtschaftsleistung derart hoch: Nach dem Zweiten Weltkrieg markierten sie 1946 mit über 100 Prozent ihren vorläufigen Höchstwert.[115] Wie Abbildung 11 zeigt, kamen bislang nur militärische Auseinandersetzungen wie der Erste Weltkrieg, der Bürgerkrieg, der Britisch-Amerikanische Krieg oder der Unabhängigkeitskrieg die Amerikaner ähnlich teuer zu stehen wie die jüngste Finanzkrise.

Die amerikanische Schuldenexplosion ist nicht nur ein Problem der Supermacht USA, sie ist auch gefährlich für den Rest der Welt. Die Supermacht stellt mit dem Dollar die Leitwährung, in der Millionen von Privatpersonen und Dutzende Staaten Großteile ihres Vermögens aufbewahren. Gerät Amerika ins Schlingern, verliert das Weltfinanzsystem einen wichtigen Anker. In Teil III dieses Buches stellen wir ausführlicher

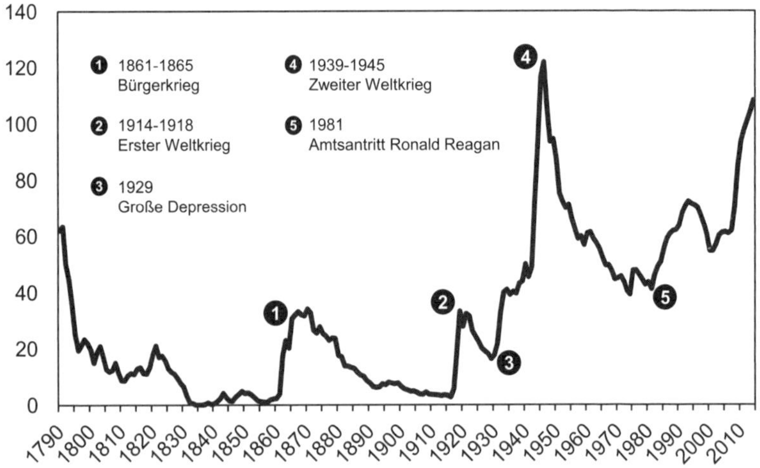

Abb. 11: US-Staatsschulden (in Prozent des Bruttoinlandsprodukts)
Quelle: US Census Bureau, US Office of Management and Budget

dar, warum die hohe amerikanische Verschuldung die Kaufkraft des Dollar schwächen kann.

Japan – das nächste Griechenland?

Auf der Suche nach dem nächsten Pleitekandidaten wird an den Märkten immer wieder Japan hoch gehandelt.[116] Das Land ist unangefochtener Spitzenreiter im globalen «Schuldistan-Ranking». Der Schuldenstand, mit 213 Prozent der Wirtschaftsleistung beinahe doppelt so hoch wie jener Griechenlands, zieht das Interesse von Hedgefonds geradezu magisch auf sich. Bei Schulden von umgerechnet 11 000 Milliarden Dollar bräuchten die Spekulanten die Zinsen nur wenig nach oben zu treiben, um Japan in Bedrängnis zu bringen. Jeder Prozentpunkt schlägt mit rund 100 Milliarden Dollar Mehrkosten zu Buche.

Japans Situation ist außergewöhnlich. Kein anderes der großen G8-Industriestaaten befindet sich im Jahr 2010 auf einem derart historischen Rekordniveau.[117] Nicht einmal im Zweiten Weltkrieg gerieten die Staatsfinanzen von Nippon derart in Schieflage (vgl. Abbildung 12). Damals konnte sich Japan wie Deutschland von seinen Schulden weitgehend befreien. Eine Hyperinflation entwertete die Staatsschulden und hatte einen ähnlichen Effekt wie die Währungsreform von 1948 in Deutschland. Auch Japan erlebte in der Folgezeit ein Wirtschaftswunder, das sich ebenfalls großenteils auf Exportwachstum stützte. Japan schien mit seinen über Jahre zweistelligen Wirtschaftswachstumsraten alle anderen Nationen hinter sich zu lassen, selbst den Amerikanern wurde das Fürchten gelehrt. Selbstbewusst stellten die Unternehmen ihren märchenhaften Reichtum zur Schau: Uramerikanische Institutionen wie das Hollywood-Studio Columbia Pictures oder das Rockefeller Center gingen in japanischen Besitz über. «Kaizen» und andere Produktionsmethoden aus Nippon wurden weltweit zu ökonomischen Wundermitteln verklärt. Einige Historiker riefen in Fernost eine neue Weltmacht aus.[118]

Die späte Phase dieses Aufschwungs basierte zum Teil auf einer Spekulationsblase, die sich in den achtziger Jahren im Immobiliensektor gebildet hatte. Die Blase war so groß, dass zeitweise der Park des Kaiserpalastes in Tokio rechnerisch mehr wert war, als aller Grund und Boden im amerikanischen Bundesstaat Kalifornien zusammengenommen.[119] Als die Spekulationsblase platzte, sah sich der Staat einer gigantischen Ban-

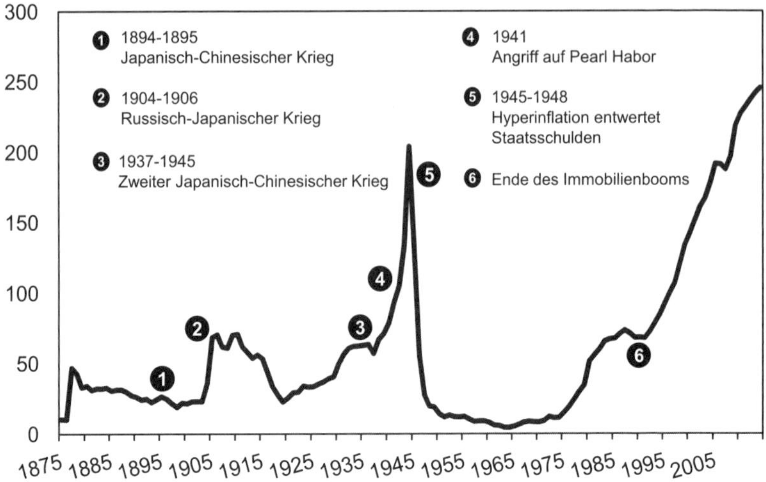

Abb. 12: Staatsschulden Japans (in Prozent des Bruttoinlandsprodukts)
Quelle: Bank of Japan, Estimates of longterm economic statistics of Japan since 1868

kenkrise gegenüber. Milliarden an Hilfsgeldern und Konjunkturspritzen auf der Ausgabenseite und Steuerausfälle auf der Einnahmeseite brachten die Staatsfinanzen in Schieflage. Innerhalb von nur 15 Jahren vervierfachte sich der Schuldenstand.

Das Beispiel Japan zeigt jedoch auch, dass der Schuldenstand allein das Gefährdungspotential eines Staates nicht genau abbildet. Trotz des Rekordstandes sind die Zinsen für zehnjährige Schuldentitel mit 1,3 Prozent mit die niedrigsten weltweit. Dafür gibt es viele mögliche Erklärungen. Die Deflation, die in Japan seit dem Crash im Jahr 1989 mehr oder weniger dauerhaft herrscht, gehört dazu. Ein Rückgang des Preisniveaus führt dazu, dass die reale Verzinsung für den Kreditgeber höher liegt als der gezahlte Zinssatz.

Außerdem spült der Handelsbilanzüberschuss von rund drei Prozent des Bruttoinlandsproduktes jährlich rund 150 Milliarden Dollar ins Land. Japan verfügt in der Folge über Devisenreserven von über einer Billion Dollar. Wenn man diese mit den Schulden verrechnet, sieht die Schuldenquote weit weniger bedrohlich aus. Die OECD beziffert die Nettoschulden Japans auf etwas über 100 Prozent der jährlichen Wirtschaftsleistung. Da Japaner zudem viel sparen, finden sich 95 Prozent der Staatspapiere in den Händen inländischer Sparer. Die Staatsanleihen werden tendenziell sogar von Generation zu Generation weitergegeben.[120] Doch hier tickt eine demographische Bombe. Da auch in Japan immer weniger junge Menschen immer mehr Alten gegenüberstehen, stellt sich die Frage, wer die Papiere in Zukunft der älteren Generation abkaufen soll. Und genau auf diese Schieflage hin könnten auch die Finanzmarktakteure spekulieren.

Zum ersten Mal seit vielen Jahrzehnten werden Überschuldung und die Gefahr von Staatsbankrotten nicht mehr ausschließlich mit Entwicklungsländern assoziiert. Vielmehr zeigen das akute Beispiel Griechenlands und anderer Mitglieder der Eurozone und die Hängepartien in Deutschland, Japan, Spanien und den USA, dass nun insbesondere westliche Industrieländer bedroht sind. Höchste Zeit also, um sich den Lösungsszenarien in Teil III zu widmen. Dienlich könnte zuvor jedoch noch ein zügiger Durchgang durch unsere Staatsverschuldungskunde sein, in der wir die wichtigsten Forschungserkenntnisse zum Thema vorstellen.

TEIL II

Staatsverschuldungskunde

1. Warum überhaupt Staatsschulden?

Warum machen Staaten eigentlich Schulden? Was spricht dafür? Der Finanzwissenschaftler Robert K. von Weizsäcker antwortet darauf: «Fast nichts – würde ich als Ökonom erwidern. Einiges – hätte ich als Politiker gesagt».[1] Strenggenommen gibt es wenige Gründe, aus denen der Wirtschaftswissenschaftler dem Politiker zum Schuldenmachen raten würde, aber viele Gründe, warum der Politiker den Staat trotzdem so gern in die Verschuldung treibt.

Was also sind die guten Gründe? Die wichtigsten wollen wir hier ins Zentrum rücken. Erstens: Staatsverschuldung kann die Kosten öffentlicher Investitionen auf die Personen verlagern, die auch die wirtschaftlichen Vorteile aus der Investition haben. Zweitens: Staatsverschuldung macht es möglich, die Lasten großer wirtschaftlicher Schocks mit jahrzehntelangen Auswirkungen, wie z. B. Kriege oder Naturkatastrophen, auf mehrere Generationen zu verteilen. Und drittens: Staatsverschuldung kann ein glättender Puffer sein im wirtschaftlichen Auf und Ab.

Das Pay-as-you-use-Prinzip

«Ein Staat ohne Staatsschuld thut entweder zu wenig für seine Zukunft, oder er fordert zu viel von seiner Gegenwart.» Ob Lorenz von Stein damit Recht hat oder nicht, dieses Zitat aus seinem 1871 veröffentlichten *Lehrbuch der Finanzwissenschaften* darf in keinem Buch über Staatsverschuldung fehlen, auch in unserem nicht. Es mag in den heutigen Zeiten etwas makaber anmuten, da die Kredite ein Ausmaß erreicht haben, die die Zukunft eher ruinieren denn fördern. Es geht Lorenz von Stein um Zahlungen in der Gegenwart und der Zukunft, die gegeneinander aufgewogen werden und damit die Frage, wer für die Finanzierung welcher Staatsausgaben aufkommt. Soll jede Generation die Kosten ihrer Ausgaben selbst schultern? Was ist dann aber mit Ausgaben für Projekte mit langer Nutzungsdauer, wie beispielsweise dem Bau einer Brücke, die zum Investitionsbeginn erst einmal viel Geld verschlingen, später dann aber mehreren Generationen Nutzen stiften? Sollten da nicht auch alle Nutznießer die Kosten tragen?

Nicht alle kreditfinanzierten Ausgaben des Staates müssen nämlich die Zukunft einer Nation belasten. Wird geliehenes Geld in langfristige

Projekte wie modernere Verkehrswege oder in Forschung und Bildung investiert, winkt trotz der Staatsschulden künftigen Generationen mitunter ein höherer Wohlstand. So wie sich viele Bauherren ohne Kredit ihre Immobilie nicht leisten könnten, könnte es auch für den Staat sinnvoll erscheinen, öffentliche Investitionen mit Krediten zu finanzieren. Für größere Projekte fällt zunächst einmal ein hoher Kostenbetrag an. Ohne einen Kredit müsste der Fiskus diesen Betrag an anderer Stelle im Haushalt einsparen oder aber durch eine einmalige Sondersteuer hereinholen. Da liegt die Vermutung nahe, dass sich die öffentliche Hand selbst mit sinnvollen Investitionen zurückhalten würde, könnten diese nicht durch einen Kredit finanziert werden.

Viele Finanzwissenschaftler haben deshalb einen Zusammenhang zwischen Staatsschulden und Investitionen hergestellt: Öffentliche Investitionen könne man mit Krediten vorfinanzieren und Kredite und Tilgung denjenigen Generationen abverlangen, denen die Erträge der Investitionen zufallen. Ein gutes Beispiel ist der Bau des Panamakanals. Nach der Fertigstellung des Kanals konnten Generationen dieses riesige Infrastrukturprojekt nutzen, bis auf den heutigen Tag.

Der Urvater der modernen Finanzwissenschaft, Richard Musgrave, nannte den dieser Überlegung zu Grunde liegenden Sachverhalt das «pay-as-you-use-principle». Nach diesem Prinzip sollten die jeweiligen Nutznießer – und auch nur diese – zur Finanzierung öffentlicher Leistungen herangezogen werden. Bei langlebigen Projekten bieten sich Kredite besonders an, weil so die Kosten der Finanzierung nicht auf einen Schlag am Anfang anfallen, sondern entsprechend dem entstehenden Nutzenstrom über einen längeren Zeitraum abgestottert werden können.[2] Für Investitionen nach dem Pay-as-you-use-Prinzip ist es dabei nicht entscheidend, dass das Investitionsprojekt selbst direkt Einnahmen erzielt. Viele Aktivitäten, die von staatlicher Seite unternommen werden und unternommen werden sollten, führen auf indirekte Weise zu höherer Wirtschaftskraft; wenn zum Beispiel an den Universitäten staatlich finanzierte Grundlagenforschung zu neuen Entdeckungen führt, sind diese oft wirtschaftlich gar nicht direkt zu vermarkten. Sie ermöglichen aber häufig die Entwicklung neuer marktfähiger Produkte, die ohne diese Grundlagenforschung nicht möglich gewesen wäre. Es ist geradezu die Aufgabe des Staats, diese für die Wirtschaft zentralen «Wissenszwischenprodukte» zu produzieren, weil sich außer dem Staat niemand finden würde, diese Investitionen zu tätigen.

Das Pay-as-you-use-Prinzip wird häufig aus der Forderung nach Generationengerechtigkeit abgeleitet, hat aber auch andere Begründungen. Ein staatliches Investitionsprojekt, dessen Kosten allesamt in den nächsten drei Jahren anfallen, und das erst in fünfzig Jahren einen Nutzen stiftet, würde politisch keinen guten Stand haben, so das Argument. Es sind die jetzt lebenden Generationen, die über dieses Projekt entscheiden müssen. Müssen sie das gesamte Projekt selbst durch Steuern finanzieren, wird es kaum eine Mehrheit unter den heute lebenden Wählern und Politikern finden. Lässt sich das Projekt hingegen durch zusätzliche Schulden finanzieren, dann werden die Widerstände der Lebenden gegen das Projekt schwächer ausfallen.

Das Argument ist problematisch, auch wenn es plausibel erscheint. Wenn die gegenwärtigen Generationen ohnehin nur an sich selbst denken, warum sollten sie dann die Schulden nicht einfach sowieso machen und das Geld selbst verprassen, anstatt damit ein Projekt zu finanzieren, das nur der nächsten Generation nützt?[3] Vieles spricht dafür, dass genau das in der Praxis auch passiert. Man beobachtet zwar zeitgleich öffentliche Investitionen und staatliche Kreditaufnahme. Wäre das eine praktische Umsetzung des Pay-as-you-use-Prinzips, müsste man auch einen Zusammenhang zwischen der Abschreibung der öffentlichen Investitionsprojekte und der Rückzahlung der Staatsschuld beobachten. Dieses Tilgungselement bleibt aber häufig ein frommer Wunsch.

So betrachtet hat ein Kriterium, das die Obergrenzen für Staatsschulden auf der Höhe der Investitionen festsetzt, im Kern eine innere Logik: Es soll verhindern, dass die gegenwärtig lebenden Generationen Schulden bis zum Anschlag machen und das ganze Geld einfach für sich selbst verbrauchen. Nicht umsonst wurde im Artikel 115 im Grundgesetz seit der Reform von 1969 die Neuverschuldung auf den Umfang der staatlichen Investitionen beschränkt. Und auch der Sachverständigenratsvorschlag zur Neufassung des Artikel 115 im Vorfeld der Föderalismuskommission II wollte die Verschuldungsgrenze an die Investitionen knüpfen. Er hat dabei die Anknüpfung an einen modifizierten und sinnvolleren Nettoinvestitionsbegriff vorgeschlagen, hat sich damit aber in der Verfassungsreform 2009 nicht durchgesetzt.[4]

In der praktischen Umsetzung hat das «Pay-as-you-use-Prinzip» bzw. die Knüpfung von Schulden an Investitionen Schwächen. Die Anwendung einer Schuldenregel, die sich an den Investitionen für künftige Generationen orientiert, müsste zurechnen können, wie groß der Nutzeneffekt von Investitionen für die künftigen Generationen wirklich ist. Man müsste zwischen Investitionen in den Bau von Altersheimen und Investitionen unterscheiden, die die nachfolgenden Generationen begünstigen. Man müsste auch zwischen Brutto- und Nettoinvestitionen unterscheiden. Dazu müsste man Wertänderungen im Bestand an öffentlichem Vermögen taxieren können und entsprechend dessen Wertverzehr beziehungsweise seine Wertveränderungen berücksichtigen.

Bereits in der Diskussion um eine geeignete Reform in der Föderalismuskommission II hat sich der Investitionsbegriff als äußerst elastisch erwiesen. Ausgaben für Bildung sollten beispielsweise nach Meinung vieler Beteiligten mitzählen. So legitim der Punkt erscheinen mag, bei den Möglichkeiten zur praktischen Umsetzung hapert es. Gerade bei Bildungsinvestitionen mag man die Höhe der Bruttoinvestitionen noch ausmachen können. Bei der Bestimmung der Abschreibungen wird es schwierig. Im Zuge der menschlichen Alterung im Einzelnen und bei der Alterung der Gesellschaft im Großen müsste man «Abschreibungen auf Humankapital» vornehmen. In einer alternden Gesellschaft mit immer weniger Kindern kann man sogar vermuten, dass netto gesehen das Bildungskapital der Gesellschaft trotz erheblicher Bildungsinvestitionen schrumpft. Einige Politiker wollten sogar die Transferleistungen nach Ostdeutschland seit der Wiedervereinigung als Investitionen in die Zukunft Deutschlands verstanden wissen.[5] Mit einem Quäntchen Phantasie lässt sich so in jeder staatlichen Ausgabe eine Investition in die Zukunft erkennen.

Konsumglättung

Die vielleicht bekannteste Funktion hat Staatsverschuldung, wenn es darum geht, das Auf- und Ab der öffentlichen Steuereinnahmen im Konjunkturverlauf von den Staatsausgaben zu entkoppeln. Ein wirtschaftlicher Abschwung geht mit Steuerausfällen einher. Mit der fallenden Wirtschaftsaktivität gehen die Staatseinnahmen in der Regel sogar stärker zurück als das Sozialprodukt. Auf der anderen Seite steigen im Abschwung die Ausgaben der öffentlichen Hand. Wenn sich Einnahmen und Ausgaben derart gegenläufig entwickeln, rutscht der Staatshaushalt im Abschwung ins Minus.

Eine Haushaltssperre, mit der der Finanzminister den Behörden einen sofortigen außerplanmäßigen Ausgabenstopp verordnen kann, und andere radikale Leistungskürzungen oder Gebührenerhöhungen könnten ein solches Haushaltsminus im Abschwung vielleicht verhindern. Ein Finanzminister könnte auch versuchen, die Lücke durch radikale Steuererhöhungen per Eilgesetz zu schließen. Solche Maßnahmen sind indes unpopulär. Und sie sind auch nicht sehr zweckmäßig. Wenn der Staat im Abschwung seine wirtschaftliche Aktivität senkt und im Aufschwung ausweitet, verstärkt er damit die konjunkturellen Schwankungen der Wirtschaftsentwicklung.

Als mahnendes Beispiel der Geschichte für eine solche prozyklische Haushaltspolitik und ihre möglichen Folgen dient oft die Brüningsche Politik Anfang der dreißiger Jahre. Der damalige Reichskanzler Heinrich Brüning, von Frühjahr 1930 bis Mai 1932 im Amt, schlug mehr oder weniger freiwillig in der bereits laufenden Wirtschaftskrise einen strikten Sparkurs ein. Beispielsweise kürzte er die Beamtengehälter um 25 Prozent. Im weiteren Verlauf seiner Amtszeit kletterte die Arbeitslosigkeit auf schwindelerregende Höhen. Die Einschätzung, dass dieses Sparen in der Krise das wirtschaftliche Elend mitverschuldet hat und der Kanzler damit zu einem unfreiwilligen Wegbereiter der Nationalsozialisten wurde, war und ist weit verbreitet und bildet einen zentralen Ausgangspunkt für die sogenannte Borchardt-Kontroverse unter Wirtschaftshistorikern.[6]

Statt solcher radikaler Anpassungen sieht man seither vorübergehende Staatsdefizite in der Krise meist als das kleinere Übel. «Eingebaute Stabilisatoren» werden die Mechanismen genannt, mit denen der Staat im Abschwung ganz automatisch seine Einnahmen senkt und Ausgaben erhöht, ohne dass dazu der Gesetzgeber oder die Regierung unmittelbar etwas unternehmen müsste. Der progressive Einkommensteuertarif beispielsweise sorgt dafür, dass die Steuerzahler bei steigenden Einkommen mit einem höheren Steuersatz belastet werden und umgekehrt. Die Steuerbürger haben im Abschwung mehr Netto vom Brutto und müssen ihren Konsum nicht entsprechend ihres geringeren Brutto-Einkommens kürzen. Automatische Mehrausgaben des Staates im Abschwung ergeben sich aus steigenden Transferzahlungen. So ist der Staat gezwungen, Defizite in den Sozialkassen auszugleichen, etwa höhere Ausgaben für Arbeitslose zu entrichten. Aus ökonomischer Sicht erscheinen solche «automatischen» Schulden gerechtfertigt. Dies gilt umso mehr, als die im Abschwung aufgenommenen Kredite im folgenden Aufschwung eigentlich wieder vollständig zurückgezahlt werden könnten und sollten. Die automatischen Stabilisatoren wirken nämlich auch in umgekehrter Richtung: Eine Konjunkturerholung lässt die Steuerquellen sprudeln und gleichzeitig gehen die notwendigen Transfers an die Sozialkassen zurück.

Eingebaute Stabilisatoren können auf den Konjunkturverlauf glättend wirken und so vielleicht sogar die Lebenszufriedenheit der Bürger erhöhen. Erkenntnisse der Glücksforschung legen nahe, dass das Wohlergehen der Menschen von starken wirtschaftlichen Schwankungen gemindert wird.[7] Die Stabilisatoren können auch für mehr Effizienz des gesamten Wirtschaftssystems sorgen.[8] Einmal angenommen, der Staat müsste zu jedem Zeitpunkt Steuereinnahmen und Staatsausgaben zum Ausgleich bringen. Dann müssten die im Zeitablauf schwankenden Einnahmen und Ausgaben durch einen permanent variierenden Steuersatz ausgeglichen werden. Ein steuerpolitischer Zickzack-Kurs wäre die Folge. Konsumenten und Unternehmen bevorzugen aber einen gewissen Vertrauensschutz und stabile steuerpolitische Rahmenbedingungen für ihre langfristigen Konsum- und Investitionsentscheidungen. Unsicherheit über die künftigen steuerlichen Rahmenbedingungen schafft kein gutes Investitionsklima. Bei ständig wechselnden Steuersätzen befände sich das Land in steter Bewegung auf der Suche nach Ausweichmöglichkeiten vor den hohen Steuern. Jeder würde darauf hinarbeiten, dass sein Einkommen in Niedrigsteuerphasen anfällt. Außerdem würde man Konsum in Hochsteuerphasen vermeiden und dazu Kaufentscheidungen zeitlich vorziehen oder aufschieben.

Staatsverschuldung kann im Grunde mehr, als nur kleinere Konsumdellen und Konjunkturausschläge glätten. Wirklich nützlich wird sie über längere Zeiträume und mehrere Generationen hinweg, um tiefgreifende Schicksalsschläge der ganzen Nation zu verarbeiten. Kriege können etwa solche Schicksalsschläge sein. Ein Krieg ist ein Großschadenereignis für eine ganze Generation. Die Wehrfähigen müssen ihr Leben riskieren und auch die Zivilbevölkerung ist lebensbedrohenden Risiken ausgesetzt. Hinzu kommen die Entbehrungen und finanziellen Lasten eines Kriegs. Fast die gesamte Wirtschaft wird im Krieg mitunter auf die Produktion von Waffen und Kriegsmaterial umgestellt. Konsumwünsche bleiben auf der Strecke.

Die Mitglieder einer Generation würden sich sicher gern gegen ein solches Risiko versichern, wie man sich auch gegen andere Schadenereignisse versichert. Dann müssten alle Versicherten eine Prämie zahlen, aus der diejenigen eine Kompensation erhalten, denen ein Schaden entsteht. Eine entsprechende «Kriegsversicherung», die Kriegsschäden aus einbezahlten Prämien ersetzt, ist unter den Mitgliedern einer einzelnen Generation jedoch nicht möglich. Bei normalen Versicherungen zahlen alle Versicherten eine Prämie, aber nur eine kleine Zahl von Mitgliedern der Versicherungsgemeinschaft hat einen Schaden. So werden die Schäden von Wenigen auf die Schultern der Versicherungsgemeinschaft umverteilt. Kriege sind Ereignisse von einem anderen Typ. Die Kriegsschäden sind systematischer Natur. Ein Kriegsereignis tritt ein oder nicht, und wenn es zu einem Krieg kommt, sind alle Mitglieder der Kriegsgeneration von dem wirtschaftlichen und militärischen Schock mehr oder weniger ähnlich betroffen.

Um die Kriegsschäden mit den Versicherungsprämien abzudecken, müssten also alle Personen im Kriegsfall Prämien zahlen, die ungefähr so groß sind wie ihr eigener Verlust. Wenn man aber eine Prämie zahlt, die man dann ziemlich genau wieder zurückbekommt, ist diese Versicherung nichts wert. Umgekehrt, tritt kein Kriegsereignis ein, dann reichen Prämien von null, um die nicht vorhandenen Kriegsschäden abzudecken. Auch das hat wenig mit Versicherung zu tun. Eine wirkungsvolle Versicherung gegen die wirtschaftlichen Folgen des Kriegs kann es deshalb nicht zwischen den Mitgliedern der gleichen Generation geben.

Sieht man den Krieg aber als Ereignis, das zufällig eine von mehreren Generationen trifft, dann könnten sich die Menschen über die Generationen hinweg untereinander versichern. Die einzelnen Generationen, die in einem Staat nacheinander leben, können bei einer solchen Versicherung die Rolle übernehmen, die einzelne Individuen in einer normalen Versicherung spielen. Sie können eine Versicherungsgemeinschaft von Generationen bilden, die sich gegenseitig versprechen, die Kosten eines Kriegs, der eine Generation trifft, auf alle Generationen zu verteilen. Dazu könnten die Generationen, die nicht von einem Krieg betroffen sind, Rücklagen bilden und an ihre Kinder und Kindeskinder weitergeben, und Generationen, die von einem Kriegsereignis betroffen sind, könnten diese Rücklagen aufbrauchen und einen Teil der Kosten des Kriegs in Form von Staatsschulden an künftige Generationen weitergeben. Das Prinzip ist dabei das gleiche, mit dem z. B. die Mitglieder von

Versicherungsvereinen auf Gegenseitigkeit die Schäden, die einzelne Mitglieder treffen, auf die Gemeinschaft der Versicherten verteilen, nur dass die «Mitglieder» in diesem Versicherungsverein nicht Einzelindividuen sind, sondern die Personengruppen, die jeweils eine ganze Generation in einem Land ausmachen.[9]

Will man die Kosten eines Kriegs auf mehrere Generationen verteilen, können Staatsschulden dabei eine Rolle spielen. Die Generation, die vom Krieg betroffen ist, kann den Krieg großenteils durch Kriegsanleihen finanzieren. Diese Kredite werden dann großenteils an künftige Generationen weitergegeben und von diesen Generationen bezahlt. So trifft nicht eine einzelne Generation die gesamte finanzielle Last des Kriegs, sondern die Last verteilt sich auf die Schultern vieler Generationen, so lange, bis die Kredite irgendwann getilgt sind.

Die Idee einer Versicherung zwischen Generationen ist bestechend. Sie macht den Krieg für die betroffene Generation tragfähig und seine Kosten zu einer eher berechenbaren und handhabbaren Größe. Und empirisch betrachtet scheint die Idee auch ihre Anwendung zu finden. Staaten finanzieren die Einnahmeausfälle und die höheren Kosten von Kriegen gern durch Schulden. Kriegsanleihen waren beispielsweise in den Weltkriegen wichtig für die Finanzierung der Kriegskosten. Problematisch an der Methode ist, dass Kriege in der Regel eben doch keine Schadenereignisse sind, die ein Land wie der Blitz oder wie ein Meteor treffen. Kriege sind das Ergebnis politischer Entscheidungen. Wenn die Regierung eines Staats einen Krieg anzettelt, dann fällt ihr das leichter, wenn sie weiß, dass sich die Kosten des Kriegs zu großen Teilen an spätere Generationen weitergeben lassen.

Nachfragetheorie und Globalsteuerung

Seit der Finanzkrise des Jahres 2008 und der anschließenden schweren Wirtschaftskrise haben Staatseingriffe an Popularität gewonnen. Frei nach dem Motto «Es ist besser, Schulden zu vererben als einen Scherbenhaufen» setzen sich selbst Wirtschaftswissenschaftler, die in der Vergangenheit nicht als Freunde der staatsschuldenfinanzierten Nachfrageförderung aufgefallen sind, für konjunkturpolitische Eingriffe ein.[10] Der Sachverständigenrat hat die Richtung des konjunkturpolitischen Handelns der Bundesregierung in der schweren Wirtschaftskrise als adäquat eingeschätzt.[11] Der Wissenschaftliche Beirat beim Bundesministerium der Finanzen hat sich zu Beginn der Krise dafür ausgesprochen, mit fiskalischen Impulsen über die eben beschriebenen automatischen passiven Stabilisatoren hinauszugehen.[12] Im Abschwung geht es demnach nicht darum, die Sätze stabil zu halten. Vielmehr sollen Abgaben sogar eher noch gesenkt werden, um Vitalkräfte einer Ökonomie wieder zu wecken. Hochschnellende Staatsdefizite werden dabei billigend in Kauf genommen.

Diese Form der Politik geht auf die Ideen von John Maynard Keynes zurück.[13] In seinem 1936 erschienenen Hauptwerk, der «Allgemeinen Theorie der Beschäftigung, des Zinses und des Geldes», hatte er die Ursachen der Großen Depression der dreißiger Jahre untersucht und Aufsehen erregende Lösungskonzepte jenseits des damals herrschenden ökonomischen Paradigmas entwickelt. Entgegen der klassischen Lehre, so Keynes, würden die Märkte in wirtschaftlichen Extremsituationen wie der Weltwirtschaftskrise keineswegs von sich aus und allein durch eine rasche Anpassung von fallenden Löhnen und Preisen wieder zu Vollbeschäftigung zurückfinden. Seine Theorie sah den Staat in der Pflicht, einen Nachfragemangel der privaten Haushalte und Unternehmen durch kreditfinanzierte Staatsausgaben auszugleichen. Die staatliche Nachfrage sollte dafür sorgen, dass sich die gesamtwirtschaftliche Nachfrage dem Produktionspotential annähert, also der Menge von Gütern und Dienstleistungen, die bei Vollbeschäftigung produziert werden können.

Von kreditfinanzierten Staatsausgaben wird im Rahmen dieser Überlegungen erhofft, dass durch sie das Volkseinkommen um mehr als die kreditfinanzierten Staatsausgaben wächst. So könnte jeder staatlich eingesetzte Euro die Gesamtwirtschaft um mehr als einen Euro ankurbeln. Unterschiedliche Wirkungsketten sollen dafür verantwortlich sein. Durch eine kreditfinanzierte Ausweitung der öffentlichen Hand wird in einer Unterbeschäftigungssituation zusätzliche Nachfrage mobilisiert, die Einkommen schafft, weitere Nachfrage generiert und so weiter.[14]

Bis heute streiten sich Ökonomen über die Wirkungen der staatlichen Konjunkturpakete in der Finanzkrise. Dutzende von Studien gibt es, und sie kommen teilweise zu vollkommen unterschiedlichen Ergebnissen. Befürworter von Staatseingriffen wie der Nobelpreisträger Paul Krugman oder die Professorin und Wirtschaftsberaterin des US-Präsidenten

Obama, Christina Romer, gehen davon aus, dass ein Euro schuldenfinanzierter Staatsausgaben das Volkseinkommen um deutlich mehr als einen Euro, nämlich um zwischen 1,5 und 1,6 Euro erhöht.[15] Kritiker wie der Harvard-Ökonom Robert Barro oder die Frankfurter Ökonomen Tobias Cwik und Volker Wieland haben dagegen Zweifel an der Wirksamkeit staatlicher Ausgabenprogramme auf Pump.[16] Barros Berechnungen zufolge liegt der Faktor zwischen 0,6 und 0,7. Die Wirtschaftsakteure könnten voraussehen, so Barros Überlegungen, dass die schuldenfinanzierten Konjunkturprogramme nur von kurzer Dauer sind und später sogar höhere Steuern drohen. Das kann sich negativ auf ihr Konsumverhalten auswirken und die gewünschte Wirkung kreditfinanzierter Staatsausgaben dämpfen. Diese Kontroverse der Makroökonomen wirkt gelegentlich wie ein Glaubenskrieg, und ein Sieg der einen oder anderen Seite ist nicht abzusehen.

Einen entscheidenden Haken haben all die möglichen Gründe für eine sinnvolle Nutzung von Staatsverschuldung, wenn man damit die Staatsschuldenentwicklung der vergangenen fünfzig Jahre erklären möchte. Das Pay-as-you-use-Prinzip zur Finanzierung von Investitionen lässt sich nicht als Begründung für den laufenden Schuldenanstieg in Deutschland anführen. Deutschland befand sich in den vergangenen dreißig Jahren nicht in einem Stadium wie nach dem Zweiten Weltkrieg, in dem die staatlichen Nettoinvestitionen hoch waren. Deutschland ist eher in einem Reifestadium, in dem die laufenden Abschreibungen auf frühere öffentliche Investitionen riesig und die Nettoinvestitionen nicht unbedingt positiv sind. Eine Verschuldung, die den Nettoinvestitionen gefolgt wäre, hätte deshalb ein anderes Muster. Die Verschuldung hätte in den Gründerjahren der Bundesrepublik besonders hoch sein müssen. Die Schuldenzunahme hätte in den vergangenen zwanzig Jahren aber mindestens abflachen müssen, vielleicht hätte der Schuldenbestand sogar zurückgeführt werden müssen. Das Gegenteil ist der Fall.

Das Konjunkturglättungsargument taugt noch weniger. Es könnte eine seit fünfzig Jahren ansteigende Schuldenquote nur erklären, wenn Deutschland seit fünfzig Jahren ein einziges andauerndes Konjunkturtal durchschreiten würde. Glaubt man schließlich an die Keynessche Theorie der «Globalsteuerung», erklärt diese auch eher Schwankungen im Staatsvermögen als einen fünfzig Jahre währenden Trend. Das Bedürfnis, die Kosten von großen Schadenereignissen einer ganzen Generation auf viele Generationen zu verlagern, taugt ebenfalls nicht. Seit 1945 erlebt Deutschland eine der längsten Friedensperioden überhaupt. Die deutsche Wiedervereinigung mag ein erheblicher Schock gewesen sein, und die zusätzlichen Schulden in den Jahren nach der Wiedervereinigung mögen im Einklang mit solchen Versicherungsüberlegungen und Generationengerechtigkeit stehen. Die Entwicklungen in den übrigen Jahrzehnten nach 1950 finden so aber keine Erklärung. Das lässt den Schluss zu: Diese wirtschaftstheoretischen Gründe sind nicht die tatsächlichen Gründe für den langfristigen Anstieg der Staatsverschuldung. Die wahren Gründe für das Anwachsen der Staatsschuld sind im politischen Prozess zu suchen.

2. Warum Politiker gern Schulden machen

Regierungen treten in Sachen Staatsschulden oft mit guten Vorsätzen an. Der Budgetausgleich soll kommen. Natürlich nicht dieses Jahr. Toll wäre es ja. Aber nein, dieses Jahr sind ein paar zusätzliche Schulden unvermeidlich. Aber schon bald soll er kommen. Die Weichen sind ja gestellt. In den kommenden Jahren wird die Nettokreditaufnahme kontinuierlich sinken. Spätestens in fünf Jahren, wenn alles glatt geht, wird es keine zusätzlichen Schulden mehr geben. Der Haushalt wird ausgeglichen sein. Man kann vielleicht sogar etwas zurückzahlen.

Dann, ein Jahr später, völlig überraschend, folgt auf die gute Konjunktur ein Abschwung. Das Wachstum bricht ein. Hoppla, wer hätte das gedacht? Dass ein jahrelanger Aufschwung einmal endet, damit konnte wirklich niemand rechnen.

Natürlich gibt es nicht nur die Eintrübung der Konjunktur, sondern auch andere Gründe, weshalb die Haushaltsentwicklung hinter den guten Vorsätzen zurückbleibt. Die Gesundheitsministerin benötigt plötzlich noch einige Milliarden für die Krankenversicherung. Völlig unerwartet, weil die Beiträge einfach nicht mehr ausreichen, das medizinisch Notwendige zu bezahlen, und bei den Kassen riesige Defizite aufgelaufen sind. Oder die landeseigene Bank hat im Immobiliengeschäft ein paar Milliarden auf Sand gebaut. Oder einige Großprojekte erweisen sich eben als etwas teurer als gedacht. Oder Privatisierungserlöse bleiben hinter den Erwartungen zurück. Mögliche Überraschungen in der Finanzpolitik gibt es viele, in der Regel sind sie negativ. Dann muss sich die Politik eben notgedrungen einen Nachschlag für den Haushalt genehmigen. Aber verschoben ist nicht aufgehoben. Dann wird eben nach der Krise konsolidiert. Fallbeispiele für dieses Muster liefern die haushaltspolitischen Debatten Deutschlands der vergangenen fünfundzwanzig Jahre.

Fallbeispiel 1: Theodor Waigel

Anfang der neunziger Jahre beschert die deutsche Wiedervereinigung Deutschland eine Sonderkonjunktur. Am Ende dieser positiven Konjunkturentwicklung beschreibt der damalige Finanzminister Theodor Waigel in einer Bundestagsrede vom 8. September 1992 die mittlere Finanzvorausschau so:

> Die Steigerung des Ausgabevolumens ist 1993 auf 2,5 Prozent begrenzt. Die durchschnittliche Steigerungsrate bis 1996 von 2,3 Prozent liegt weit unter dem erwarteten nominalen Anstieg des Bruttosozialprodukts von knapp 7 Prozent. Die Nettokreditaufnahme des Bundes wird 1993 auf 38 Milliarden DM reduziert und bis 1996 auf deutlich unter 25 Milliarden DM zurückgeführt.[17]

In der gleichen Rede heißt es:

> Der Finanzplan des Bundes ist keine unverbindliche Absichtserklärung. Wir haben genau gerechnet und die absehbaren Risiken in den Haushaltsplanungen berücksichtigt. Insbesondere haben wir ab 1995 mit einem Volumen von 15 Milliarden DM Vorsorge für die Neugestaltung des bundesstaatlichen Finanzausgleichs und mit 13 Milliarden DM für die Beteiligung des Bundes an der dauerhaften Finanzierung der Treuhandverbindlichkeiten getroffen.[18]

Die Planungen des Ministers gehen leider nicht auf. Da für die absehbaren Risiken Vorsorge getroffen wurde, sind wohl die unabsehbaren Risiken verantwortlich für das Defizit. Dazu gehören wahrscheinlich das Ende des Konjunkturhochs und das darauf folgende Konjunkturtief in der Mitte der neunziger Jahre. Jedenfalls legt der gleiche Bundesfinanzminister für 1996 einen Haushalt vor, den er in einer Rede am 5. September 1995 vorstellt mit den Worten: «Mit 59,84 Milliarden DM bleibt die Nettokreditaufnahme knapp unter der Obergrenze von 60 Milliarden DM, der im letzten Finanzplan gesetzten Meßlatte. Der Haushalt 1996 ist ein Sparhaushalt par excellence.»[19]

Fallbeispiel 2: Hans Eichel

Am 4. Mai 1999, drei Wochen nach Amtsübernahme, beschreibt der damalige Bundesfinanzminister Hans Eichel im Bundestag seine finanzpolitische Agenda. Er will «raus aus der Schuldenfalle» und referiert eindrucksvoll und unter Verzicht auf jegliche Schuldzuweisungen den massiven Anstieg der Bundesschulden im Jahrzehnt nach der deutschen Wiedervereinigung, der sich unter der Regierung von Altbundeskanzler Helmut Kohl aufgebaut hat, als «Marsch in den Verschuldungsstaat» und kommt zu folgendem haushaltspolitischen Ergebnis:

Wenn wir weiterhin auf Kosten der Zukunft leben, dann droht uns bald Handlungsunfähigkeit im Bundeshaushalt. Deshalb müssen wir diesen verhängnisvollen Weg stoppen. Gestoppt haben wir diesen verhängnisvollen Weg erst, wenn der Bundeshaushalt für den Ausgleich keine Nettokreditaufnahme mehr braucht. Das ist ein weiter Weg.

Man muß sich einmal klarmachen, was es heißt, wenn im Bundeshaushalt 1999 [...] ein Viertel der Steuereinnahmen, 82 Milliarden DM, allein für Zinszahlungen gebunden ist. Der Bund muß für Zinszahlungen pro Minute 150 000 DM, in einer Stunde über 9 Millionen DM und am Tag 225 Millionen DM ausgeben. Mit dem Geld von drei Minuten Zinszahlungen des Bundes hätte man ein Einfamilienhaus zusammen.[20]

Hans Eichel macht auch in seiner Berliner Rede an der Humboldt-Universität deutlich, worin das Dilemma der Schuldenpolitik liegt, und dass ein Umsteuern dringend erforderlich ist:

Dort, wo die Versäumnisse der Vorgängerregierung am größten waren, sind unsere Ausgleichsmaßnahmen am stärksten. Familienlastenausgleich und Rentenreform allein reichen noch nicht aus, um die Generationengerechtigkeit wiederherzustellen. Der Kurs der Finanzpolitik muss das unterstützen. Finanzpolitik kann aber nicht der Generationengerechtigkeit entsprechen, wenn es ihr nicht gelingt, den Schuldenberg zu begrenzen. Wachsende Staatsschulden engen den Handlungsspielraum künftiger Generationen ein. Wir verfrühstücken im wahrsten Sinne des Wortes heute die Gestaltbarkeit zukünftiger Politik, wenn unsere heutige Politik nicht nachhaltig ist. Nachhaltigkeit ist Generationengerechtigkeit. Sie bezieht die Lebensmöglichkeiten künftiger Generationen in unsere heutige Politik ein.[21]

Die Aussagen zu Beginn seiner Amtszeit waren programmatisch. Eichel erhob Sparsamkeit zum moralischen Imperativ. Und für diese Sparmentalität musste sich der Finanzminister gelegentlich Spott gefallen lassen. Wie der Spiegel später einmal höhnte: «Er ging mittags zum

Döner-Mann, kaufte billige ‹Billy›-Regale bei Ikea, putzte bei Bedarf seine Berliner Wohnung und verordnete sich lieber eine Diät, als zu eng gewordene Oberhemden auszumustern.»[22] Als er dann am 12. September 2000 den Entwurf des Haushaltsplans für das Jahr 2001 in den Bundestag einbrachte, konnte er erste Erfolge präsentieren. In seiner Rede im Bundestag zu diesem Anlass heißt es:

> Ich lege Ihnen heute den Entwurf des Haushaltsplanes für das Jahr 2001 vor. Ich stelle fest: die Bundesregierung hält genau den Kurs, den sie vor einem Jahr diesem Hause und dem deutschen Volk versprochen hat.
>
> Das heißt zuerst, die Bundesregierung hält den Konsolidierungskurs mit einer Finanzpolitik, die aus der Schuldenfalle hinausführt. Die Planung steht unverändert: Wir wollen durch eine ständig fallende Neuverschuldung bis zum Jahr 2006 zu einem ausgeglichenen Haushalt kommen. Dies bedeutet dann, wir werden 2006 erstmals seit Jahrzehnten einen Haushalt ohne neue Schulden haben.[23]

Wir wissen heute, dass es anders gekommen ist. In die Amtszeit von Hans Eichel fällt eine Serie von Jahren, in denen die Bundesrepublik nicht das «größte Entschuldungsprogramm in der Geschichte» erlebt, sondern sich Jahr für Jahr in einem solchen Ausmaß neuverschuldet, dass das Land in Konflikt gerät mit seinen Verpflichtungen aus dem Vertrag von Maastricht.[24] Es kommt in diesen Jahren zur Einleitung eines Defizitverfahrens gegen Deutschland seitens der Europäischen Kommission, weil Deutschland seit 2002 in mehreren aufeinanderfolgenden Jahren eine Nettoneuverschuldung eingeht, die mehr als drei Prozent des deutschen Bruttoinlandsprodukts beträgt und damit die kritische Marke des Maastricht-Vertrags übersteigt.

Angesichts der Ernsthaftigkeit und des Nachdrucks, mit dem der «Eiserne Hans» angetreten ist und für diese Position politisch gekämpft hat, entbehren diese Entwicklungen nicht einer gewissen Tragik. Sie zeigen vielleicht am deutlichsten, dass selbst ein eiserner Sparwille des Finanzministers nicht davor schützt, dass der Staat immer weiter in die Neuverschuldung hineinläuft. Die Frage nach den wahren Ursachen der Tendenz zur immer weiteren Neuverschuldung drängt sich damit auf.

In seiner Berliner Rede gibt Hans Eichel einen wichtigen Hinweis: «Und unterwegs werden sich viele noch dagegen stemmen, die lieber heute ausgeben als für die Gestaltungsfreiheit und die Entfaltungsmöglichkeiten ihrer Kinder zu sorgen.»[25] Ein anderer Hinweis findet sich in

Presseberichten, wonach Bundeskanzler Schröder den Sparkurs Hans Eichels im Jahr 2002 stellvertretend für die Ressortminister mit Gestaltungswillen oder für eigene Ausgabenpläne mit den Worten «Hans, jetzt lass mal gut sein» ausgebremst hat.[26]

Fallbeispiel 3: Peer Steinbrück

Peer Steinbrück übernimmt das Amt des Bundesfinanzministers im Spätherbst 2005. In dieser Zeit setzt bereits eine wirtschaftliche Erholung ein, die die meisten Konjunkturexperten aber noch nicht erkennen. Die Bundesrepublik ist zu diesem Zeitpunkt «Dauersünder», was die Verletzung des Defizitkriteriums aus dem europäischen Stabilitäts- und Wachstumspakt angeht. Auch für das Jahr 2006 wird eine Verletzung des Drei-Prozent-Kriteriums erwartet. In seiner ersten Rede als Bundesfinanzminister im Deutschen Bundestag am 1. Dezember 2005 formuliert der Minister ein für den damaligen Zeitpunkt durchaus ehrgeiziges Ziel:

> Die Bundesregierung hat ein ausgewogenes und aufeinander abgestimmtes Maßnahmenpaket in der, wie ich glaube, richtigen Schrittfolge vorgelegt. Wir wollen 2006 Rückenwind organisieren. Wir wollen 2007 das Maastrichtkriterium hinsichtlich der Verschuldung und auch die Regelgrenze des Artikels 115 Grundgesetz einhalten. Das wird uns erhebliche Anstrengungen abverlangen.
>
> Ich kündige hiermit noch einmal an, dass die Einhaltung des Maastrichtkriteriums von 3 Prozent im Jahre 2007 auch mit Blick auf die europapolitische Aufstellung der Bundesrepublik Deutschland von einer erheblichen Bedeutung sein wird.[27]

Wir erinnern uns: 2006 sollte nach den Worten von Steinbrücks Vorgänger das historische Jahr sein, in dem Deutschland erstmals seit Jahrzehnten ohne Nettoneuverschuldung auskommt. In seiner Rede am 5. September 2006 anlässlich der Einbringung des Entwurfs des Bundeshaushalts 2007 im Deutschen Bundestag kann Finanzminister Steinbrück zwar nicht auf ein solches historisches Ereignis verweisen. Er hat dennoch Anlass zur Freude. Die Konjunktur hat deutlich Fahrt aufgenommen. Seit vielen Jahren ist sein Haushalt für 2007 der erste Haushalt, der verspricht, nicht die Defizitgrenze des Maastricht-Vertrags zu verletzen. Mit Verve kämpft der Minister für einen Kurs der Konsolidierung, und mit Worten, die durchaus vertraut klingen:

Wir schulden unseren Kindern und Enkeln jede Anstrengung für tragfähige, solide und verlässliche öffentliche Finanzen. Wir wissen, was auf unsere Kinder und Enkelkinder zukommt. Auch in dieser Hinsicht wäre es im Augenblick falsch, die Tatsache zu ignorieren, dass wir 1500 Milliarden Euro Schulden mit uns herumschleppen. Wie sollten wir unseren Kindern in zehn oder 20 Jahren erklären, dass wir dies alles im Jahre 2006 zwar wussten, dass es uns aber egal war und dass wir noch nicht einmal unter den günstigeren Bedingungen eines Aufschwungs die Kraft hatten, die Wünsche der gegenwärtig in der Verantwortung stehenden Generation gegen die berechtigten Zukunftsinteressen unserer Kinder und Enkelkinder gegebenenfalls zurückzuweisen?[28]

Am 11. September 2007 ist der wirtschaftliche Aufschwung in Deutschland noch intakt und ungebrochen. Und wie man im Nachhinein weiß, ist er sogar gerade auf seinem Zenit. In seiner Rede vom 11. September 2007 zur Einbringung des Bundeshaushaltsplans 2008 sowie des Finanzplans des Bundes 2007 bis 2011 in den Deutschen Bundestag formuliert Steinbrück voller Zuversicht ein sehr ehrgeiziges Ziel, das zugleich sehr vertraut klingt:

Meine Damen und Herren, die Bundesregierung legt einen Finanzplan vor, mit dem wir auf der Ebene des Bundes spätestens im Jahre 2011 erstmals seit 40 Jahren realistisch einen ausgeglichenen Haushalt erreichen werden.[29]

Am Rande sei notiert: seit vierzig Jahren gibt der Bund Jahr für Jahr mehr Geld aus, als er durch Steuern und Abgaben einnimmt. Dass es 2011 also einmal solide zugehen soll, wäre insofern wirklich Grund zum Feiern.

Bereits unter dem Eindruck der Finanzkrise, aber nur Tage vor der Beinahe-Kernschmelze des Weltfinanzsystems sagt Steinbrück in seiner Rede «Keine Schulden. Alle Chancen» anlässlich der 1. Lesung des Bundeshaushalts 2009 am 16. September 2008:

Ich freue mich deshalb, dass der vorliegende Entwurf des Haushalts 2009 und der Finanzplan bis 2012 unsere gemeinsame und erfolgreiche Finanzpolitik der letzten Jahre seit Gründung der Großen Koalition fortsetzen und widerspiegeln. Das wichtige finanzpolitische Ziel der Großen Koalition, ab 2011 keine neuen Schulden mehr zu machen, rückt damit in greifbare Nähe.

2009 sinkt die Nettokreditaufnahme mit 10,5 Milliarden Euro auf den niedrigsten Stand seit der Wiedervereinigung. 2010 wird sie mit 6 Milliarden Euro auf dem niedrigsten Stand seit 1974 liegen. 2011 soll der Haushalt ohne neue Schulden auskommen, und 2010 soll das strukturelle Defizit – das heißt, unter Herausrechnung von Einmaleffekten – auf Null sinken.[30]

Die Rede kulminiert in den Schlussbemerkungen:

Es erfüllt mich deshalb mit einer gewissen Genugtuung, dass die Bundesregierung den Kurs, ab 2011 keine neuen Schulden mehr aufzunehmen, bestätigt und fortsetzt. Das ist die einzige Null, auf die wir in dieser Großen Koalition gemeinsam stolz sein sollten.[31]

Gut zwei Monate später klingt der Bundesminister verändert:

Bei einer Haushaltsrede in dieser Zeit muss aufgrund der geänderten Situation natürlich an den Anfang gestellt werden: Ja, die Weltwirtschaft ist auf einer Talfahrt. Ja, die Bundesrepublik Deutschland ist in einer **Rezession**. Es wäre nicht mehr eine zutreffende Feststellung, zu sagen, dass wir in einer Stagnation sind. Dass die Bundesrepublik Deutschland maßgeblich mitgeschüttelt wird, ist kein Wunder.[32]

[...]

Ich sage freimütig: Dies bedeutet nicht die Aufgabe des Konsolidierungsziels; keineswegs. Wir werden dies auf der Zeitachse aber neu justieren müssen. Das bedeutet, dass wir bis zum Jahr 2011 keinen Bundeshaushalt ohne Neuverschuldung erreichen können, es sei denn, dass es in den nächsten zwei Jahren eine wundervolle Entwicklung gibt. Ich will aber sehr deutlich machen: Wir bleiben bei diesem wichtigen und richtigen Ziel, und sei es aus Gründen der Generationengerechtigkeit.[33]

In diesen Fallbeispielen zeichnet sich ein politisches Verhaltensmuster ab, das augenscheinlich nicht abhängig ist von der parteipolitischen Konstellation der Regierung. Der Finanzminister tritt für Konsolidierung ein. Die jeweiligen mittelfristigen finanzpolitischen Ziele der gesamten Regierung hängen dabei von der gerade herrschenden Konjunkturlage ab. Ist die Konjunkturlage gut, rückt eine Verringerung der Nettokreditaufnahme in greifbare Nähe. Sogar ein ausgeglichener Haushalt erscheint in der mittelfristigen Finanzplanung möglich. Die Verschlechterung der Konjunkturlage rückt das Ziel dann in die weitere Ferne. Bei dieser rollierenden Planung steigt die Staatsverschuldung beständig an.

Wird die Politik immer aufs Neue und völlig unerwartet von schrecklichen Nachrichten über eine konjunkturelle Abkühlung überrascht? Zugegeben, die Kosten der deutschen Wiedervereinigung, das Konjunkturtal der frühen neunziger Jahre, das Aufwachen aus dem Traum der Internet-Ökonomie, der Terroranschlag vom 11. September 2001 und zuletzt das Beinahe-Zusammenbrechen des Finanzmarktsystems unmittelbar nach der Insolvenz von Lehman Brothers, das sind für sich genommen historisch singuläre Ereignisse. Solche Ereignisse zu prognostizieren, ist wohl kaum möglich. Aber dass es immer wieder schlechte Nachrichten gibt, soviel lässt sich vielleicht doch daraus lernen.

Man kann auch daran zweifeln, dass es diese singulären Ereignisse waren, die das konjunkturelle Stimmungsbarometer haben fallen lassen. Die Konjunktur zeigte bereits vor dem Terroranschlag des 11. September klare Anzeichen einer Abkühlung. Ähnliches gilt für das Zusammenfallen von Finanzkrise und Konjunkturabschwung. Man kann wohl vermuten, dass die Regierung auch ohne die Finanzmarktturbulenzen durch eine ganz normale Abkühlung der Konjunktur am Ziel eines ausgeglichenen Haushalts 2011 mit großer Wahrscheinlichkeit vorbeigeschrammt wäre.

Es ist nicht leicht zu erkennen, wann ein Aufschwung beginnt und wann er endet. Die Konjunktur- und Wachstumsprognosen gehören nicht zu den wirklichen Stärken der wirtschaftswissenschaftlichen Disziplin. Wissenschaft und Politik erkennen den Aufschwung oft erst, wenn er fast zu Ende ist. Am 23. Februar 1999 beispielsweise, als der Konjunkturzyklus in Deutschland wohl gerade einen Gipfel kurz überschritten hatte, sagte der damalige Finanzminister Oskar Lafontaine zum Thema Haushaltskonsolidierung:

> Der Haushalt 1999 ist ein erster Schritt, aber – vielleicht ist es ungewöhnlich, wenn ich als derjenige, der ihn, zumindest was die Aufstellung angeht, zu verantworten hat, das sage – er ist ein bei weitem noch unzureichender Schritt zur Sanierung der Staatsfinanzen. [...]
>
> Wir haben bei weitem noch nicht genug Anstrengungen unternommen, um den Staatshaushalt zu sanieren. Zu rechtfertigen ist das nur, weil ich der Auffassung bin, die von vielen geteilt wird, dass der Staat in einer Phase zurückgehender Konjunktur diesen Prozess nicht noch durch verstärkte Sparmaßnahmen oder Steuererhöhungen verschärfen soll.
>
> Man kann sich zu dieser Auffassung bekennen oder nicht. Ich halte diese Auffassung für richtig. Wenn Gefahren bestehen, dass das Wachstum zu stark zurückgeht, dann kann der Staat nicht verstärkt Ausgaben kürzen oder Steuern erhöhen. Zu dieser Auffassung kann man ja oder nein sagen, aber man sollte an dieser Stelle eine gewisse Konsequenz entwickeln.[34]

Im Allgemeinen, das kann man sagen, sind die Verantwortlichen für die wachsenden Staatsschulden sicher nicht die Finanzminister oder ihre Finanzbeamten. Finanzministern kann man die Bemühungen um gesunde Staatsfinanzen getrost abnehmen. Als Hans Eichel als Bundesfinanzminister antrat, war sein Programm die Rückführung des Haushaltsdefizits, der ausgeglichene Haushalt und der Verzicht auf neue Schulden, und mittelfristig sogar die teilweise Tilgung der Altschulden. Für dieses Ziel ist er mit seiner ganzen Kraft eingetreten.

Ähnliches kann man über die meisten Finanzminister sagen. Und die Aufgabe mag den einen oder anderen frustriert haben. Hans Apel, Finanzminister in der Regierung von Helmut Schmidt zwischen 1974 und 1978, soll das Finanzressort für einen «Scheißjob» gehalten haben. Sein Vorvorgänger, Alex Möller, soll nach zwei Jahren «Martyrium» in der Regierung Brandt resigniert haben vor Leuten, die – wie der Wirtschaftshistoriker Werner Plumpe angemerkt haben soll – sich «wie eine Kompanie benahmen, die mit der Kriegskasse durchgebrannt ist und sie nun vertrinkt».[35] Warum ist die Arbeit der Finanzminister so selten von Erfolg gekrönt? Warum regiert die Politik so gern auf Pump? Und warum können sie das tun? Wenn Politiker mit harschen Worten mit Bankern ins Gericht gehen, müssen sie sich gelegentlich an die eigene Nase fassen. Denn wie die gescholtenen Manager sind sie oft selbst einfach die Gefangenen des Systems und der Anreize, die von diesem System ausgehen.

Ist die Staatsverschuldung ein Webfehler der repräsentativen Demokratie? Das ist eine große Frage für die Wirtschaftswissenschaft. Eine Vielzahl möglicher Gründe wurde bereits erforscht. Dazu gehören politische Schuldenzyklen, die mit wichtigen Wahlen zusammenhängen, Fragen der politischen Couleur der Regierung, die Bedeutung von Regierungskoalitionen, ihrer Größe und der Zahl der dazu gehörenden Parteien. Auch der Typ der demokratischen Verfassung oder die föderale Struktur machen möglicherweise einen Unterschied. Eine Schlüsselrolle spielen natürlich die Wähler, die tendenziell jener Partei ihre Stimme geben, von deren Wahl sie sich die größten persönlichen Vorteile erhoffen. Aus dieser Vielzahl von Einzelfragen greifen wir im Folgenden vier wichtige Aspekte heraus.

Politische Konjunkturzyklen

Politiker und Beobachter des politischen Prozesses wissen: Wahlzyklen sind in der Politik von großer Bedeutung. Das gilt auch für die Budgetpolitik und die Entwicklung der Staatsschulden. Schon in den siebziger Jahren haben Ökonomen vermutet, die Regierung könne schuldenfinanzierte Ausgaben nutzen, um ihre Wiederwahlchancen zu erhöhen. Beispielsweise könnte ein schuldengetriebenes Aufflackern der Konjunktur vor der Wahl nützlich sein, wenn Wähler ihre Entscheidungen stärker auf nur kurze Zeit zurückliegende Erfahrungen gründen.[36] Oder wie es Robert von Weizsäcker ausdrückt: «Der Widerspruch zwischen den kurzfristigen Anreizen der repräsentativen Demokratie und den langfristigen Erfordernissen der öffentlichen Finanzwirtschaft scheint ein Politikversagen auszulösen.»[37] Befriedigend wären solche Theorien nicht, wenn sie zur Erklärung des Phänomens auf die Annahme gründen würden, der Bürger und Wähler lasse sich dauerhaft täuschen und mache immer wieder die gleichen Fehler. Derartige Annahmen sind aber keineswegs erforderlich. Einige Überlegungen gehen beispielsweise davon aus, dass die positiven Wirkungen von Staatsausgaben für die Bürger unmittelbar spürbar sind, während Schulden erst nach Ablauf von einigen Monaten sichtbar werden. Vor der Wahl polieren dann alle Politiker ihr Image durch höhere schuldenfinanzierte Ausgaben. Selbst wenn die Bürger diesen Sachverhalt kennen: würde ein Politiker aufs Schuldenmachen verzichten, würden die Bürger das vor der Wahl gar nicht mehr erfahren; sie könnten ihn deshalb dafür gar nicht belohnen. Sie würden aber schlechtere sichtbare Politikergebnisse sehen. Der Politiker, der aufs Schuldenmachen verzichtet, würde also schlechter aussehen als er tatsächlich ist.[38]

Viele empirische Studien bestätigen dabei Hypothesen, die sich intuitiv anbieten.[39] Während das Ausgabenniveau insgesamt sich nicht sehr verändert, sinken vor der Wahl häufig die Steuern. Schmerzhafte Maßnahmen wie Steuererhöhungen oder Ausgabenkürzungen erfolgen eher nach einer Wahl als kurz davor. Dabei hängt der Umfang solcher Effekte vom politischen Regime ab. Unterschiede gibt es beispielsweise in Abhängigkeit davon, ob die Sitze im Parlament mit Abgeordneten gefüllt werden, die direkt mit einem reinen Mehrheitswahlrecht gewählt werden, wie in Großbritannien, oder ob es eher eine den Stimmen proportionale Sitzverteilung gibt, wie in Deutschland. In Staaten mit Mehrheitswahlrecht fallen Steuergeschenke im Wahljahr größer aus.Einen Unterschied macht es auch, ob ein Staat eine Präsidialdemokratie ist, wie die USA oder Frankreich, oder eine parlamentarische Demokratie, wie Deutschland oder Großbritannien. Die Haushaltskonsolidierung nach der Wahl fällt Präsidialdemokratien meist leichter. [40]

Die Begehrlichkeiten der Ressortminister

Finanzminister gestalten die Haushaltspolitik nicht allein. Sie sind umgeben von Ressortministern. Die ehemalige Gesundheitsministerin Ulla Schmidt wurde nicht an der Solidität des Haushalts gemessen, sondern daran, wie gut die gesundheitliche Versorgung war und wie stabil die Beiträge dafür waren. Der Arbeits- und Sozialminister achtet eher auf die Stabilität des Rentenversicherungsbeitrags und darauf, dass es den Rentnern gut geht. Niedrigere Beitragssätze und höhere Renten lassen sich indes nur durchsetzen, wenn dafür mehr Geld aus dem Bundeshaushalt in die Rentenkasse fließt. Woher der Finanzminister dieses Geld nimmt, ist für den Arbeits- und Sozialminister eher zweitrangig. Und wenn sich der Bund dafür weiter verschulden muss, ist das auch nicht seine Sorge. Ressortminister nehmen in der Regel gern ein paar Milliarden höhere Verschuldung in Kauf, wenn ein Großteil dieses Geldes in die Kassen ihres Ministeriums fließt.

Zugegeben, eine kluge Öffentlichkeit könnte auch Ressortminister entsprechend danach beurteilen, ob Kosten und Nutzen bei den diversen Ausgaben im Verhältnis stehen. Sollte eine Partei wieder einmal öffentlich die beliebte Forderung nach erstens mehr staatlichen Leistungen, zweitens niedrigeren Steuern und drittens einer Tilgung der Staatsschuld zum Wahlziel erheben, könnten die Bürger erkennen, dass diese drei Forderungen nicht miteinander vereinbar sind. Sie könnten ihre Stimme einfach einer anderen Partei geben.

Wird zum Beispiel mehr Geld für Altersrenten ausgegeben, müssen entweder die Rentenversicherungsbeiträge oder der Zuschuss aus dem Bundeshaushalt an die Rentenkassen erhöht werden. Im zweiten Fall muss man diese Gelder bei anderen staatlichen Aufgaben einsparen, höhere Steuern eintreiben oder einfach ein paar Milliarden höhere Schulden machen. Ob sich wirklich alle Beteiligten über diese einfachen Zusammenhänge bei allen staatlichen Ausgaben immer im Klaren sind, sei einmal dahingestellt. Schuldenmachen ist unter den verschiedenen Finanzierungsarten vielleicht am einfachsten und hat vielleicht auch die geringsten Widerstände in der Politik.

Der Wille, lieber selbst zu gestalten

Das Schuldenmachen eröffnet den jeweils Regierenden zusätzliche Handlungsspielräume. Sie haben Geld zur Verfügung, das sie ansonsten gar nicht hätten. Das können sie für die Dinge ausgeben, von denen sie überzeugt sind. Für Programme, die sie für wichtig halten, oder Projekte, die sie für gut befinden. Natürlich müssen die Schulden oder wenigstens die Zinsen in der Zukunft bedient werden. Das schränkt die

Handlungsspielräume der zukünftigen Regierenden ein. Künftige Politikergenerationen sind dann vielleicht nur noch mit dem Schuldendienst befasst.

Die gerade Regierenden mögen das bedauern oder nicht. Die Politik heute mag es gelegentlich sogar begrüßen, wenn die Handlungsoptionen in der Zukunft zusammenschnurren. Vielleicht würden die künftig Regierenden Dinge finanzieren, die die heute Regierenden gar nicht so gut finden. Und selbst wenn die Ziele künftiger Politiker sich von denen gegenwärtiger Politiker gar nicht unterscheiden, ist es vielleicht angenehmer, diese Dinge selbst zu gestalten, als dieses Privileg künftigen Politikern zu überlassen. Es wäre nachvollziehbar, wenn Politiker heute lieber selbst alle möglichen Handlungsspielräume nutzen, ihre eigenen Vorstellungen zu verwirklichen, anstatt Handlungsspielräume für andere, zukünftige Politiker offenzuhalten. Schließlich weiß man selbst am besten was man will. Und entsprechend sind die Handlungsanreize. Ob andere morgen das tun was man selbst will, das weiß keiner so genau. Heute etwas nicht zu tun, das man will, nur damit später andere das tun können, was sie wollen – das ergibt wenig Sinn!

Der amerikanische Ex-Präsident Ronald Reagan zum Beispiel war Republikaner, und er galt als ein zutiefst konservativer Politiker, was seine Grundüberzeugungen und seine Einstellungen zum Staat angeht. Trotzdem beendete er seine Amtszeit als Präsident mit einem tiefroten Staatshaushalt und einem Berg an Staatsschulden. Seine Regierung hat große Summen für Rüstung ausgegeben. Viele erinnern sich an die Vision des Star-Wars-Progamms, und manche denken, die USA habe mit ihrem Rüstungswettlauf die Sowjetunion in den Ruin getrieben. Gleichzeitig wurden unter seiner Regierung die Steuern deutlich gesenkt. Wer viel ausgibt und wenig einnimmt, macht Schulden.

Die Wirtschaftstheoretiker Torsten Persson und Lars Svensson haben sich gefragt, weshalb ausgerechnet ein überzeugter Konservativer so viele Staatsschulden machen würde. Präsident Reagan mag geahnt haben, dass ihm ein weit weniger konservativer Politiker als Präsident der Vereinigten Staaten von Amerika folgt. Möglicherweise gar einer, der Staatsgelder in den Aufbau eines amerikanischen Sozialstaats stecken möchte. Einer, der für eine allgemeine Krankenversicherung eintritt. Selbst konnte er die Machtübernahme durch einen Demokraten nicht verhindern. Er konnte aber dafür sorgen, dass sein Nachfolger einen tief verschuldeten Staatshaushalt übernimmt. So eine Schuldenlast macht es auch einem Demokraten schwer, öffentliche Gelder für sozialstaatliche Programme zu mobilisieren. So konnte Präsident Reagan mit seiner Schuldenpolitik über seine Amtszeit hinaus wirken. Er konnte eine Reihe von Politikmaßnahmen verhindern, die er wohl nicht gemocht hätte. Das Instrument hierfür war die Staatsverschuldung: er hat seinem Nachfolger einfach die finanziellen Mittel für solche Maßnahmen entzogen.

Ein Vergleich mit der Situation von Privatleuten macht diesen wichtigen Unterschied deutlich. Der Privatmann Herr K. kann bei seiner Bank einen Konsumentenkredit aufnehmen. Das verschafft ihm unmittelbar Gestaltungsspielraum. Von dem Kredit kann er zum Beispiel in Urlaub fahren oder ein neues Auto kaufen. Herr K. weiß aber, dass er mit dem Kredit und diesen Ausgaben heute im Gegenzug seine Konsummöglichkeiten morgen einschränkt. In der Zukunft stehen Zinszahlungen und Tilgung an. Diese Verpflichtungen binden Teile seines künftigen Einkommens. Herr K. muss deshalb entscheiden, ob er lieber heute oder in der Zukunft konsumiert. Herr K. weiß: sein auf Kredit finanzierter Neuwagen schränkt seine eigenen Möglichkeiten in der Zukunft ein. Er selbst hat Nachteile in der Zukunft, wenn er heute mehr konsumiert als es seinem Einkommen entspricht. Wenn hingegen ein Staatspräsident sich Geld geliehen hat und damit seine Lieblingsprojekte finanziert und umsetzt, dann hat nicht er oder seine Regierung die zukünftigen Kosten seiner Schulden zu tragen, sondern seine Nachfolger.

3. Dem Staat Geld leihen – warum?

Das Bundesministerium der Finanzen unterhält eine Internetseite, die als Unterrichtsmaterial für die 10. Klasse gedacht ist.[41] Darin heißt es:

Dem Staat Geld leihen – warum? Deutschland ist hoch verschuldet. Besteht da nicht die Gefahr, dass das Geld der Privatanleger verloren geht? Diese Frage kann mit «Nein» beantwortet werden, denn die Bundesrepublik Deutschland ist einer der sichersten Schuldner der Welt. Ihr wird von internationalen Rating-Agenturen (Unternehmen, welche die Kreditwürdigkeit von Firmen und Staaten bewerten) regelmäßig die höchstmögliche Kreditwürdigkeit zuerkannt. Auch in Zeiten der Wirtschaftskrise können die Anleger darauf vertrauen, dass ihr eingesetztes Kapital erhalten bleibt. Bei Wertpapieren, die von Unternehmen ausgegeben werden, trägt der Anleger hingegen ein höheres Risiko. Muss ein solches Unternehmen z. B. wegen einer schlechten Entwicklung des Marktes Insolvenz anmelden, erhält der Gläubiger sein Geld aller Wahrscheinlichkeit nach nicht mehr zurück. Aus diesem Grund sind die Zinsen, die auf solche riskanteren Wertpapiere gezahlt werden, auch höher als diejenigen auf Bundesanleihen. Anleger sollten deshalb immer die Verzinsung ebenso wie das Risiko im Auge haben.

Unseren heranwachsenden Staatsbürgern werden hier zum Thema Staatsschulden also von Expertenseite wichtige Erkenntnisse vermittelt, und etwas Anlageberatung bekommen sie gleich gratis dazu: Es stimme schon, dass der deutsche Staat eine Menge Schulden hat. Aber eine Gefahr, dass das Geld verloren gehen könnte, nein, die gebe es nicht. Denn Deutschland ist ja einer der sichersten Schuldner, nicht wahr? Und das gilt auch und gerade in Zeiten der Wirtschaftskrise. Unternehmen könnten pleitegehen. Natürlich. Und wenn das passiert, dann ist das Geld weg. Das solle man wohl bedenken, wenn man sein Geld verleiht. Wer es wegen ein paar Prozentpunkten höherer Zinsen trotzdem den Unternehmen gibt, der ist eben selbst schuld.

Aber können wir dem Bundesministerium in dieser Angelegenheit vertrauen? Sind Staatsschuldpapiere wirklich sicher? Können Sparer und Investoren darauf vertrauen, dass Deutschland seine Schulden bedient? Wie gut ist die Bonität Deutschlands und wovon hängt sie ab? Ist das nur eine Frage der Zahlungsfähigkeit oder auch eine Frage des Willens, die Schulden zu tilgen?

Die Antworten auf diese Fragen sind viel weniger klar und eindeutig als man glauben mag, und Staaten schneiden dabei als Schuldner nicht besonders gut ab.

Unternehmen und Privatpersonen können pleitegehen. Da hat das Ministerium Recht. Wenn das passiert, ziehen die Kreditgeber vor Gericht und versuchen, ihre Ansprüche gegenüber dem Schuldner möglichst weit durchzusetzen. Soweit das bankrotte Unternehmen Vermögen hat, wird dieses wohl in die Hände der Kreditgeber übergehen. Noch klarer ist der Fall, wenn der Schuldner für den Kredit Sicherheiten bereitgestellt hat. Typische Beispiele solcher Kredite sind Hypothekenkredite. Dabei überträgt der Schuldner dem Kreditgeber Rechte an einem Haus oder ein Grundstück als Sicherheit. Wenn der Schuldner nicht zahlt, kann der Kreditgeber die Sicherheiten verwerten. Die Immobilie kommt dann unter den Hammer. Aus dem Erlös wird zunächst der Kreditgeber ausgezahlt. Was übrig bleibt, erhält der Schuldner. In Kreditbeziehungen zwischen Privatpersonen kann ein Schuldner, der im Grunde noch über substantielles Vermögen verfügt, in der Regel nicht einfach ungestraft die Rückzahlung seiner Schulden verweigern. Die Gerichte sorgen dafür, dass die Kreditgeber zu ihrem Recht kommen– es sei denn, der Schuldner ist wirklich mittellos.

Staaten sind in einer anderen Situation. Staaten sind souverän. Ein Staat kann *beschließen*, dass er den Schuldendienst einstellt. Es ist schwierig für die Kreditgeber, vor Gericht zu ziehen und den Staat zur Zahlung zu zwingen, selbst wenn der Staat eigentlich zahlen kann. Welches Gericht wäre wohl zuständig? Und welchen Gerichtsvollzieher könnte man mit der Pfändung beauftragen, wenn man ein Eigentumsrecht gegenüber einem Staat durchsetzen will?

Dabei ist es nicht ganz gleichgültig, ob der Kreditgeber ein Bürger des betreffenden Staats ist oder ein Ausländer. Ein Bürger des zahlungsunwilligen Staats wird sich mit der Zahlungsverweigerung wohl abfinden müssen. Eigentlich ist die Zahlungsverweigerung dann nichts anderes als eine Sondersteuer oder eine Enteignung. Dafür kann ein Staat sogar eine gesetzliche Grundlage schaffen.

Ein Ausländer kann immerhin seine eigene Regierung um Hilfe bitten. Verweigert also ein Staat seinen ausländischen Kreditgebern die Rückzahlung von Krediten, könnten diese Gläubiger ihre Regierung ins Boot holen. Vielleicht schickt die Regierung sogar einige Kanonenboote los oder versucht, auf andere Weise auf den Schuldnerstaat Druck auszuüben. Vielleicht ist der Schuldnerstaat dann hinreichend eingeschüchtert und zahlt. Vielleicht aber auch nicht. Im Vergleich mit einer Bank, deren Kunde seinen Hypothekenkredit nicht mehr zahlen kann, stehen die Chancen der ausländischen Kreditgeber jedenfalls weniger gut. So gesehen sind Unternehmen und Privatpersonen eigentlich die besseren Schuldner als Staaten.

Jonathan Eaton und Mark Gersovitz haben im Anschluss an die Weltschuldenkrise der achtziger Jahre des 20. Jahrhunderts die Frage gestellt, weshalb souveräne Staaten überhaupt Kredite erhalten, bzw. warum man denn überhaupt darauf hoffen kann, dass ein Staat seine Schulden jemals wieder zurückzahlt. Mit dieser Frage haben sich seitdem viele Wirtschaftswissenschaftler sehr ernsthaft beschäftigt.[42] Und zwar deshalb, weil es zu dieser Frage nur wenige überzeugende Antworten gibt.

Dass ein Staat auf Dauer vom internationalen Kreditmarkt abgeschnitten wird, weil er einmal seine Schulden nicht bezahlt, ist weder eine glaubhafte Bedrohung noch hilft diese Drohung als mögliche Erklärung. Könnte Herr K. sich zehn Millionen leihen und frei entscheiden, ob er den Kredit zurückzahlt, und wäre die einzige negative Konsequenz daraus für Herrn K., dass man ihm danach nie wieder Millionen leihen wird, was würde Herr K. tun? Ist es nicht besser, einmal zehn Millionen einfach so zu bekommen, als im Zeitverlauf immer mal wieder Kredit aufzunehmen und mit Zins und Tilgung zurückzuzahlen? Man mag einwenden, dass Herr K. irgendwann einmal im Regen stehen könnte. Dass ihm der Erhalt seiner Kreditwürdigkeit einfach für diesen Fall sehr viel wert sein sollte. Aber erstens lässt sich mit zehn Millionen eine ganz vernünftige Liquiditätsplanung machen, so dass dieser Ernstfall noch unwahrscheinlicher wird. Und zweitens: würde der Kreditberater von Herrn K. seinem Kunden im Ernstfall wirklich Kredit geben, wenn Herr K. ganz tief in finanziellen Schwierigkeiten steckt, nur weil er in der Vergangenheit immer seine Schulden bezahlt hat?

Die moderne Spieltheorie hat schließlich doch noch einige tragfähige Antworten gegeben. Der Schlüssel zu diesen Antworten ist die folgende Einsicht: Schulden zahlt man zurück (und das gilt auch für Staaten), wenn man die Konsequenzen fürchtet, die es hat, wenn man nicht bezahlt. Die Ökonomen Ugo Panizza, Federico Sturzenegger und Jeromin Zettelmeyer fassen die wichtigsten Gründe für Staaten zusammen: Staaten haben Anreize, ihre Schulden zu bezahlen, wenn sie Reputationsverluste gegenüber dem Ausland fürchten oder bei Zahlungsverweigerung Handelssanktionen drohen. Auch mögliche drohende Gerichtsverfahren gegen den Schuldnerstaat in anderen Ländern können die Zahlungsbereitschaft erhöhen. Ein vielleicht unerwartetes Argument, das sie nennen, hat mit der Bildung von Erwartungen zu tun. Wenn die private Wirtschaft eines Staats die Zahlungsverweigerung als Anzeichen dafür wertet, dass es schlecht um die heimische Wirtschaft steht, gehen von der Zahlungsverweigerung möglicherweise negative Konjunktur- und Wachstumsimpulse im Inland aus.[43]

Je höher die fällige Staatsschuld ist, desto überzeugendere Gründe sind dafür erforderlich, dass ein Staat seine Schulden zurückzahlt.

4. Eine Geschichte der Staatspleiten

Drohende Staatsbankrotte auch etablierter Nationen beherrschen seit den Rettungsaktionen um Island, Dubai und Griechenland die Titelseiten in den Medien. Im Internet kletterte das Thema nach oben auf der Agenda. Das lässt sich unter anderem anhand der Auswertung der Suchanfragen bei Google ablesen. Wie aus den Statistiken des Internetgiganten hervorgeht, sucht die breite Öffentlichkeit seit 2008 gezielt nach Informationen zu Staatsbankrotten, nachdem der Begriff zuvor bei den Google-Abfragen keine Rolle gespielt hatte.[44] Pleiten von Staaten, Königreichen und Imperien gibt es jedoch schon so lange, wie sich Machthaber und Regierungen Geld leihen. Kaum eine Nation kann auf eine makellose Schuldenhistorie zurückblicken. Mehr noch: Die Geschichte des Staatsschuldenwesens lässt sich getrost als eine Geschichte von Staatsbankrotten erzählen.[45]

Geldentwertung und Zahlungsausfälle seit der Antike

Bereits in der Antike gerieten Herrscher in Zahlungsverzug oder entledigten sich auf einfallsreiche bis dreiste Weise ihrer Schulden. Der erste aktenkundige Bankrott wird Dionysius von Syrakus zugeschrieben.

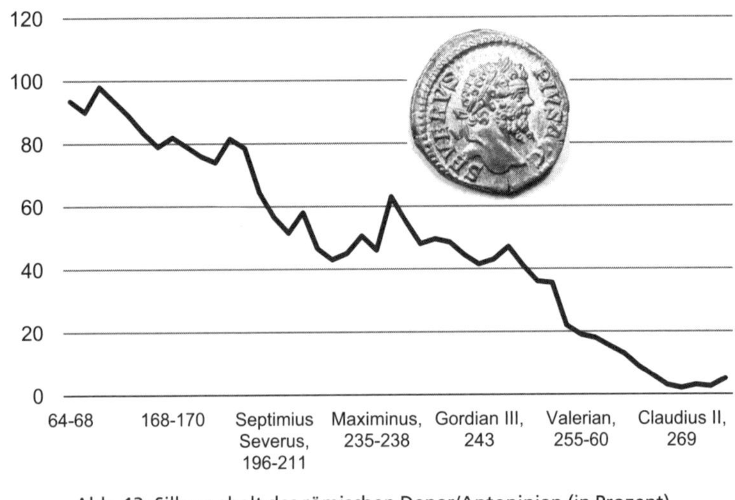

Abb. 13: Silbergehalt des römischen Denar/Antoninian (in Prozent)
Quelle: Kenneth W. Harl

Der griechische Herrscher, der im fünften Jahrhundert vor Christus (430–367) lebte und den Hellenen das heutige Sizilien vor Karthago rettete, hatte sich von seinen Untertanen große Summen geliehen und dafür Schuldscheine ausgegeben. Als die Wechsel fällig wurden, gab er kurzerhand einen Erlass heraus: Alles im Umlauf befindliche Geld war bei ihm einzuliefern. Wer nicht gehorchte, dem drohte die Todesstrafe. Jede abgelieferte Ein-Drachmen-Münze wurde flugs eingeschmolzen und zu einem Zwei-Drachmen-Geldstück geprägt. Auf diese Weise konnte er dem Volk das eingelieferte Geld zurückzahlen – und gleichzeitig seine Schulden. Der Tyrann von Syrakus darf damit als einer der Väter der Geldentwertung gelten. Seinem Beispiel folgten im Lauf der Jahrhunderte mehr oder weniger offensichtlich viele Staatenlenker.

Ein anderer Weg des Staatsbankrotts ist aus dem vierten Jahrhundert vor Christus überliefert. Zwischen 377 und 373 vor Christus konnten zehn von 13 griechischen Gemeinden des attischen Seebundes ihre Schulden nicht mehr zurückzahlen, die sie beim Delos-Tempel aufgenommen hatten. Zwei Staaten prellten ihren Gläubiger um die komplette Summe, acht beglichen wenigstens noch einen Teil ihrer Verbindlichkeiten.[46]

In der Antike entschuldeten sich die meisten Imperien statt durch Zahlungsverweigerung lieber bequem über die Währungsabwertung.[47] Von den Vorzügen des Papiergelds, das sich einfach nachdrucken lässt, konnte man damals zwar noch nicht profitieren. Doch auch Münzgeld ist billig vermehrbar. Nach dem Ersten Punischen Krieg 241 vor Christus etwa reduzierte Rom den Kupfergehalt seiner Münzen von zwölf Unzen auf zwei. Auf diese Weise konnten die Schulden auf ein Sechstel des Originalwertes gedrückt werden. Da die Gläubiger die Abwertung scheinbar klaglos hinnahmen, wurde nach dem Zweiten und Dritten Punischen Krieg die Währung um noch einmal jeweils 50 Prozent abgewertet, so dass um 146 vor Christus der Kupferanteil einer Geldeinheit gerade noch eine halbe Unze betrug, ein Vierundzwanzigstel des ursprünglichen Wertes.[48]

Unter den römischen Kaisern der Antike verfiel das Münzwesen Roms ein weiteres Mal, wie sich am Silbergehalt des Denar und später des Antoninian in Abbildung 13 ablesen lässt. Die erste Münzverschlechterung setzte Nero im Jahr 64 nach Christus durch, nachfolgende Kaiser wie Commodus (180) reduzierten den Silberanteil weiter. Besonders die severischen Herrscher hielten wenig von Geldwertstabilität. Unter Septimus Severus, Caracalla, Elagabal und Severus Alexander schrumpfte der Silberanteil pro Denar in den Jahren 193 bis 235 n. Chr. von über 80 auf gut 50 Prozent. Selbst der wiederbelebte Antoninian, der im Jahr 238 den Denar als offizielles Zahlungsmittel ablöste, konnte die römischen Kaiser nicht in ihrem Drang stoppen, ihre Schulden durch das Prägen wertloserer Münzen zu finanzieren, so dass im Jahr 270 der Silberanteil gerade noch 2,5 Prozent ausmachte. Die Periode ging in die Geschichte als Ära der römischen Inflation ein.

In der Zeit zwischen 1258 und 1799 gab es noch mindestens 24 weitere Episoden, in denen Länder entweder den Edelmetallgehalt ihrer Münzen reduzierten oder aber kleinere Geldstücke mit dem gleichen nominalen Wert als Zahlungsmittel herausbrachten.[49] Besonders taten sich hier Frankreich und Spanien hervor, die zusammen fünf Mal abwerteten – um bis zu 56 Prozent innerhalb eines Jahres. Das Vereinigte Königreich inflationierte auf diese Weise zwischen 1260 und 1799 zwei Mal den Pence und in Deutschland werteten die Staaten Bayern-Augsburg und Frankfurt je zwei Mal beim Pfennig ab.

Dem frühen Vorbild des Römischen Reiches folgte auch rund 2000 Jahre später die Weimarer Republik. Der Wert der Reichsmark wurde mit Hilfe der Gelddruckmaschine auf ein Billionstel geschrumpft: Mit einer Mark von 1913 ließen sich zehn Jahre später 1000 Milliarden Mark kaufen.

Erst mit dem Aufbau eines professionellen Bankwesens und richtiger Anleihemärkte im späten 13. Jahrhundert kam es vermehrt zu «klassischen» Zahlungsausfällen und Umschuldungen der modernen Art. Der in zahlreichen kostspieligen Kriegen ausgetragene Kampf unter den großen Monarchien England, Frankreich und Spanien zog etliche Konkurse nach sich. Die Franzosen zum Beispiel wurden zu regelrechten fiskalischen Serientätern. Zwar praktizierten die französischen Monarchen des Öfteren eine «Umschuldung» auf ihre ganz eigene Art und Weise, indem sie die größten Gläubiger einfach exekutierten. Doch ein solcher Aderlass, wie diese Form der Entschuldung im Volksmund genannt wurde, reichte nicht immer, und so entledigten sie sich innerhalb von 230 Jahren ganze acht Mal ihrer Schulden mittels Konkurs. Ende des 18. Jahrhunderts vertrat der französische Finanzminister Abbé Terray die Ansicht, dass ein Staat mindestens ein Mal im Jahrhundert pleitegehen müsse, schon allein um in regelmäßigen Abständen ein neues Gleichgewicht herzustellen.[50] Allerdings waren die Ausfälle nicht immer auf eigenes Verschulden zurückzuführen. Als Spaniens König Philipp II. im Jahr 1557 seinen Kapitaldienst einstellte – nicht das letzte Mal in seiner Amtszeit –, zogen die Investoren auch aus anderen Staaten ihre Gelder zurück. Damit konnte der französische König Heinrich II. seine kurzfristigen Schulden nicht mehr refinanzieren und wurde einige Monate später ebenfalls insolvent.

Den Rang als Pleitenrekordhalter konnte Frankreich jedoch im Laufe der Zeit an Spanien abgeben. Allein im 19. Jahrhundert kam es dort zu insgesamt sieben Ausfällen, nachdem die spanische Krone in den davorliegenden drei Jahrhunderten bereits neun Mal die Zahlungen an ihre Gläubiger ganz oder teilweise eingestellt hatte.[51] Es verwundert, warum immer die gleichen vermögenden Anleger, wie beispielsweise die deutschen Fugger, dem Pleitekönig Philipp II. und seinen Nachfolgern immer wieder Darlehen gegeben haben, trotz der verheerenden Schuldenbiographien. Ein Blick in die Zinsgeschichte liefert hierfür eine Erklärung. Die spanische Krone musste den Anlegern zum Ausgleich für die horrenden Risiken üppige Zinsaufschläge zahlen. Philipp II. hatte jährliche Zinsen von zwölf Prozent zu berappen, das war mehr als das Doppelte als die Stadt Nürnberg für ihre Ausleihungen bieten musste. Die Aufschläge wären noch höher gewesen, hätte Philipp II. nicht auf Rohstoffeinnahmen aus seinen Kolonien zurückgreifen können, und weil seine Bankrotte für die Kreditgeber selten mit dem Totalverlust endeten. Unter seinen Nachfolgern nahmen die Ausfälle im 17. Jahrhundert allerdings dramatischere Ausmaße an, und die spanische Krone musste einen Zins von 40 Prozent akzeptieren, wohingegen der allgemeine Zinssatz am Markt sieben bis zehn Prozent betrug.[52] Durch die hohen Aufschläge waren Staatsanleihen trotz der zahlreichen Konkurse also für die Geldgeber ein lohnendes Investment.

Mit der Pleitenserie ist Spanien – nicht Griechenland oder Lateinamerika –, bis heute unangefochtener Spitzenreiter in der Geschichte der Staatsbankrotte.[53] Die Vorläuferstaaten Deutschlands schienen dagegen lange Zeit solider zu wirtschaften. Für Preußen ist bis ins 18. Jahrhundert hinein nur ein Staatsbankrott verzeichnet, nämlich im Jahr 1683. Der vermeintlich disziplinierte Eindruck, den diese Region in der Frühen Neuzeit macht, mag seinen Grund auch darin haben, dass die Münzpolitik bis zum Ende des Heiligen Römischen Reichs regional verteilt und dadurch äußerst unübersichtlich war. Nicht nur Könige, sondern unter anderem auch Herzöge und Bischöfe hatten das Recht, Münzen zu prägen, wovon sie gerne Gebrauch machten. Dass sie durch schleichende Münzverschlechterung ihre Schulden leicht loswerden konnten, bemerkten auch diese Mächtigen bald.[54]

Weltkriege, Wirtschaftskrisen und die Staatsbankrotte der Moderne

Staatsinsolvenzen erfolgten oft in Wellen entlang historischer Ereignisse wie Kriegen, Revolutionen, ziviler Aufstände oder globaler Wirtschaftskrisen. Jahren ohne größere Ausfälle folgten in der Regel Jahre mit hohen staatlichen Zahlungsausfällen. Gleich zu Beginn des 19. Jahrhunderts ruinierten die Napoleonischen Kriege weltweit die Staatsfinanzen von Preußen, Frankreich und England und trieben einige Staaten in die Zahlungsunfähigkeit. Preußen ging dabei kurz hintereinander gleich zwei Mal in den finanziellen Ruin (in den Jahren 1807 und 1813) und die Staaten Westfalen, Hessen und Schleswig Holstein je ein Mal (1812, 1814 und 1850). Etwas mehr als ein Jahrhundert später verschuldeten sich im Ersten Weltkrieg viele der beteiligten Nationen hoch in der Hoffnung, als Gewinner die finanziellen Lasten von den Feinden begleichen zu lassen.

Wie häufig Staatsbankrotte sind, offenbaren daher auch die jüngeren Statistiken seit 1800. Über 250 Mal bedienten Länder ihre Auslandsschulden nicht mehr, in mindestens 68 Fällen kam es auch bei inländischen Verbindlichkeiten zu Ausfällen, in der Regel durch hohe Inflationsraten oder einen Währungsschnitt. Zur Kategorie Bankrott bei Inlandsschulden zählt beispielsweise auch die deutsche Währungsreform vom 20. Juni 1948.[55]

Fast immer gingen Bankenkrisen mit Krisen der öffentlichen Finanzen einher.[56] Zwischen Finanzinstituten und Staat gibt es dabei ein interessantes Verhältnis. Bis zum 20. Jahrhundert wurden kreditgebende Banken, zum Beispiel viele italienische Institute aus Florenz, von ihren Pleitestaaten in den Ruin getrieben.[57] In der Großen Depression dagegen – wie auch in der jüngsten Finanzkrise – traten zunächst die Staaten als letzte Retter notleidender Kreditinstitute auf, um anschließend teilweise selbst zum Problemfall zu werden.

Zu Beginn der dreißiger Jahre erlebte die Pleitewelle einen Höhe-

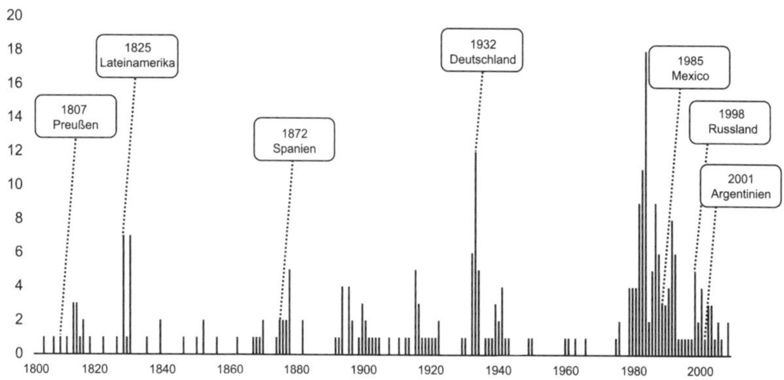

Abb. 14: Anzahl der Staatspleiten pro Jahr seit 1800
Quellen: Panizza/Sturzenegger/Zettelmeyer, Reinhart/Rogoff, Standard & Poor's

punkt. Der weltweite Wirtschaftseinbruch zog einen Kollaps der Rohstoffpreise Ende der zwanziger Jahre nach sich, der vielen rohstoffreichen Ländern bald wirtschaftlich das Genick brach.[58] Aber auch die Aufhebung des Goldstandards befeuerte Länderinsolvenzen. Viele Staatsanleihen beinhalteten damals sogenannte Goldklauseln, mit denen die rückzahlbaren Beträge neben den Währungsbeträgen auch in Goldeinheiten festgeschrieben wurden. Diese Klauseln wurden hinfällig, als die Länder ihre Währungen von einem festen Umtauschkurs zum Edelmetall lösten. In den USA beispielsweise verfügte der frisch ins Amt gekommene Präsident Franklin D. Roosevelt im Rahmen des Gold Reserve Act die Aussetzung von Goldklauseln in privaten und öffentlichen Schuldverträgen. Die Schuldensumme der Vereinigten Staaten betrug im Jahr 1934 rund 27 Milliarden Dollar, ein Betrag, der rund 436 Milliarden Dollar in heutiger Kaufkraft entspricht. Wie hoch der Anteil jener Papiere war, deren Rückzahlungsmodalitäten ursprünglich an das Edelmetall gekoppelt waren, ist nicht genau dokumentiert. Ugo Panizza hält das Volumen aber für derart substanziell, dass der durch die Aussetzung der Goldbindung implizit herbeigeführte US-Ausfall eigentlich als eine der größten Staatspleiten in der Geschichte gelten kann.

Im Jahr 1932 bedienten zwölf Länder ihre Auslandsschulden nicht mehr gemäß der vereinbarten Anleihebedingungen – darunter auch Deutschland.[59] In die erste Hälfte des 20. Jahrhunderts fällt auch der vorerst letzte Staatsbankrott eines westlichen Industrielandes. Die beiden Verlierernationen des Zweiten Weltkrieges, Deutschland und Japan, entledigten sich ihrer Inlandsschulden durch Währungsreformen.

In der zweiten Hälfte des 20. Jahrhunderts füllen ausschließlich Schwellenländer die Statistik der öffentlichen Kreditausfälle. Allein seit 1980 gab es insgesamt 90 Bankrotte von 73 Staaten. Einige Länder, wie Venezuela oder Ecuador, prellten ihre Gläubiger in dieser Zeit also gleich mehrfach. Wenigstens gingen die Kreditgeber nicht ganz leer aus, sondern erlitten im Durchschnitt Verluste von ca. 40 Prozent. Dieser im Jargon «haircut» genannte Ausfall war das Ergebnis schwieriger Verhandlungen zwischen Schuldner und den Kreditgebern, die im Schnitt acht Jahre dauerten. Je länger die Umschuldungsverhandlungen in Anspruch nahmen, desto schlechter kamen die Kreditgeber in der Regel davon. Zogen sich die Einigungsgespräche länger als 20 Jahre hin, mussten die Investoren auf mindestens zwei Drittel ihrer Ansprüche verzichten.[60]

Beispiel Honduras: 23 Jahre nach dem Bankrott nahm das Land die Zahlungen wieder auf, der effektive «haircut» betrug letztendlich 72 Prozent. Im Fall von Nicaragua waren nach 24 Jahren 75 Prozent abzuschreiben, bei Tansania blieben nach 21 Jahren nur mehr 27 Prozent für die Gläubiger übrig. Im Fall von Argentinien, das seinen Gläubigern im Jahr 2005 einen Forderungsverzicht von 66 Prozent zumutete, haben sich nicht alle Anleger mit dem Umschuldungsangebot abgefunden. Viele haben gegen Argentinien geklagt.

Vor dem Zweiten Weltkrieg hatte es freilich auch etliche Fälle gegeben, in denen Kreditgeber nicht nur die Gerichte angerufen, sondern Gläubigerstaaten gar zu Gewalt gegriffen haben, um säumige Nationen zum Zahlen zu bringen.[61] Als Venezuela Schuldendienstzahlungen für bürgerkriegsbedingte Schäden und ältere Anleihen einstellte, blockierten die Gläubigerländer Deutschland, Großbritannien und Italien im Dezember 1902 die Häfen La Guiara und Puerto Cabello. Die Deutschen bombardierten zusätzlich Fort San Carlos, um ihren Forderungen Nachdruck zu verleihen. Mit Erfolg: Schon im Jahr 1903 lenkte der venezolanische Präsident Castro ein. Vor dem Internationalen Gerichtshof in Den Haag wurden die Gläubiger aus den an der Seeblockade beteiligten Staaten sodann bevorzugt behandelt, wohingegen sich Gläubiger aus anderen Ländern mit ihren Forderungen hinten anstellen mussten.[62]

Zu diesen benachteiligten Ländern gehörte auch die USA. Präsident Theodore Roosevelt ergänzte daraufhin im Jahr 1904 die bestehende

Monroe-Doctrine, die eine Intervention der Europäer auf dem amerikanischen Kontinent ablehnte, durch eine eigene Schiedsrichterfunktion der USA für säumige Staatsschuldner in Lateinamerika und in der Karibik. Fortan sollte es den USA möglich sein, ausstehende Zahlungen von Staaten in der Region wenn nötig auch mithilfe «internationaler Polizeigewalt» einzutreiben.[63] Dieses *Corollary to the Monroe Doctrine* zeigte Wirkung. An den Finanzmärkten stiegen die Preise der Staatsanleihen aus der neuen amerikanischen Interventionssphäre im Jahr nach der diplomatischen Interventionsankündigung um 74 Prozent, ein Jahr später hatten sie sogar 91 Prozent an Wert gewonnen.[64] Es wurde anscheinend positiv bewertet, dass durch die Interventionsandrohung der neuen Großmacht USA effektivere Umschuldungsverhandlungen für die Kreditgeber möglich wurden.

Der Einfluss von Sanktionsandrohungen auf die Zahlungsdisziplin der Schuldner lässt sich anhand von weiteren Fällen illustrieren. So fanden die Ökonomen Mitchener und Weidenmier für die Zeit zwischen 1870 und 1913 heraus, dass angesichts des politischen und militärischen Drucks auf einzelne Staaten die Ausfallwahrscheinlichkeit der betreffenden Anleihen im Schnitt um 60 Prozent niedriger war.[65] In diesen Beispielen wird deutlich, dass die Finanzmärkte und besonders die Erwartungen der Kreditgeber eine zentrale Rolle dabei spielen können, ob ein Staat in eine extreme finanzielle Schieflage gerät, und vor allem, wann es zu einer Schieflage kommt.

5. Gnadenlose Finanzmärkte?

In der Kreditbeziehung zwischen einer Bank und ihrem Kreditkunden kann sich die Bank bei einer fälligen Kreditverlängerung die wirtschaftliche Situation des Kunden anschauen. Sie kann dann über eine Verlängerung des Kredits entscheiden. Je nach Wahrscheinlichkeit, mit der ein Kunde seinen Kredit zurückzahlen kann, entscheidet die Bank, ob und zu welchem Zins sich eine Kreditvergabe für sie noch lohnt. Ist die Wahrscheinlichkeit niedriger, verlangt sie einen höheren Zins. Ist die Wahrscheinlichkeit zu klein, kündigt sie den Kredit ganz. Das passiert, wenn die Zinsen, die sie verlangen müsste, um kein Geld zu verlieren, so hoch sind, dass sie der Kunde niemals aufbringen könnte.

Am Anleihemarkt herrscht eine ähnliche Logik. Hält der Käufer einer Staatsanleihe die Rückzahlung für sicher, kauft er auch bei einem niedrigen Zins. Hält er die Rückzahlung für unwahrscheinlich, fordert er einen höheren Zins oder kauft gar nicht. Der Markt betrachtet dabei anscheinend die Höhe der Verschuldung und die Höhe der Nettokreditaufnahme als Indikatoren für diese Wahrscheinlichkeit. So entsteht zwischen Schuldenstand, Neuverschuldung und Zinshöhe ein empirischer Zusammenhang. Im Schnitt muss ein Staat, wenn er die Nettokreditaufnahme um ein Prozent des Bruttoinlandsprodukts erhöht, nach Schätzungen von Thomas Lauterbach einen um 0,25 Prozentpunkte höheren Zinssatz dafür bezahlen.[66] Anders gesagt: im Vergleich zu einem Land mit ausgeglichenem Budget muss ein Land, das auf den Referenzwert des EU-Vertrags von drei Prozent Neuverschuldung zustrebt, einen um 0,75 Prozentpunkte höheren Zinssatz zahlen. Ein Anstieg der gesamten Schulden im Vergleich zum Bruttoinlandsprodukt um einen Prozentpunkt kostet im Schnitt 0,03 bis 0,04 Prozentpunkte zusätzliche Zinsen. Ein Land, dessen Schuldenquote nicht bei 40 Prozent des Bruttosozialprodukts liegt, sondern bei 90 Prozent, muss also um 1,5 bis 2 Prozentpunkte höhere Zinsen zahlen.

Das Beispiel Griechenland im Frühjahr 2010 zeigt die möglichen gravierenden Auswirkungen solcher Zinserhöhungen für den Staatshaushalt. Die Hellenische Republik wies für das Jahr 2009 eine Neuverschuldung von rund 14 Prozent des Bruttoinlandsprodukts aus. Angesichts des beschriebenen Zusammenhangs zwischen Zinshöhe und Verschuldung sollte daraus ungefähr ein Zinsaufschlag von 2,25 Prozent resultieren. Außerdem überstieg der Schuldenstand für 2010 mit erwarteten ca. 125 Prozent[67] des Bruttoinlandsprodukts den Referenzwert um etwa 65 Prozentpunkte. Die geschätzte Wirkung auf die Zinsen sollte in der Größenordnung weitere knapp zwei Prozentpunkte addieren. Diese Schätzungen sind dabei im Grunde eher konservativ, weil man vermuten kann, dass bei größeren Abweichungen von den Referenzwerten die Zinsen überproportional ansteigen. Griechenland sollte deshalb nach diesen Schätzungen mit einem Zinsaufschlag von ca. vier Prozentpunkten rechnen.[68] Bei einer Schuldenquote von 125 Prozent des Bruttoinlandsprodukts ergibt das zusätzliche Zinszahlungen in Höhe von (1,25 × 4)=5,0 Prozent des Bruttoinlandsprodukts. Die Steuerquote Griechenlands, also das Verhältnis von Steuereinnahmen zum Bruttoinlandsprodukt, beträgt gut 20 Prozent.[69]

Würde Griechenland einen Haushalt ohne Neuverschuldung anstreben, müsste der Staat allein für diese zusätzlichen Zinskosten also etwa ein Viertel der Steuereinnahmen verwenden.

Interessanter wird die Situation am Anleihemarkt durch einen Rückkopplungseffekt. Höhere Zinsen machen es für einen Staat schwieriger und weniger wahrscheinlich, dass er seine Kredite nebst Zinsen zurückzahlen kann. Ein einzelner Käufer, der beobachtet, dass ein Staat hohe Zinsen für seine Anleihen zahlen muss, revidiert deshalb seine Erwartungen darüber, ob der Staat seine Schulden begleichen kann: er hält das für unwahrscheinlicher und verlangt darum einen höheren Zins.

Dieser Zusammenhang zwischen höheren Zinslasten auf die bestehenden Schulden und den Zinsforderungen von Käufern neu ausgegebener Staatsanleihen führt dazu, dass ein und derselbe Staat sich mitunter in einer von zwei sehr unterschiedlichen Situationen wiederfinden kann. In der einen Situation hat der Staat keine Schwierigkeiten, seine Anleihen für einen niedrigen Zins zu verkaufen. Gerade wegen des niedrigen Zinses vertrauen die Anleger auf eine sichere Rückzahlung und sind deshalb mit einem niedrigen Zins zufrieden. In der anderen Situation kann der Staat seine Anleihen auch zu einem hohen Zins nicht verkaufen. Die Anleger wissen in dieser Situation, dass der Staat seine Anleihen, wenn überhaupt, nur zu sehr hohen Zinsen verkaufen kann; so hoch, dass es ihm praktisch nicht möglich ist, diese hohe Zinslast zu schultern. Sie rechnen also damit, dass der Staat wegen der hohen Zinsen mit der Bedienung seiner Schulden überfordert ist. Und so gerät der Staat ganz unverhofft in eine Situation, in der ihm die Gläubiger eine Anschlussfinanzierung verweigern. Er ist, wie es heißt, am Kreditmarkt rationiert. Welche der beiden Situationen eintritt, hängt mitunter nur davon ab, welche Erwartungen die Anleger haben. Und diese Erwartungen können durch Zinsentwicklungen oder durch einen kleinen wirtschaftlichen Schock kippen. «Mr. Bond» – wie Ferguson die gnadenlosen Anleger am Anleihemarkt nennt – hat wie im Film der gleichnamige Agent 007 die «Lizenz zum Töten»[70].

Durch den Selbstverstärkungseffekt von Zinsen kann es in einer Wirtschaftskrise schnell zu einer Schuldenspirale kommen: der Staatshaushalt ist im Minus, die Regierung kann neue Staatsanleihen aber nur zu höheren Zinsen am Markt unterbringen; dadurch steigt jedoch der Anteil der Zinszahlungen im Staatshaushalt, das Defizit vergrößert sich weiter, die Regierung muss zu noch höheren Zinsen noch mehr Schulden machen. Irgendwann ist die Regierung gefangen zwischen zwei unheilvollen Alternativen: sie kann entweder den Staatsbankrott erklären und die Zins- und Tilgungszahlungen einstellen oder die Finanzmärkte zu besänftigen versuchen, indem sie drastischste Ausgabenkürzungen beschließt und auf niedrigere Zinsen hofft.

Ab welcher Höhe von Schuldenquote, Neuverschuldung und Zinslast es zur Kreditrationierung durch die Gläubiger kommt, lässt sich nicht eindeutig vorhersagen. Letztlich wird dem Staat von den Gläubigern die Finanzierung verweigert, wenn hinreichend viele Gläubiger damit rechnen, dass genau das passiert. Die Finanzierungsverweigerung und der sich anschließende Staatsbankrott wird so zu einer sich selbst erfüllenden Prophezeiung. Ob und wann diese Prophezeiung eintritt, hängt vom historischen Einzelfall ab. Der Historiker Niall Ferguson referiert eine Reihe von recht unterschiedlichen Fällen.[71] Florenz gelang es demnach eine Zeit lang, fast 70 Prozent seines Staatshaushalts durch Neuverschuldung zu finanzieren und einen riesigen Schuldenberg anzuhäufen. Japan hat inzwischen einen Schuldenberg angehäuft, der einer geschätzten Schuldenquote von über 200 Prozent des Bruttoinlandsprodukts 2010 entspricht, und zahlt für neu ausgegebene Staatsanleihen einen Marktzinssatz von deutlich unter zwei Prozent im Jahr 2010.[72] Im Fall Griechenlands hat die Nervosität der Investoren schon bei einer geringeren, im Vergleich dazu moderaten Schuldenquote eingesetzt. 1976 sah sich die britische Labour-Regierung sogar bei einem Wert von unter 50 Prozent gezwungen, bei dem IWF um einen milliardenschweren Hilfskredit nachzusuchen. Staaten wie Argentinien (2001) oder Russland (1998) stürzten mit Schuldenquoten von rund 50 Prozent. Die Türkei geriet im Jahr 1978 sogar bei einem Wert von 21 Prozent in Zahlungsverzug.[73]

Die Möglichkeit einer erwartungsgetriebenen Kreditmarktrationierung ist eine ernsthafte Bedrohung für Staaten. Jeder Staat, der in erheblicher Höhe Staatsschulden aufnimmt, setzt sich dieser Bedrohung aus. Das gilt auch für Staaten, die ihre Schulden unter «normalen» Bedingungen einfach verkraften können. Die Erwartungen von Marktteilnehmern haben ein Element von Unberechenbarkeit. Staaten hätten nur eine Möglichkeit, sich diesem Problem wirklich zuverlässig zu entziehen: sie müssten auf Staatsschulden praktisch verzichten.

Credit Default Swaps – legitime Versicherungen oder Wetten gegen den Staat?

Im Januar 2010 wurde von der Financial Times Deutschland der Globus neu vermessen. Auf einer Doppelseite erschien eine frisch kartographierte Welt, auf der die alte Ordnung Kopf zu stehen schien.[74] Länder wie die Ukraine, Argentinien, Pakistan oder Lettland wurden plötzlich als Riesenreiche dargestellt, wohingegen die großen Wirtschaftsmächte USA, China, Japan und Deutschland zu Zwergstaaten geschrumpft waren. Die Regierungschefs der neuen Großmächte dürften sich über die neue Weltordnung kaum gefreut haben. Denn die Rangliste war nach dem Pleiterisiko der einzelnen Staaten sortiert, in absteigender Reihenfolge. Gemessen wurde das Pleiterisiko an den Prämien für Kreditausfallversicherungen, auch genannt Credit Default Swaps (CDS): neuartige Finanzprodukte, die wie eine Vollkaskoversicherung für Staatsanleihen funktionieren.

Und spätestens seit Anfang des Jahrzehnts sind Kreditausfallversicherungen ein wichtiger Faktor in der Welt der Staatsfinanzen. Sie sind ein wichtiges Instrument, mit dem die Marktteilnehmer mit ihren Investitionsentscheidungen auf ihre Einschätzung der fiskalischen Stärke eines Landes reagieren und damit zugleich eine Bewertung ihres Vertrauens in die Staatfinanzen abgeben. Minütlich erscheint das Votum dank der globalen Datenanbieter auf den Bildschirmen, bis in die kleinsten Winkel der Welt. Steigende Kurse für die Ausfallprämien kommen dabei einem wachsenden Misstrauen gleich, fallende signalisieren dagegen wachsendes Vertrauen.

Da kann es sich eigentlich kein Finanzminister mehr leisten, über die Höhe der Ausfallprämie und damit der Wertigkeit des Landes im weltweiten Finanzsystem nicht Bescheid zu wissen. Entsprechend verzeichnet der Datenanbieter Reuters mittlerweile auch aus den Schatzämtern dieser Welt eine große Nachfrage für seine Terminals, die aktuelle Kurse in Echtzeit liefern.

Erfunden wurden die Credit Default Swaps in der Wall-Street-Bank JP Morgan.[75] Nach der Asienkrise hatte sie extreme Abschreibungen auf ihr Kreditportfolio vornehmen müssen, weil viele der Tigerstaaten nach dem Absturz der eigenen Währungen ihre Dollarschulden einfach nicht mehr bedienen konnten. Und so entwickelte der JP-Morgan-Mathematiker Bill Demchak ein Versicherungsprodukt gegen den Kreditausfall.

Im englischen Namen offenbart sich bereits das Prinzip. Es handelt sich um einen Tausch (Swap) von Ausfallrisiko (Credit Default) gegen eine Versicherungsprämie.

Die Erfindung der Credit Default Swaps stieß auf reges Interesse an den Finanzmärkten. Fortan konnten sich Anleiheinvestoren nämlich gegen den Ausfall eines Darlehennehmers schützen. Vor dem Aufkommen der Kreditderivate war dies nur begrenzt möglich und dann auch nur mit viel komplizierteren Konstruktionen. Wenn sie ihrer Anlage nicht mehr vertrauten, blieb Investoren bis dahin eigentlich nur der Verkauf ihrer Anleihen.

Da bestechen die neuen Produkte geradezu durch ihre einfache Handhabung. Der Besitzer einer Staatsanleihe, der auf Nummer Sicher gehen will, kauft sich eine Kreditausfallversicherung und damit die Garantie, dass er im Schadensfall – also bei einem wie auch immer gearteten Ausfall der Anleihe – eine Auszahlung bekommt, die die Differenz zum Nominalwert der Anleihe ausgleicht. Der Versicherungsverkäufer, das kann eine Bank sein aber auch ein Versicherer, verlangt für das übernommene Risiko eine Prämie, die im Normalfall in Form einer Zinszahlung fällig wird. Am weitesten verbreitet sind fünfjährige Kontrakte mit vierteljährlichen Zahlungen. Die CDS-Kontrakte haben ein für jedermann nachvollziehbares klares Auszahlungsprofil, die Risiken von Käufer und Verkäufer sind mit Ausnahme des Gegenparteirisikos jederzeit berechenbar.[76]

Ein Beispiel illustriert die einfache Funktionsweise: Herr K. ist wegen der hohen Verzinsung, die Ouzo-Anleihen bieten, unter die Griechenlandinvestoren gegangen. Für Anleihen mit fünf Jahren Laufzeit bekommt er eine jährliche Rendite von immerhin sieben Prozent. Wegen der vielen Negativschlagzeilen aus Athen wird Herrn K. aber mulmig zumute. Also kauft er entsprechend seinem Anlagevolumen CDS-Kontrakte vom Versicherer A und ist damit seine Kreditsorgen los. Im Gegenzug zahlt er dem Versicherer eine Prämie, die vier Prozent seiner Anleihe entspricht. Zahlt Griechenland während der fünfjährigen Laufzeit immer pünktlich seinen Kupon und am Ende auch den Nominalwert zurück, hat Herr K. immerhin noch eine Rendite von drei Prozent erwirtschaftet: sieben Prozent Rendite abzüglich vier Prozent Versicherungsprämie. Sollte die Mittelmeerrepublik einmal nicht zahlen, springt die Versicherung ein und zahlt Herrn K. vorzeitig die Anleihe zu 100 Prozent aus.

So weit, so gut. Allerdings sollte Herr K. wie auch bei der Glasbruch- oder der Haftpflichtversicherung genau auf die Vertragsdetails achten. Die Versicherung zahlt erst, wenn der Schadensfall zweifelsfrei festgestellt ist. Bei den meisten griechischen Anleihen gilt für Zinszahlungen eine Gnadenfrist von 30 Tagen, bei Rückzahlungen von sieben Tagen.[77] Während dieser Zeit bekommt Herr K. kein Geld. Läuft gar die Versicherungsfrist just in der Gnadenfrist ab, geht Herr K. leer aus. Darüber hinaus ist für Herrn K. von Interesse, wie eine Umschuldung gehandhabt wird, bei der die Zahlungsfristen der Anleihe verlängert oder ein «haircut» vereinbart wird. Erkennt eine Versicherung dies als Schadensfall an, ist also im Jargon von einem «Credit Event» die Rede, gibt es die Entschädigung. Andernfalls muss Herr K. abwarten.

Zu guter Letzt sollte Herr K. auch kritisch bei der Auswahl seines Versicherers sein. Es nützt ihm nichts, sich gegen den Untergang der Titanic bei einem Anbieter abzusichern, der seinen Sitz auf dem Luxusliner hat und dann gemeinsam mit dem Schiff in den Fluten versinkt. Gegen den Ausfall Griechenlands ist es also ratsam, sich als Versicherungspartner einen Anbieter außerhalb des Ägäisstaates zu suchen. Die Pleite eines größeren Landes oder Unternehmens kann sich schnell zu einem Systemrisiko ausweiten. Wohl deshalb wurde das amerikanische Versicherungsunternehmen AIG einen Tag nach der Pleite der US-Investmentbank Lehman Brothers dank eines milliardenschweren Sofortkredits der amerikanischen Notenbank gerettet. Eine Sparte der AIG hatte dem Vernehmen nach zu viele Kreditausfallversicherungen verkauft und konnte den nach dem Bankrott entstandenen Milliardenschaden nicht zahlen.[78]

Kreditausfallversicherungen funktionieren im Prinzip wie jede andere Versicherung. Je höher das Ausfallrisiko, desto höher die Prämie. Die Kreditausfallversicherung für Frankreich ist beispielsweise deutlich günstiger als jene für Spanien und die wiederum ist billiger als für die Ukraine. Allerdings wird die Prämie nicht von Versicherungsmathematikern festgelegt, sondern die Marktteilnehmer bestimmen das Ausfallrisiko durch Angebot und Nachfrage. Das Brisante: Da die Käufer und Verkäufer ihre Zahlungsbereitschaften an ihren Erwartungen über die Wahrscheinlichkeit eines Zahlungsausfalls ausrichten, lässt sich aus dem Marktpreis ablesen, welches finanzielle Schicksal die Akteure für einen Staat erwarten. Beispielsweise notierte der CDS-Wert für Deutschland Ende März 2010 bei etwas über 30. Damit bezifferten die Investoren die

Wahrscheinlichkeit für eine eine Unregelmäßigkeit bei der Zahlung von Zins und Tilgung für die Bundesrepublik innerhalb der kommenden fünf Jahre auf 2,8 Prozent. Deutschland wurde zu diesem Zeitpunkt als weltweit drittsolidester Schuldner eingestuft.[79] Nur etwas mehr als einen Monat später wurden die Investoren dann deutlich nervöser. Unmittelbar nach der Verabschiedung des milliardenschweren Rettungspakets für Griechenland stieg die Prämie für die Kreditausfallversicherung auf 0,55 Prozent in die Höhe. Das entsprach einer erwarteten Ausfallwahrscheinlichkeit von 4,7 Prozent. Der wirtschaftlichen Logik folgend bildet die CDS-Prämie in etwa den Risikoaufschlag («Spread») des zugrundeliegenden Schuldtitels gegenüber dem zu 100 Prozent risikofreien Zinssatz ab. Wenn also fünfjährige Griechenlandanleihen gegenüber Bundesanleihen gleicher Laufzeit mit einem Risikoaufschlag von vier Prozentpunkten gehandelt werden, sollte auch die CDS-Prämie rund vier Prozentpunkte kosten. Andernfalls könnten die Anleger lukrative Arbitragegeschäfte betreiben. Läge der Risikoaufschlag der Anleihe z. B. höher als der Preis für die Kreditausfallversicherung, ließe sich risikolos Geld machen, indem man die Anleihe in Kombination mit der Kreditausfallversicherung kauft.

Doch Versicherungen können unbeabsichtigte Anreize schaffen. So ist im Alltag zu beobachten, dass versicherte Personen oft sorgloser agieren. Beispielsweise vergessen Autofahrer mit einer Vollkaskopolice häufiger ihren Wagen abzuschließen oder sie lassen sich zu einer rasanteren Fahrweise verleiten. Sie wissen ja, dass sie im Schadensfall entschädigt werden, also bei Diebstahl oder Unfall einen Ausgleich bekommen.

Was heißt das nun wiederum für die Halter der Kreditausfallversicherungen? Gibt es für sie auch einen schädlichen Verhaltensanreiz? Könnten die Käufer von Kreditausfallversicherungen am Ende gar ein Interesse daran haben, einen Schuldner in die Pleite zu treiben, um so eine Zahlung von ihrer Versicherung zu bekommen? Könnten diese Finanzprodukte so den Bankrott von Staaten befördern?[80] Die Politik fordert häufig eine schärfere Regulierung bis zum Verbot der Credit Default Swaps, wird diesen doch inzwischen ein wesentlicher Einfluss auf die Zinsentwicklung und damit die Finanzierungskosten eines Landes zugeschrieben.

Die Grundüberlegung entspricht jener der Autopolice. Wer sein Auto versichert hat, geht mit ihm weniger sorgsam um. Eine Kreditausfallversicherung kann auch für Anleihebesitzer die Anreizstrukturen verschieben. In der Regel haben die Gläubiger ein Interesse daran, dass es dem Unternehmen oder dem Staat gut geht, dessen Schuldentitel sie halten. Nur dann werden die Anleihen bedient. Im Zweifelsfall stunden die Kreditgeber dem Staat oder Unternehmen lieber einmal eine Zinszahlung oder stimmen einer Umschuldung zu. Eine gelungene langfristige Sanierung kann manchmal mehr Geld retten als eine überhastete Insolvenz. Doch als Halter einer Ausfallversicherung verändert sich diese fürsorgende Einstellung gegenüber dem Schuldner. Nun liegt das Überleben eines Emittenten nicht mehr unbedingt im eigenen Interesse. Der Wissenschaftler Henry Hu spricht vom Phänomen des «Empty Creditor».[81] Der «leere Gläubiger» hat seine Anleihen vollständig über CDS abgesichert. Damit hält er keine offene Risikoposition in seinem Portfolio und steht dem Schicksal des Schuldners gleichgültig gegenüber. Der leere Kreditgeber kann unter Umständen sogar ein Interesse daran haben, ein Unternehmen oder einen Staat Bankrott gehen zu lassen, selbst wenn die Aussicht auf eine erfolgreiche Sanierung besteht. Schließlich wird im Pleitefall sofort ein «Credit Event» ausgelöst und er bekommt sein Geld umgehend von der Versicherung. Eine Umschuldung hingegen wird in vielen CDS-Kontrakten nicht als Ausfall bzw. Schaden gewertet. Für den durch CDS abgesicherten Kreditgeber kann es auf der Gläubigerversammlung also durchaus rational sein, gegen ein Sanierungsprogramm zu stimmen.

Zahlreiche Insolvenzfälle in den USA aus dem Jahr 2009 scheinen das Empty-Creditor-Phänomen zu bestätigen. Ob beim Kreditunternehmen CIT, bei General Growth Properties, dem zweitgrößten Betreiber amerikanischer Einkaufszentren, Six Flags, einem Betreiber von Vergnügungsparks, oder dem Papierverarbeiter AbitiBowater: Bei all diesen Pleiten sollen ausgerechnet zahlreiche Anleihebesitzer, die auch in CDS investiert waren, auf eine Insolvenz gedrängt haben.[82]

Gänzlich einseitig gestaltet sich die Anreizstruktur bei Anlegern, die Kreditausfallversicherungen nicht zur Absicherung einer Gläubigerposition nutzen, sondern aus reinem Selbstzweck handeln. Sie kaufen CDS-Kontrakte, ohne überhaupt Anleihen eines Landes oder Unternehmens zu besitzen. Diese Akteure haben also kein Ausfallrisiko zu fürchten und profitieren dagegen zu 100 Prozent von einem Anstieg der CDS-Kurse. Der Kauf «nackter» CDS ist dann in etwa vergleichbar mit einer Vollkaskoversicherung auf das Auto des Nachbarn. Die Police lohnt sich nur, wenn der Wagen zu Schaden kommt. Der eine oder andere wird versucht sein, dabei selbst ein wenig nachzuhelfen. Bezogen auf Länderausfallversicherungen haben Investoren einen Anreiz, die finanzielle Lage möglichst in düsteren Farben zu malen und gegebenenfalls böse Gerüchte an den Märkten zu streuen, damit die Wette aufgeht und die Kurse steigen.

Der Großinvestor George Soros hat eine Anleitung zum Spekulieren mit Kreditausfallversicherungen geschrieben und dabei deren Vorzüge für Spekulanten herausgestrichen. Für den gebürtigen Ungarn stellt der CDS-Markt eine praktische Möglichkeit dar, «auf den Kursrückgang von Anleihen zu setzen, die man nicht hat», und damit direkt gegen Anleihen von Staaten wetten zu können. «Leerverkäufe von Anleihen sind durch den Kauf eines CDS-Kontrakts mit einem begrenzten Risiko verbunden und bieten potenziell unbegrenzten Gewinn. Diese Asymmetrie ermutigt zu Spekulationen mit Leerverkäufen, was wiederum einen Abwärtsdruck auf die zugrunde liegenden Anleihen ausübt», schreibt Soros weiter.[83] Für wie gefährlich Soros die Papiere hält, offenbarte er in einen Aufsatz für die Financial Times: «CDS beinhalten neben der Absicherungsfunktion die Lizenz zum Töten.»[84]

Durch den Kauf von Kreditausfallversicherungen können Spekulanten versuchen, eine Negativspirale in Gang zu setzen. Zunächst einmal steigen die Kurse der CDS-Kontrakte durch die zusätzliche Nachfrage. Bereits mit verhältnismäßig kleinen Geldsummen lassen sich die Preise beeinflussen. Der Markt könnte die Erhöhung der Risikoprämien als Misstrauenssignal verstehen. Es könnte zu Nervosität bei den Eignern von Staatspapieren führen. Wenn diese schnell verkaufen möchten, gehen die Risikoprämien am Anleihemarkt nach oben und der betreffende Staat muss höhere Zinsen bei der Ausgabe neuer Schuldtitel erheben. Das wiederum verschlechtert die Staatsfinanzen. Werden nun weitere CDS-Spekulanten angezogen, verstärkt sich dieser Prozess. Das führt zur Frage, ob und unter welchen Bedingungen durch eine solche Spirale ein Land in eine bedrohliche Schieflage getrieben werden kann.

Inwieweit Kreditausfallversicherungen tatsächlich die Märkte verzerren, lässt sich schwer sagen. Die deutsche Finanzaufsicht BaFin untersuchte im Frühjahr das Ausmaß der Spekulation bei Griechenlandanleihen ohne klare Hinweise auf Manipulationen.[85] Zweifel an der Schul-

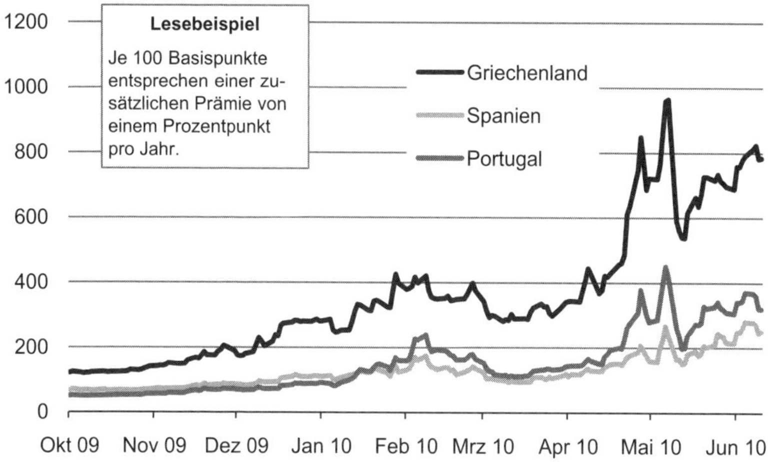

Abb. 15: Prämien für Kreditausfallversicherungen von Portugal, Griechenland und Spanien (in Basispunkten)
Quelle: Bloomberg

dentragfähigkeit Griechenlands, ein Glaubwürdigkeitsproblem und die Unsicherheit über zukünftige Politikmaßnahmen auf europäischer und nationaler Ebene waren laut Finanzaufsicht für die Entwicklung der Risikoaufschläge für griechische Staatsschulden verantwortlich, nicht spekulative CDS-Transaktionen.

Die Renditen der Staatsanleihen und der CDS-Prämien verlaufen nahezu synchron (siehe Abbildung 15). Die Rendite von zehnjährigen Griechenlandanleihen erhöhte sich Ende Januar 2010 just dann auf über sieben Prozent, als auch die Kreditausfallversicherungen mit 4,3 Prozent einen Höchststand markierten. Da eine Arbitragebeziehung zwischen Anleihemarkt und CDS-Markt besteht, verwundert dieser Gleichlauf nicht weiter. Letztlich werden auf beiden Märkten die gleichen Einschätzungen zur Bonität von Staaten gehandelt.

Es lässt sich also kaum feststellen, ob die CDS-Spekulanten die Zinsen treiben oder aber ängstliche Kreditgeber nach Absicherung suchen. Erschwert wird die Auswertung auch, weil der Handel mit den Kreditderivaten nicht an ordentlichen regulierten Handelsplätzen stattfindet, sondern außerbörslich abgewickelt wird. Nach Daten des New Yorker Clearinghauses DTCC über den Handel mit Kreditausfallversicherungen hat sich das Volumen der Griechenlandkontrakte im Frühjahr 2010 im Vergleich zum Vorjahr auf 84 Milliarden Dollar nahezu verdoppelt.[86] Viele

Investmentbanken, die sich mit der Konjunktur verschiedener Länder beschäftigen, empfehlen den bloßen Handel mit Kreditausfallversicherungen. Goldman Sachs beispielsweise empfahl im Dezember 2009 ihren Kunden, irische Ausfallversicherungen zu verkaufen, da Irland nach Einschätzung des Investmenthauses bereits erfolgreich Sparmaßnahmen umgesetzt hatte. Bei spanischen CDS dagegen sollte die Kundschaft zuschlagen, hier beurteilte Goldman Sachs die Regierung Zapatero als viel zu zögerlich und wenig glaubwürdig bei der Schuldeneindämmung.[87]

Bei vielen Politikern gelten Kreditausfallversicherungen als «Zockerpapiere», mit denen man sich nicht vor einem Zahlungsausfall schützt, sondern diesen geradezu herbeiwettet. Die französische Wirtschafts- und Finanzministerin Christine Lagarde sprach sich für ein Verbot von Ausfallversicherungen auf Staatsschulden aus. Der Vorsitzende der Eurogruppe, Jean-Claude Juncker, drohte den möglichen Drahtziehern von Spekulationen gegen griechische Staatspapiere mit «Folterwerkzeugen im Keller».[88] Deutschland hat im Mai 2010 den Handel ungedeckter CDS verboten. Seither ist der Kauf von CDS nur noch jenen Banken und Investmentfonds gestattet, die ein tatsächliches Absicherungsinteresse nachweisen können. Das Ziel dieser Maßnahme ist eine Vermeidung der Entkoppelung von Anleihe und Risikohandel.[89]

Solche Forderungen nach Regulierung lenken davon ab, dass sich mit Kreditausfallversicherungen nur dann erfolgreich spekulieren lässt, wenn es in den betroffenen Ländern tatsächlich gravierende Probleme gibt. Die Spekulationen des George Soros gegen das britische Pfund Anfang der neunziger Jahre hätten wahrscheinlich wenig Erfolg gehabt, wäre das Pfund nicht in der Tat stark überbewertet gewesen. Andererseits mussten während der Asienkrise die Spekulanten viel Lehrgeld bezahlen, als sie auf einen Absturz des Hongkong-Dollar wetteten: der Stadtstaat war robust genug, ihnen die Stirn zu bieten und daran sogar noch zu verdienen.

6. Die Ratingagenturen und das Rating-Paradox

Wenn Alexander Kockerbeck zur Feder greift, bereiten ihm die Nachrichtenagenturen und Zeitungen nur zu gern die große Bühne. Geht Kockerbeck auf Reisen, rollen ihm Politiker den roten Teppich aus. Dann hält er etwa im verglasten ESRI-Tower über den Dächern von Dublin Hof, mit Blick auf eine Stadt, in der die Baukräne aussterben. Seine Werke werden weltweit publiziert. Eines über Italien beispielsweise fand sich im Februar 2010 in der Tehran Times genauso wieder wie in den Stuttgarter Nachrichten oder der Wiener Presse.[90] Sein Interview zum Verhältnis von Deutschland und Griechenland bekamen die Leser der FAZ und der Telebörse genauso zu Gesicht wie die der italienischen Milenio.[91]

Kockerbeck ist kein Popliterat, der mit seinen Schriften die Welt deutet. Der studierte Ökonom ist Analyst bei der Ratingagentur Moody's und schreibt Studien über die Staatsfinanzen europäischer Länder. Und in dieser Funktion hat Kockerbeck die Macht, Finanzmärkte zu bewegen. Er beurteilt, wie solide einzelne Länder dastehen. Finanzminister sorgen sich um die Bonitätsnoten, die Ratings, die er verteilt. Eine schlechte Note kostet einen Staat viel Geld: Kreditgeber fordern für Anleihen des betreffenden Landes einen höheren Zins, wenn das Rating schlechter ausfällt. Eine Abstufung kann in einem nervösen Markt eine Abwärtsspirale aus schwindendem Vertrauen, steigenden Zinsen und zunehmenden Schulden auslösen und so Firmen und Staaten in eine finanzielle Bredouille bringen. Griechenland bekam dies im Frühjahr 2010 gleich mehrere Male zu spüren, andere Länder ebenso. Gerade in der Finanzkrise wurde offenbar, dass die Ratingagenturen nicht allein die Realität abbilden, sondern durch ihre Urteile selbst Realität schaffen. Sind sie zu lax mit ihrer Benotung, stiften sie die Anleger zu einem zu sorglosen Handeln an. Stufen sie die Kreditwürdigkeit aber zu heftig herab, kann dies schnell, wie im Beispiel Griechenlands, eine Panik auslösen oder verstärken.

Dabei ging es ursprünglich lediglich darum, die Kreditwürdigkeit von Staaten oder Konzernen zu messen. Rating heißt Bewertung. Die Agenturen bewerteten für (potenzielle) Anleger das Risiko, das sie mit einem Investment in einen bestimmten Schuldentitel eingehen. Als in den USA zum Ende des 19. Jahrhunderts das Eisenbahnnetz ausgebaut wurde, brauchten die neuen Gesellschaften Geld. Die potenziellen Geldgeber hatten wenig Ahnung vom Eisenbahnwesen und wenig Lust oder Zeit, sich mit den Eigenheiten des Schienenbaus zu beschäftigen. Und so halfen private Agenturen aus. Gegen Gebühr prognostizierten sie die zukünftige Zahlungsfähigkeit der Eisenbahngesellschaften. Zu den ersten seiner Zunft zählte Henry Varnum Poor, die ersten regulären Ratings vergab John Moody im Jahr 1909. In seinem Handbuch *Analyses of Railroad Instruments* führte er ein einfaches Notensystem ein, das bis heute weitgehend verwendet wird.[92]

Die Höchstnote ist das «AAA», bei der Agentur Moody's Aaa (gesprochen «Dreifach-A» oder «Triple-A»). Sie steht für absolut zuverlässige Schuldner, es folgen mit den Noten «AA», «A» und «BBB» immer noch solide Schuldner, allerdings mit einer schon erhöhten Ausfallwahrscheinlichkeit. Unterhalb von «BBB-» (Moody's: «Baa3») sind von den Bonitätswächtern jene Schuldner eingruppiert, deren Anleihen als spekulative Anlage betrachtet werden. Dieser spekulative Status, «Schrott» oder «Junk» im Jargon, reicht von BB (Ba1) bis B- (B3). Ab der Note «CCC» ist dann allergrößte Vorsicht geboten. D bedeutet Zahlungsausfall.

Um ein häufig vorkommendes Missverständnis auszuräumen: Die Ratings sind keineswegs mit Kaufen- oder Verkaufen-Empfehlungen für die Anleihen einzelner Staaten zu verwechseln, wie sie Bankanalysten für Aktien aussprechen. Vielmehr versuchen die Kreditwächter die Wahrscheinlichkeit zu beziffern, dass bei einem bestimmten Schuldentitel alles glatt läuft, sprich: der Emittent stets pünktlich Zinsen zahlt und am Ende der Laufzeit den ausstehenden Betrag tilgt. Dabei müssen die Agenturen nicht allein beurteilen, ob ein Staat wirtschaftlich in der Lage ist, die finanziellen Verpflichtungen zu erfüllen, sondern ob er auch willens ist zu zahlen. Je geringer das Ausfallrisiko ist, desto besser fällt die Bewertung aus.

Vom Rating hängt es ab, ob sich ein Staat überhaupt verschulden kann und zu welchen Konditionen. Das gleiche gilt für ein Unternehmen, das sich über eine Anleihe am Finanzmarkt finanzieren möchte. Eine gute Bonitätsnote signalisiert dabei eine hohe Kreditwürdigkeit und erlaubt es, zu günstigen Zinsen Fremdkapital aufzunehmen. Eine weniger gute Bonitätsnote verteuert die Finanzierungskosten.

Eine Abstufung kann daher in einem nervösen Markt die Abwärtsspirale auslösen, die im vorangegangenen Kapitel beschrieben wurde. Griechenland bekam das im Dezember 2009 schmerzhaft zu spüren. Nachdem die Agentur Fitch das Rating von A- auf BBB+ gesenkt hatte, bot ein Teil der Investoren umgehend ihre griechischen Staatspapiere am Markt an. Die Kurse fielen. Da sich Kurse und Zinsen in entgegengesetzter

Richtung entwickeln, schossen die Zinsen in die Höhe, neue Titel konnten nur mit einem massiven Zinsaufschlag im Vergleich zu Bundesanleihen verkauft werden, was wiederum den griechischen Staatshaushalt zusätzlich belastete. Ähnliches wiederholte sich im Februar 2010. Da folgte einem kurzen Interview mit dem Kockerbeck-Kollegen Pierre Cailleteau einer der größten Tagesverluste: Cailleteau hatte lediglich mit einer Herabstufung gedroht, falls Griechenland seine Haushaltskürzungen nicht umsetze.[93] Und auch für den ersten Höhepunkt der Pleiteängste Anfang 2009 waren die Bonitätswächter mutmaßlich verantwortlich. Damals hatten der Marktführer Standard & Poor's (S&P) und andere Ratingagenturen Portugal, Irland, Griechenland und Spanien herabgestuft – das Akronym PIIGS für die Anfangsbuchstaben dieser problematischen Randländer war geboren. Den vorläufigen Höhepunkt in der Finanzkrise setzte der Marktführer S&P im Frühjahr 2010. Die Analysten stuften die Kreditwürdigkeit Griechenlands gleich um drei Noten herab. Hellas spielte damit in einer Liga mit Aserbaidschan und konnte schlagartig kein frisches Geld mehr am Markt aufnehmen. Die Herabstufung platzte mitten in die Verhandlungen Griechenlands mit dem Internationalen Währungsfonds und der Eurogruppe und verschärfte die Euro-Krise damit möglicherweise unmittelbar.[94]

Die Ratingagenturen in der Krise

Keine Frage: Die Ratingagenturen gehören zu den einflussreichsten Akteuren an den Finanzmärkten.[95] Niemand kann recht sagen, ab welchem Schuldenstand ein Staat wirklich finanziell in der Klemme steckt. Und deshalb ist das Urteil der Ratingagenturen oft so heikel – und so einflussreich. Ihr gegenwärtiger Einfluss ist in doppelter Hinsicht bemerkenswert. Zum einen hatten die Bonitätswächter die Finanzkrise nicht vorausgesehen und erst mit Verspätung reagiert. Einmal mehr waren sie ihrer Frühwarnfunktion nicht gerecht geworden. Wie andere Marktteilnehmer auch, haben sie viele Krisensymptome nicht gesehen und hissten erst im Herbst 2007 die rote Flagge, als die Panik groß und das Ansehen eines Teils der als solide beurteilten Papiere kollabiert war. Beispielsweise wurde die Mittelstandsbank IKB noch wenige Monate vor dem Kollaps im Jahr 2007 für ihre «umsichtigen Kreditvergabepraktiken, das effiziente Risikomanagement und die damit einhergehende relative Immunität gegen Marktrisiken» gelobt und die Schuldtitel des Instituts mit dem vierthöchsten Rating in einem System von 19 Bonitätsnoten versehen.[96] Erst einen Tag nach der vernichtenden Gewinnwarnung der IKB im Sommer 2007 kam auch das Rating ins Rutschen. Auch die US-Investmentbank Lehman Brothers ging trotz eines recht soliden Ratings unter.

Die verzögerte Reaktion ist nichts Neues. Bereits die Asienkrise hatte die Ratingagenturen scheinbar wie ein Blitz aus heiterem Himmel getroffen. Erst als bereits Panik eingetreten war, setzten die Kreditanalysten Hals über Kopf die Ratings der betroffenen Tiger-Staaten herab. Quasi über Nacht wurde aus dem Musterschuldner Südkorea ein Land, dessen Staatsanleihen nur noch Schrott-Status aufwiesen. Und auch im Fall von Russland warnten die Analysten nicht rechtzeitig vor Ausfällen bei den Staatstiteln. Der renommierte Ökonom Barry Eichengreen beurteilt die Ratings daher auch als «einen hinterherlaufenden Indikator».[97] Ob Ratingagenturen indes krisenverschärfend wirkten, ist wissenschaftlich zumindest umstritten.[98]

Die folgende Tabelle führt für die Staatspleiten der neueren Geschichte die Ratings auf, die S&P dem jeweiligen Staat ein Jahr vor dem Kollaps vergeben hat. Viele der Staaten weisen selbst ein Jahr vor dem Kollaps noch relativ solide Ratings auf, so etwa Argentinien und Russland mit der Note BB beziehungsweise BB-, immerhin noch der zwölft- und dreizehntbesten von insgesamt 20 Noten. Eine systematische Untersuchung kam denn auch zu dem Ergebnis, dass die Agenturen das Risiko souveräner Schuldner gewöhnlich unterschätzen und in ihrem Urteil zu optimistisch sind.[99]

Ein Grund für eine systematisch zu positive Beurteilung der Agenturen könnte darin liegen, dass ihre Ratings just von jenen bezahlt werden, die sie kritisch bewerten sollen. Nicht die Nutzer der Ratings, die Anleiheinvestoren, bezahlen für die Analyseleistung, sondern die Unternehmen, Staaten oder Banken, welche die Anleihen an den Markt bringen. Damit ergibt sich ein möglicher Interessenkonflikt. Die zahlenden Auftraggeber haben zudem häufig auch einen Einfluss darauf, ob ihre Note veröffentlicht wird.[100]

Die Branche entgegnet diesem Verdacht mit dem Verweis auf Reputationsschäden, die ihr drohen, sollte sie ihren Kunden Gefälligkeitsnoten ausstellen. Schließlich lebt sie davon, dass ihre Noten als informativ angesehen werden. Wer allen Auftraggebern Traumnoten gibt, läuft Ge-

Pleite-Land	Datum des Zahlungsausfalls	Länge des Ausfalls in Monaten	Rating ein Jahr vor Beginn des Ausfalls
Russland	27. Jan. 99	22	BB-
Pakistan	29. Jan. 99	11	B+
Indonesien	17. Apr. 00	6	CCC+
Argentinien	6. Nov. 01	54	BB
Indonesien	23. Apr. 02	4	B-
Paraguay	13. Feb. 03	18	B
Uruguay	16. Mai. 03	1	BB-
Grenada	30. Dez. 04	11	BB-
Venezuela	18. Jan. 05	1	B-
Dominikanische Republik	1. Feb. 05	5	CCC
Belize	7. Dez. 06	3	CCC-
Seychellen	7. Aug. 08	(noch nicht abgeschlossen)	B

Tabelle: Hat die Frühwarnfunktion versagt?
Quelle: S&P Sovereign Rating[101]

fahr, nicht mehr ernst genommen zu werden. Die Ratings eines solchen Anbieters wären dann wertlos – für die Anleger ebenso wie für die Kreditnehmer. Die amerikanische Börsenaufsicht SEC folgte im Jahr 2003 nach einer Untersuchung der Branche der Lesart der Agenturen. In ihrem Bericht schreibt sie zum Thema Interessenkonflikt sinngemäß: «Grundsätzlich waren die Teilnehmer der Anhörung überzeugt, dass die Abhängigkeit der Agenturen von den Gebühren der Emittenten weder zu einem signifikanten Interessenkonflikt führt noch die Objektivität der Kreditratings insgesamt in Frage stellt» (Übers. d. Verf.).[102]

Allerdings wird dieser Befund von wissenschaftlichen Beobachtern nicht gerade durchgehend geteilt und stammt wohl noch aus einer anderen Zeitrechnung.[103] Die Finanzkrise hat einige scheinbar unverrückbare Gewissheiten verschoben und auch die SEC hat inzwischen eine härtere Gangart gegenüber den Ratingagenturen eingeschlagen.[104] Die Ratingagenturen gehörten zu den großen Profiteuren des amerikanischen Hypothekenbooms zu Beginn des neuen Jahrtausends. Sie ließen sich ihre Benotung von zu Paketen geschnürten Hypotheken-Krediten zweifelhafter Qualität von den Banken gut honorieren. Die Finanzinstitute wiederum konnten die später teilweise als «toxisch» eingestuften

Pakete mit dem Siegel der Ratingagenturen glänzend weiterkaufen. Viele Hypothekenpapiere, die sich bald als minderwertig erwiesen, wurden mit der Bestnote AAA ausgezeichnet. Moody's beispielsweise versah zwischen 2000 und 2007 ganze 42 625 solcher Hypothekenpapiere mit der Spitzennote AAA.[105]

Erst als die Immobilienmärkte kollabierten und damit die den Hypothekenkrediten zugrundeliegenden Sicherheiten zerbröselten, wollte den Ratingagenturen plötzlich das gesamte Risiko aufgefallen sein. Es drängte sich der Verdacht auf, dass die Agenturen die hypothekenbesicherten Papiere für die zahlenden Kunden zu optimistisch bewertet hatten.[106] Wie stark sich die Richtlinien, nach denen eine Ratingagentur Kredite beurteilt, auf ihren Erlös auswirken, zeigte sich noch vor dem Ausbruch der US-Immobilienkrise im April 2007. Damals verschärfte die Agentur Moody's ihre Kriterien für Hypothekenanleihen mit der Begründung, für diese Klasse von Wertpapieren seien keine ausreichenden Sicherheiten vorhanden. Über Nacht wurde Moody's vom Rating für 70 Prozent aller neuen Anleihen ausgeschlossen. Die zahlenden Emittenten entschieden sich lieber für die Anbieter mit der weniger strengen, besseren Benotung.[107]

Die Ratingagenturen werden also wegen ihrer vermeintlich zu unkritischen Urteile für das Entstehen der Hypothekenkrise mit verantwortlich gemacht.[108] Schließlich waren es die faulen Hypothekenpapiere, die viele Banken in den Ruin zu treiben drohten. Erst großzügige staatliche Rettungsaktionen wie der teilweise öffentliche Ankauf toxischer Papiere konnten eine Pleitewelle der Finanzindustrie verhindern.

Das Rating-Paradox

Wenn die Ratingexperten aber häufig dem Markt hinterherlaufen, also keinen wirklichen Mehrwert mit ihrer Arbeit erbringen, und sich obendrein möglicherweise noch in einem Interessenkonflikt befinden, weil sie von ihren Kunden für die Bewertung bezahlt werden, warum sind sie dann so einflussreich? Finanzwirtschaftler wie Frank Partnoy von der Universität San Diego haben versucht, diesem «Rating-Paradox» auf den Grund zu gehen.[109] Sein Ergebnis: Die Ratings der privat organisierten Agenturen haben quasi offiziellen Charakter, weil sie oftmals vom Gesetzgeber zu regulatorischen Zwecken genutzt werden. Zahlreiche Gesetze und Finanzmarktregulierungen beziehen sich explizit auf die Bonitätsnoten von S&P, Moody's & Co. Wenn staatlich regulierte Pensionskassen, Lebensversicherer oder Investmentfonds in einigen Ländern von Gesetzes wegen ausschließlich in Anleihen mit einer bestimmten Mindestbonitätsnote investieren dürfen, müssen diese Anleger verkaufen, sobald eine Anleihe von den Agenturen heruntergestuft wird.

Auch die Eigenkapitalanforderungen für die Banken, wie sie im Abkommen Basel II festgelegt sind, stellen teilweise bei der Beurteilung von Bilanzrisiken auf Kreditratings ab.[110] Nicht zuletzt verleihen die Notenbanken bei ihren Geldgeschäften den Agenturen Einfluss. Wer bei der Europäischen Zentralbank (EZB) Geld leihen will, muss nach Artikel 18 der EZB-Satzung Sicherheiten hinterlegen, die den eigenen «hohen Bonitätsanforderungen» gerecht werden.[111] Bei der Beurteilung stützte sich die Notenbank maßgeblich auf die Expertise externer Ratingagenturen. Fiel eine Anleihe unter ein Mindestrating, war sie nicht mehr notenbankfähig (im Jargon «repofähig»), und Banken konnten sie bei ihren Geldgeschäften mit der EZB nicht mehr dort als Pfand hinterlegen. Damit entscheiden Ratingagenturen mit, ob ein Wertpapier als Sicherheit dienen kann oder nicht, ähnlich wie Schulnoten über eine Versetzung entscheiden. Der weitreichende Einfluss der Ratingagenturen, der durch diesen Automatismus entsteht, wurde daher gelegentlich als «nukleare Option» bezeichnet – ein Begriff, den die Agentur Moody's selbst geprägt hat.[112]

Nicht zuletzt speist sich die Macht der Agenturen auch aus der oligopolistischen Marktstruktur der Branche. Drei Spieler teilen sich den Markt weitgehend untereinander auf. Die beiden großen Anbieter S&P und Moody's halten 43 beziehungsweise 36 Prozent, Fitch als Nummer drei immerhin noch 16 Prozent Marktanteil.[113] Als sogenannte Nationally Recognized Statistical Rating Organizations (NRSRO's) bekommen ihre Analysen in den USA quasi offiziellen Charakter, weil die US-Börsenaufsicht SEC für regulatorische Zwecke allein NRSRO-Ratings heranzieht.[114] Finanzwirtschaftler Partnoy stuft die Zutrittsbarrieren zum Markt – also die Hürden für eine weitere Agenturen, ebenfalls von der SEC NRSRO-Status zu erhalten – als «prohibitiv» ein. Auch ökonomische Größenvorteile und hohe Wechselkosten beeinträchtigen den Wettbewerb. «Unter dem Strich bekommen die Ratings dieser Agenturen für die Finanzmarktakteure einen Wert, selbst wenn ihr Informationsgehalt nicht größer ist als öffentlich zugängliche Informationen, die sich bereits in den Kursen reflektieren.»[115] Partnoy zufolge ist es weniger der Informationswert der Ratings, der die Agenturen so mächtig macht, als vielmehr der politisch begründete Lizenzwert der Bonitätsnoten.

Es mag verwundern, dass keine Aufsichtsbehörde die Kreditkontrolleure effektiv kontrolliert. Es existieren weder Qualitätsstandards noch Transparenzrichtlinien. Die Agenturen können sich bei ihren Urteilen auf das freie Recht der Meinungsäußerung berufen. Ein Leitartikel-Schreiber der New York Times könne schließlich auch nicht für eine falsche Analyse belangt werden, lautete bislang die Argumentation. Dabei haben sich Regierungen seit Jahren an einer Regulierung der Branche versucht. Alle Versuche, den Einfluss zu begrenzen, scheiterten. Statt Einfluss auf die Ratingagenturen zu erlangen, sind Politiker und Notenbanker während der Finanzkrise sogar zu Getriebenen der Kreditanalysten geworden. Bestes Beispiel dafür ist das Hilfspaket für Griechenland. Unter dem Druck immer neuer Abstufungen mussten EU und IWF das ursprünglich auf 45 Milliarden dimensionierte Hilfspaket um ein Vielfaches aufstocken. Und auch die Europäische Zentralbank verlor wegen der Ratingfrage an Glaubwürdigkeit. Bis zur Finanzkrise konnten Banken lediglich Papiere mit einer Mindestnote A als Pfand bei der EZB hinterlegen. Diese Standards wurden dann Stück für Stück gelockert. In einem ersten Schritt ließen sich auch Anleihen mit einer Bonitätsnote bis BBB- (Moody's: Baa3) bei der EZB gegen Kredite verpfänden. Als Griechenland nach etlichen Rückstufungen mit seinen Anleihen Gefahr lief, selbst unter dieses gelockerte Mindestrating zu fallen, wurden die Standards weiter gelockert. Seit Mai 2010 können Anleihen der Hellenischen Republik unabhängig von jeglichem Rating bei der EZB für Kredite verpfändet werden.

Die Politik diskutiert darüber, den Einfluss der Ratings zu begrenzen. So will das Forum für Finanzstabilität die Bedeutung der Bonitätsnoten für die Berechnung der Eigenkapitalanforderungen der Banken reduzieren. Diskutiert wird auch die Schaffung einer europäischen Ratingagentur, die nach dem Vorbild der Stiftung Warentest aus Steuermitteln finanziert wird und etwa unter dem Dach der EZB angesiedelt sein könnte. Auch ein solches Geschäftsmodell birgt natürlich potenzielle Interessenkonflikte. Staaten als Finanziers einer öffentlich finanzierten Ratingagentur wären schließlich Emittenten, Investoren und Regulierer zugleich.[116]

Die Ratingmethode

Man mag den Einfluss der Ratingagenturen, Schwächen in der Treffsicherheit ihrer Prognosen oder die Interessenkonflikte beklagen: ihnen kommt eine Schlüsselrolle bei der Entwicklung der Staatsfinanzen zu. Ratingagenturen beeinflussen das Geschehen. Daher ist es wichtig, die Arbeitsweise der Agenturen zu kennen.

Doch wie kommen die Urteile über einzelne Staaten eigentlich zustande? In der Regel ist das Rating nicht die Entscheidung eines einzelnen Analysten, sondern eines Komitee. Den Agenturen zufolge gibt es keinen Automatismus zwischen Schuldenstand und Rating. Für ein AAA darf der Schuldenstand zwar nicht über 100 Prozent liegen, doch darunter gibt es keine festgelegten Regeln.[117] Der Schuldenstand ist nicht allein entscheidend für die Tragfähigkeit der Schulden. Unter den Staaten, die in der Vergangenheit in den Bankrott gingen, waren nicht nur solche mit hoher Verschuldungsquote. Entsprechend schauen die Ratingagenturen bei ihren Analysen auch darauf, wie erschwinglich die Schulden für ein Land sind. Sämtliche Agenturen setzen auf die «debt affordability», eine Kennzahl, die die Höhe der Schulden mit den Kosten verbindet. Heraus kommt die sogenannte Zinslastquote. Hier werden die Ausgaben für den Schuldendienst eines Landes ins Verhältnis gesetzt zu sämtlichen Einnahmen, inklusive den Einnahmen der Sozialkassen. Eine Quote von weniger als zehn Prozent gilt als unbedenklich für die Spitzennote AAA.[118] Ein Land mit einer wachsenden Wirtschaft hat es einfacher, die Quote niedrig zu halten, weil mit der zunehmenden ökonomischen Aktivität in der Regel die Einnahmen des Fiskus steigen.

Zum Ratingverfahren gehören natürlich auch qualitative Aspekte wie die Widerstandsfähigkeit eines Landes.[119] Wie steht es um die ökonomische Stärke, die vor allem in einer hohen Wirtschaftskraft pro Kopf gemessen wird? Wie steht es um die Institutionen eines Landes, seine Regierungsführung? Hohe Transparenzstandards, wenig Korruption sowie effiziente und möglichst vorhersagbare politische Entscheidungen gehören genauso zu den Kriterien wie die Frage, inwieweit private Eigentumsrechte respektiert werden. Auch die Handelsbilanz findet Eingang in die Ratings. Wer dauerhaft mehr importiert als er einführt, lebt über seine Verhältnisse und muss die Lücke mit ausländischem Kapital schließen. Fitch und S&P betrachten in dieser Hinsicht noch die Volatilität des Wirtschaftswachstums und der Staatseinnahmen sowie die Höhe der Inflation als negative Faktoren. Das Kalkül: Hohe Schwankungen und Teuerungsraten behindern die langfristige Planungssicherheit und damit die Wirtschaftsaktivitäten. Spätestens seit der Finanzkrise ist auch der Bankensektor bei der Beurteilung von Länderrisiken in den Blickpunkt geraten. Überengagierte Geldhäuser hatten Island an den Rand des Abgrunds gebracht. Nur mit Hilfe des Internationalen Währungsfonds ließ sich ein Bankrott Islands abwenden.[120]

Doch makroökonomische Daten wie Wirtschaftswachstum oder Schuldenquote erzählen nicht die ganze Geschichte einer Nation. Die Ratingagenturen müssen in ihre Bewertung immer stärker auch einbeziehen, ob die jeweilige Regierung eines Landes stark genug ist, um gegebenenfalls ein effektives Sparprogramm aufzulegen und inwieweit der Bevölkerung schmerzhafte Reformen zugemutet werden können, ohne gleich Straßenschlachten oder gar eine Revolution auszulösen. Hier gibt es große Unterschiede. Die Iren beispielsweise nahmen im Frühjahr 2010 harte Einschnitte relativ klaglos hin. Sie akzeptierten, dass nach der jahrelangen Party am Immobilienmarkt mit zweistelligen Zuwächsen ein «Kater» folgt. Anders die Griechen: Hier bestimmten im Frühjahr 2010 Straßenschlachten mit der Polizei die Schlagzeilen, sogar Tote waren zu beklagen.

Mit Blick auf Griechenland und die eindrucksvollen Demonstrationen gegen staatliche Einschnitte auch in anderen Ländern muss selbst Moody's-Analyst Kockerbeck bitter konstatieren, dass demokratische Entscheidungsstrukturen sich mit der Durchsetzung langfristig angelegter Sparprogramme schwertun, da spätestens nach fünf Jahren eine sparsame Regierung von einer in ihrer Leidensfähigkeit überforderten Bevölkerung abgewählt werden kann. Für Kockerbecks Analyse spielt daher der soziale Zusammenhalt einer Gesellschaft eine immer größere Rolle. Um diesen wahrzunehmen, verlässt er mittlerweile immer häufiger die Glastürme und mischt sich abseits der roten Teppiche unters Volk.

7. Wir haben die Schulden nur bei uns selbst – wirklich?

Einem beliebten Argument für den sorglosen Umgang mit Staatsschulden zufolge haben wir diese Schulden nur bei uns selbst, und es sei daher nicht von Bedeutung, ob das Geld nun sozusagen in der linken oder der rechten Tasche liege. Kehren wir zum Vergleich noch einmal zurück zu Herrn K. und seinem Konsumentenkleinkredit. Wenn Herr K. einen solchen Kredit aufnimmt, dann hat er Schulden bei der Bank und die Bank einen Anspruch gegen Herrn K. Sollte Herr K. zufällig auch der Alleineigentümer dieser Bank sein, könnte man auch sagen, dass Herr K. sich das Geld letztlich selbst schuldet. In der Regel sind die Eigentumsverhältnisse aber anders und Kreditgeschäfte sind selten solche reinen «In-sich-Geschäfte».

Was aber ist, wenn der Staat sich bei seinen Bürgern Geld leiht und den Bürgern dafür Staatsschuldtitel in die Hände drückt? Die Bürger haben dann einen verbrieften Anspruch gegen den Staat, und um den zu befriedigen, wird der Staat eines Tages zu den Bürgern kommen und ihnen Steuern abverlangen. Ist Staatsverschuldung also so eine Art «kollektives In-sich-Geschäft», bei dem sich die Nettoansprüche der Bürger an den Staat mit ihren künftigen Steuern für die Finanzierung dieser Forderungen gerade aufrechnen lassen? Und ist es dann nicht praktisch egal, wie groß die Staatsschuld ist, weil ihr immer Forderungen der Bürger an den Staat in gleicher Höhe gegenüberstehen?

Der Nationalökonom Abba P. Lerner (1903–1982) beispielsweise argumentierte praktisch so in einer 1943 veröffentlichten Arbeit.[121] Nach seiner Überzeugung sollte die Frage der Höhe des staatlichen Schuldenstands für die Regierung überhaupt keine Rolle spielen. Selbst hohe Zinszahlungen des Staats würden der Gesellschaft insgesamt überhaupt keine Last aufbürden, weil ihnen in gleicher Höhe zusätzliche Zinseinnahmen im privaten Sektor gegenüberstünden. Lerner illustriert das an der folgenden Überlegung (Lerner, 1943, S. 47, Übers. d. Verf.):

Angenommen, der nationale Schuldenstand erreicht die unvorstellbare Höhe von zehntausend Milliarden Dollar (also zehn Billionen, $ 10,000,000,000,000), so dass die jährlichen Zinszahlungen 300 Milliarden im Jahr betragen. Angenommen, das reale Volkseinkommen der Volkswirtschaft bei Vollbeschäftigung sei 150 Milliarden pro Jahr. Die Zinsen allein sind dann doppelt so hoch wie das gesamte reale Volkseinkommen. Es besteht kein Zweifel, dass Schulden in dieser Höhe «unvernünftig» wären. Aber selbst in diesem phantastischen Fall stellt die Zinszahlung für die Gesellschaft keine Last dar. Obwohl das reale Einkommen nur 150 Milliarden beträgt, beträgt das Einkommen in Geld gemessen 450 Milliarden – 150 Milliarden in Einkommen aus der Produktion von Gütern und Dienstleistungen und 300 Milliarden in Zinseinkommen aus Staatsanleihen, die die Staatsverschuldung ausmachen. Von diesem Geldeinkommen von 450 Milliarden muss der Staat 300 Milliarden als Steuern für Zinseinkommen einsammeln (sofern 10 Billionen Dollar das gesetzliche Schuldenlimit sind), aber nach Zahlung dieser Steuern bleiben 150 Milliarden Dollar in den Händen der Steuerzahler, und das ist ausreichend, um für alle Güter und Dienstleistungen zu bezahlen, die die Volkswirtschaft produzieren kann. Tatsächlich würde man dem privaten Sektor nichts Gutes tun, würde man ihm mehr Nettoeinkommen nach Steuern überlassen, denn wenn die Kaufkraft mehr als 150 Milliarden betragen würde, würde das nur die Preise der gekauften Güter erhöhen. Der private Sektor wäre nicht im Stande, mehr an Gütern zu erwerben als das Land zu produzieren im Stande ist.

Der Kern des Arguments von Lerner wird verständlich, wenn man sich die von ihm unterstellte Theorie für die Funktionsweise von Wirtschaft verdeutlicht. In der Wirtschaftswelt Lerners – der Welt der Keynesschen «Globalsteuerung» – ist die Höhe der Nachfrage die zentrale Größe der Wirtschaftspolitik. Ziel der Wirtschaftspolitik ist es, die Höhe der Nachfrage auf die Größe des Produktionspotentials der Wirtschaft bei Vollbeschäftigung zu trimmen. Andere Aspekte sind dem Ziel einer optimalen Nachfrage nachgelagert. Und kreditfinanzierte staatliche Ausgaben spielen bei der Steuerung der gesamtwirtschaftlichen Nachfrage eine wichtige Rolle.

Die Kernidee der Globalsteuerung ist, dass Staatsausgaben unmittelbar die Nachfrage in genau gleichem Umfang erhöhen, während die staatlichen Kredite, die der Staat hierfür aufnehmen muss, im privaten Bereich die Nachfrage um weniger als diesen Betrag reduzieren. So kommt es zunächst zu einer Erhöhung der Gesamtnachfrage. Dieser Primärimpuls führt zu einem höheren Gesamtangebot, was wiederum privates Einkommen schafft, von dem wiederum ein Teil in Konsum umgesetzt wird und so fort, so dass fast eine Art Perpetuum mobile entsteht, bei dem sich die Staatsverschuldung im günstigsten Fall über Wachstumseffekte sogar selbst finanziert. Fragen der Finanzierung der Zinsen für die Staatsschuld sind dabei zweitrangig. Und sollte die Selbstfinanzierung nicht klappen, dann muss der Staat die Zinseinnahmen so weit durch Steuern abschöpfen, dass das verbleibende Volkseinkommen nach Steuern genauso groß ist, dass es eine Nachfrage in gewünschter Höhe entfaltet: so groß soll die Nachfrage sein, dass das Produktionspotential bei Vollbeschäftigung genau ausreicht, diese Nachfrage zu befriedigen. Diese Nachfrage soll sich dann das Angebot an Gütern und Dienstleistungen schaffen. Das wiederum führt zu Vollbeschäftigung. So schafft der Staat durch einen geeigneten Mix aus Steuern und Staatsverschuldung gerade die gewünschte Nachfrage, die dann das gewünschte Angebot bzw. Vollbeschäftigung nach sich zieht. Wenn die Staatsverschuldung im Laufe dieses Prozesses auf astronomische Höhen steigt, dann ist das eben so und gar kein Problem.

Die Überlegungen, die hier etwas holzschnittartig wiedergegeben werden, waren von großem wirtschaftspolitischen Einfluss. In seiner Bedeutung hat dieses wirtschaftspolitische Weltbild mittlerweile an Einfluss verloren. Dafür sind verschiedene Kritikpunkte verantwortlich.

Jedem Euro, den der Staat an Zinsen zahlt, steht irgendwo in der Welt ein Euro an Zinseinnahmen gegenüber. Das stimmt und beschreibt den simplen buchhalterischen Zusammenhang, wonach eine Buchung irgendwo im System eine Gegenbuchung verlangt. Sozusagen das buchhalterische Äquivalent des Energieerhaltungssatzes der Thermodynamik. Trotzdem ist es für den Staat keine realistische Option, einfach immer mehr Schulden zu machen und diese Zinseinnahmen einfach als Steuern einzusammeln. Lerners «we owe it to ourselves» ist, denkt man rein in den Kategorien eines Buchhalters, zwar nicht falsch, aber wirtschaftspolitisch bedeutungslos. Es ist nicht gleichgültig, ob sich beim Staat Vermögen und Ansprüche oder Schulden anhäufen, weil der Staat nicht beliebig und vor allem nicht kostenfrei zwischen Staat und dem privaten Sektor umverteilen kann. Drei Aspekte sind besonders bedeutsam: Die ungleiche Verteilung der Ersparnisse in der Bevölkerung, die Problematik der Steuererhebung und Aspekte, die mit internationalen Kapitalmärkten zu tun haben.

Zum ersten Aspekt. Legt man die Staatsverschuldung in Deutschland um auf die Bevölkerung, entfallen auf jeden Deutschen über 20 000 Euro. Hätte jeder Deutsche Staatspapiere im Gegenwert von 20 000 Euro, könnte der Staat sich der Staatsschuld wirklich sehr elegant und mit einem Federstrich entledigen. Er könnte einfach jeden Bürger veranlassen, Staatsschuldpapiere im Gegenwert von 20 000 Euro bei einer Sammelstelle abzugeben. Das sollte die Bürger nicht einmal besonders ärgern, denn sie wüssten, dass ihnen damit zugleich die Bürde der Staatsverschuldung genommen wäre.

So ein Schritt ist offenbar nicht praktikabel, wenn das Vermögen in der Gesellschaft sehr unterschiedlich verteilt ist, einige Staatsbürger erhebliche Vermögen zusammengetragen haben und andere privat sogar noch zusätzliche Schulden haben. In dieser Situation wird die Rückzahlung der Staatsverschuldung zu einer Verteilungsfrage. Nehmen wir noch einmal an, Herr K. ist Alleineigentümer der betreffenden Bank, bei der er einen Kleinkredit hat. Außerdem soll die Bank noch 999 andere Kunden mit einem ähnlich großen Kredit haben. Herr K. ist also ein Superreicher in dieser kleinen Gesellschaft. Kollektiv verrechnen sich die Schulden aller 1000 Kreditnehmer mit den Ansprüchen der Bank. Trotzdem würde Herr K. wohl einer allgemeinen Streichung aller Kredite nicht gern zustimmen. So ist es auch mit Staatskrediten, wenn man sich von der unrealistischen Vorstellung löst, dass alle Einwohner dieses Staats völlig gleich sind, was ihr Einkommen, Vermögen usw. angeht.

Zum zweiten Aspekt. Das Eintreiben von Steuern ist keine einfache, und vor allem keine kostenfreie Angelegenheit. Der Staat, der seinen Bürgern Steuern abnehmen will, muss damit rechnen, dass es bei den Bürgern zu Ausweichreaktionen kommt. Die Bezieher von Zins- und Dividendeneinkommen reagieren auf eine Besteuerung von solchen Einkommen beispielsweise durch eine Veränderung ihrer Ersparnis. Oder sie wandern ab in andere Länder. Oder sie verlagern ihr Kapital, oder begehen Steuerflucht und Steuerhinterziehung. Das Gleiche gilt auch für andere Formen von Steuern. Bezieher von Arbeitseinkommen beispielsweise reagieren auf höhere Lohnsteuern durch Veränderungen in ihrem Arbeitsangebot. Oder sie verzichten darauf, Zeit und Geld in eine gute Ausbildung zu stecken, weil ihnen die höheren Einkommen, die sie damit erzielen könnten, ohnehin wegbesteuert werden. Ähnliche Ausweichreaktionen lassen sich für praktisch alle relevanten Formen der Besteuerung beschreiben. Diese Ausweichreaktionen verringern in der Regel das Produktionspotential und führen die Ökonomie auf einen anderen, meist schwächeren Wachstumspfad. Beispielsweise unterbleiben Investitionen, wenn die besteuerten Erträge aus der Investition den Investor für seinen Aufwand, sein Risiko und seine Geduld nicht mehr ausreichend entschädigen.

Ausweichreaktionen machen die Steuereintreibung zu einem kostspieligen und verlustreichen Geschäft. Die Unterhaltung einer Finanzbehörde kostet eine Menge Geld. Auch die Steuerzahler haben Kosten bei der Erstellung von Steuererklärungen und der Erfüllung ihrer Rechenschaftspflichten, etwa der Aufzeichnung wirtschaftlicher Vorgänge. Außerdem verändern Steuern das Verhalten der Steuerzahler. Gelegentlich setzen Investoren mehr Millionen in den Sand von Steuersparmodellen, als sie damit an Steuern sparen. Wohlstand geht durch Steuern nicht zuletzt da verloren, wo Steuerzahler wirtschaftlich eigentlich sinnlose aber kostspielige Aktivitäten betreiben, nur weil sie dadurch persönlich weniger Steuern zahlen. Für den einzelnen Steuerbürger lohnt es sich, bis zu 99 Euro und 99 Cent an Kosten aufzuwenden, wenn es damit gelingt, eine Steuerersparnis von 100 Euro zu erzielen. Wenn ein findiger Steuerberater beispielsweise seine Arbeitszeit im Gegenwert von 99 Euro einsetzt und so eine Steuerlücke findet, mit der sich 100 Euro Steuern sparen lassen, dann hat der Steuerzahler immerhin 1 Euro mehr in der Tasche. Für die Volkswirtschaft als Ganzes entsteht dabei aber ein Verlust von fast 100 Euro: denn im Unterschied zu dem Aufwand von fast 100 Euro, der niemandem wirklich nutzt, hätte die Steuerzahlung von 100 Euro den Staat in die Lage versetzt, für 100 Euro Gutes zu tun.

Bei solchen Steuersparaktivitäten, sei es die Beschäftigung von Steuerberatern oder die Erfindung und Administration komplizierter, aber steuerlich vorteilhafter Unternehmenskonstruktionen, entstehen also echte volkswirtschaftliche Kosten. Finanzwissenschaftler nennen die wirtschaftlichen Einbußen, die durch Steuern entstehen und die reinen Vermögensentzugseffekte der Besteuerung übersteigen, gerne «Zusatzlasten der Besteuerung». Sie beziffern diese Kosten je nach Steuer auf eine Höhe, die mitunter größer sein kann als die tatsächlich abgeführten Steuern.[122]

Denken wir noch einmal an das Beispiel von Abba P. Lerner, der die Privatwirtschaft einfach um den gesamten Betrag der Zinserträge von 300 Mrd. Dollar erleichtern möchte, um so die von ihm gewünschte gesamtwirtschaftliche Nachfrage zu erzeugen (genauso groß wie das Produktionspotential von 150 Milliarden Dollar in seinem Beispiel). Die Besitzer der Staatsschuldanleihen würden wohl vorhersehen, dass der Staat ihnen praktisch den gesamten Zinsertrag wegnehmen wird. Sie würden dem Staat das Geld unter diesen Bedingungen wohl gar nicht erst geben. Wie der Staat dann aber seine Staatsschuld weiter finanziert, wenn die privaten Kreditgeber in Streik treten, darüber schweigt Lerner in seinem Beispiel. Hier wird deutlich: eine Staatsschuld, die über alle Grenzen wächst, stößt auf Finanzierbarkeitsgrenzen.

Ausweichreaktionen, mit denen die Steuerzahler auf Steuern reagieren, beschränken auch das maximale Ausmaß, in dem der Staat zu einem bestimmten Zeitpunkt Steuern von seinen Steuerbürgern einziehen kann. Das Ausmaß an Lohnsteuern, das ein Staat realistisch betrachtet maximal einsammeln kann, ist wahrscheinlich nur ein kleiner Bruchteil des Betrags, der als gesamtes Arbeitseinkommen entstünde, wenn der Staat gar keine Einkommensteuer erhebt. Spätestens bei Steuersätzen in der Größenordnung von 80 bis 90 Prozent werden sich viele Arbeitnehmer überlegen, ob sie überhaupt noch Arbeit suchen und Geld verdienen sollen, da der Nettolohn bei solchen Steuersätzen nicht mehr über den Mindesteinkommensgrenzen liegt, die das Grundgesetz den Bürgern als Existenzminimum zusichert. Ähnliches gilt für die Anreize, sich für besser bezahlte Berufe auszubilden, oder unangenehmere, aber besser bezahlte Jobs anzunehmen.

Zum dritten Aspekt. Staatspapiere werden nicht nur von einheimischen Staatsangehörigen gehalten, sondern auch von Ausländern. Solange die Welt aus vielen souveränen Staaten besteht, muss man sich also spätestens an diesem Punkt von der Vorstellung verabschieden, die Staatsverschuldung sei ein Posten, der im Aggregat der Volkswirtschaft verschwindet, weil sich wie in einer Großfamilie mit Kreditbeziehungen der Familienmitglieder untereinander die Schulden eines Familienmitglieds mit denen anderer Familienmitglieder verrechneten.

8. Ewiges Leben und die Münchhausen-Lösung, oder: Zins versus Wachstumsrate

Herr K., der unscheinbare Bankkunde mit seinem Kühlschrankkleinkredit lebt nur eine begrenzte Zeit. Seine Schulden kann er nicht seinen Kindern vererben. Früher mussten Kinder noch für die Schulden der Eltern haften – im Mittelalter konnte ein Kind sogar ins Schuldengefängnis geworfen werden, wenn seine Eltern mit Schulden starben.[123] Herr K. kann sein Erbe heutzutage zwar noch mit Schulden beladen, aber seine Nachfahren können das Erbe ausschlagen. Und Erben tun das in der Regel, wenn der Nachlass netto, nach Abzug der Schulden, nicht mehr positiv ist. Banken achten daher bei der Kreditvergabe darauf, dass die Tilgung von Darlehen zu Lebzeiten erfolgen kann, und sie werden sich entweder an Vermögensgegenständen oder durch eine Lebensversicherung gegen den frühen Tod eines Schuldners absichern. Es ist schon deshalb für Herrn K. nicht denkbar, dass er seine Schulden nebst Zinsen und Zinseszinsen immer wieder durch die Aufnahme neuer Kredite bezahlt.

Für die deutsche Regierung ist die Situation eine andere. Die deutschen Staatsschulden sind nicht die Schulden einer Regierung, deren Laufzeit mit dem Regierungswechsel endet. Es sind die Schulden «der Bundesrepublik Deutschland», oder der jeweiligen Bundesländer. Die Bundesrepublik Deutschland und die Bundesländer sind Körperschaften des öffentlichen Rechts. Sie leben im Prinzip unendlich lange. Ein Staat wie Deutschland hat immerwährenden Bestand, sieht man einmal von gelegentlichen Revolutionen, dem Hunnensturm oder Meteoriteneinschlägen ab. Und selbst wenn es zu grundlegenden Veränderungen kommt, wie Deutschland sie mit dem Entstehen der Weimarer Republik erlebt hat, oder mit dem Ende des Dritten Reichs oder dem Ende der Deutschen Demokratischen Republik, dann gibt es einen Rechtsnachfolger der alten Regierung. Dieser Rechtsnachfolger erbt in aller Regel den Schuldenbestand der Vorgänger.

Die «Unsterblichkeit» des Staats macht wirklich einen substanziellen Unterschied aus zwischen einem Staat und Herrn K. Die Bundesrepublik Deutschland kann im Grunde einen Kredit aufnehmen und die Schuld Jahre und Jahrzehnte später durch einen neuen Kredit begleichen. Sie kann diese neuen Schulden durch einen erneuten Kredit Jahre später bedienen, und so fort.

Kann ein Staat so seine Schulden immer wieder umschulden und die Schulden letztendlich wirklich niemals zurückzahlen? Tatsächlich funktioniert die Staatsverschuldung zum Teil nach diesem Prinzip. Der Staat leiht sich das Geld in der jeweiligen Periode in der Regel, indem er Anlegern festverzinsliche Wertpapiere mit einer Laufzeit von einigen Monaten oder Jahren verkauft. Ganz konkret befasst sich mit dieser Anschlussfinanzierung die «Bundesrepublik Deutschland – Finanzagentur». Das klingt modern und unschuldig. Früher hatte die Finanzagentur den ehrlicheren Namen «Bundesschuldenverwaltung». Die Finanzagentur hat in ihrem Angebot sogenannte unverzinsliche Schatzanweisungen mit einer Laufzeit von sechs Monaten, unverzinsliche Schatzanweisungen mit einer Laufzeit von zwölf Monaten, Bundesschatzanweisungen mit einer Laufzeit von zwei Jahren, Bundesobligationen mit einer Laufzeit von fünf Jahren, Bundesanleihen mit einer Laufzeit von zehn Jahren und mit einer Laufzeit von dreißig Jahren, sowie sogenannte inflationsindexierte Bundeswertpapiere, Anleihen in Fremdwährungen, Finanzierungsschätze, Bundesschatzbriefe, Tagesanleihen und Schuldscheindarlehen.

Im September 2009 beispielsweise betrug der Anteil der Bundesanleihen 57 Prozent und der Anteil der Bundesobligationen 16,9 Prozent[124]. Das zeigt, dass die Bundesschulden überwiegend durch Wertpapiere mit verhältnismäßig langer Laufzeit finanziert sind. Die Zinsen fallen während der Laufzeit an, und nach deren Ende zahlt der Staat dem Kreditgeber den geliehenen Betrag zurück. Gleichzeitig verkauft der Staat ungefähr in gleichem Umfang neue Staatsschuldpapiere an neue Gläubiger. Er benutzt das Geld aus dem Verkauf der neuen Papiere zur Begleichung seiner alten Schulden. Der Umfang dieser Transaktionen ist beträchtlich. Die Finanzagentur plante im Dezember 2009 für das Jahr 2010, Staatsschuldtitel im Umfang von 343 Mrd. Euro an Kreditgeber zu verkaufen.[125] Das ist ein Betrag, der viel größer ist als die geplante Nettokreditaufnahme des Bundes.

Wenn der Staat seine alten Schulden einfach durch die Aufnahme neuer Schulden bedienen kann, könnte er auf die Idee kommen, nicht nur den Betrag der Schuld selbst durch einen neuen Kredit zu finanzieren. Er könnte daran denken, auch die Zinsen auf den alten Kredit durch einen entsprechend größeren Kredit zu finanzieren, und bei der nächsten Zahlung von Zins und Tilgung einfach noch mehr Kredit aufzunehmen. Sollte das auf ewige Zeiten möglich sein, dann wäre das so eine Art Perpetuum mobile: Der Staat könnte sich einfach neue Finanzmittel besorgen, ohne dafür jemals belastet zu werden. Mit den zusätzlichen Finanzmitteln könnte der Staat seinen Bürgern Gutes tun. Genuss ohne Reue, sozusagen, oder Schulden ohne Sühne. Die Schulden nebst Zinsen und Zinseszinsen würden einfach unendlich weit in die Zukunft verlagert. Aber kann das funktionieren? Der Vorgang klingt faszinierend, aber auch ein wenig wie eine Geschichte aus *Alice im Wunderland* oder eine der Phantasiegeschichten des Barons von Münchhausen.

Aus der Privatwirtschaft kennen wir Schneeballsysteme wie das des

Trickbetrügers Charles Ponzi (1882–1949).[126] Das englische Wort für Schneeballsystem ist nach ihm benannt: «Ponzi scheme». Ponzi hat Anleger überredet, ihm angeblich unglaublich profitable Anteile an seinem Geschäft mit internationalen Postantwortcoupons abzukaufen. In Wahrheit war das Postantwortcoupongeschäft recht unbedeutend. Ponzi hat den Sparern aber hohe Gewinne als Dividenden zugewiesen, die er einfach aus neu angelegten Geldern finanziert hat. Das ging so lange gut, bis die Investoren begriffen haben, dass das Geschäftsmodell von Ponzi nicht nachhaltig ist. Der Zusammenbruch ist unausweichlich, sobald hinreichend viele Anleger ihr Geld ausbezahlt haben möchten.

Schneeballsysteme werden immer wieder erfolgreich ins Leben gerufen. Ein Beispiel ist das dem Vernehmen nach auf ähnlichen Prinzipien aufgebaute Kapitalanlagegeschäft des Investmentbankers und Bankrotteurs Bernard (Bernie) L. Madoff.[127] Das Wesen solcher Schneeballsysteme in der privaten Wirtschaft ist, dass sie irgendwann zusammenbrechen. Über kurz oder lang reichen die Zuflüsse an neuem Geld nicht aus, den alten Investoren ihre phantastischen Renditen zu zahlen, oder für die Abflüsse von Investorengeld aufzukommen, denen das Geschäftsmodell suspekt wird. Dann geht nichts mehr, das Spiel ist zu Ende und die Investoren, die ihr Geld nicht rechtzeitig abgezogen haben, teilen sich die leere Kasse.

Ob dagegen auf staatlicher Ebene ein Schneeballsystem des Schuldendiensts durch das Aufnehmen immer neuer Schulden funktionieren kann, ist keine ganz einfache Frage. Betrachten wir uns den Vorgang noch einmal etwas konkreter, um zu sehen, wo die Geschichte ihren Haken hat. Der deutsche Staat hatte zum Ende des Jahres 2009 einen Betrag von fast 1700 Milliarden Schulden.[128] Die Schätzungen für die Staatsschuldenquote im Dezember 2009 betrugen 73,1 Prozent, 76,7 Prozent und 79,7 Prozent für die Jahre 2009 bis 2011.[129] Wenn der deutsche Staat ausgehend von diesem Schuldenstand des Jahres 2009 in den kommenden Jahren einen Zins von fünf Prozent pro Jahr zahlen muss und alle Zinsen und Zinseszinsen einfach durch die Aufnahme weiterer Kredite aufbringt, ansonsten aber auf die Aufnahme weiterer Kredite verzichtet, dann wächst diese Staatsschuld mit Zins und Zinseszins innerhalb der kommenden 100 Jahre von knapp 1700 Milliarden auf rund 253 000 Milliarden Euro an. Das ist eine aus heutiger Sicht unglaublich große Summe. Allein die jährlichen Zinsen im Jahr 2110 aus dieser Summe würden 12 970 Milliarden Euro betragen und wären damit rund 7,6 Mal so groß wie der gesamte Schuldenbestand zu Beginn des Jahres 2010 und rund fünf Mal so groß wie das deutsche Bruttoinlandsprodukt im Jahr 2010.

Müsste dieses System nicht spätestens zu diesem Zeitpunkt kollabieren? Oder könnte man den unglaublichen Betrag von 253 000 Milliarden Euro nebst der anfallenden Zinsen im Jahr 2110 einfach durch neue Kredite finanzieren? Und so für immer weitermachen? Unter Wirtschaftstheoretikern und Wirtschaftspolitikern ist heute die Auffassung weit verbreitet, dass Staatsschulden doch eine ganz erhebliche reale Last darstellen, dass die Zinslast eine reale Last ist, dass es deshalb nicht gleichgültig ist, wie hoch die Staatsschuld aktuell ist.

Wie wir bereits diskutiert haben, ist für die Tragfähigkeit von Staatsverschuldung weniger ihre absolute Höhe entscheidend, sondern ihr Verhältnis zur Wirtschaftskraft des Landes. Letztere wird meist in Form des Bruttoinlandsprodukts gemessen und das Verhältnis von Schulden zu Wirtschaftskraft als Schuldenquote bezeichnet.

In unserem Zahlenbeispiel hatten wir die Folgen für den Schuldenberg zu Beginn des Jahres 2010 betrachtet, wenn der deutsche Staat diese 1700 Milliarden Euro einfach durch immer neue Schulden finanziert. Wir hatten einen Zins von fünf Prozent pro Jahr unterstellt und festgestellt, dass so die Staatsschuld mit Zins und Zinseszins innerhalb der kommenden 100 Jahre von 1700 Milliarden auf rund 253 000 Milliarden anwachsen würde. Unterstellt man beispielsweise, dass das Bruttoinlandsprodukt Deutschlands in den kommenden 100 Jahren jährlich ebenfalls um fünf Prozent wachsen wird, dann beträgt das Bruttoinlandsprodukt im Jahr 2110 etwa 356 000 Milliarden Euro. Ausgedrückt als Anteil an der Wirtschaftskraft Deutschlands ergibt sich damit im Jahr 2110 eine Schuldenquote, die mit der Schuldenquote des Jahres 2010 haargenau identisch ist. In diesem Fall ist die gigantische Schuldensumme von 253 000 Mrd. Euro also gar nicht mehr so furchterregend. Im Verhältnis zur Wirtschaftskraft bleiben die Schulden gleich hoch.

Noch günstiger stellt sich die Lage dar, wenn das Wirtschaftswachstum noch höher ausfällt. Unterstellt man, dass die deutsche Wirtschaft in den kommenden 100 Jahren ausgehend von einem geschätzten Bruttoinlandsprodukt im Jahr 2010 von rund 2400 Milliarden Euro durchschnittlich z. B. um sieben Prozent pro Jahr wächst, dann beträgt das Bruttoinlandsprodukt im Jahr 2110 ungefähr 2 630 000 Milliarden Euro. Die Schuldenquote wird dann von 2010 auf 2110 von gut 70 Prozent des Bruttoinlandsprodukts auf unter zehn Prozent sinken. Wächst die Wirtschaft des Landes also hinreichend schnell, d. h. mit einer Rate, die den Zinssatz auf die Staatsschulden übersteigt, dann kann ein Staat ganz einfach aus seinen Schulden herauswachsen. Die Schulden wachsen zwar immer weiter, und zwar um Zinsen und Zinseszinsen. Aber gemessen an der Wirtschaftskraft und der Größe des staatlichen Haushalts werden diese Schulden zu einem vernachlässigbar kleinen Prozentsatz.

Leider gibt es neben den zwei beschriebenen Fällen noch den dritten Fall. Dieser Fall ist in der realen Welt, in der wir leben, vielleicht besonders plausibel. In diesem Fall sind die Wachstumsraten der Wirtschaftskraft im Durchschnitt dauerhaft niedriger als der Zins, der für Staatsschulden gezahlt werden muss. Unterstellt man in dem Rechenbeispiel einmal, dass das Wachstum der Wirtschaftskraft Deutschlands ausgehend von dem Schätzwert für 2010 in den darauffolgenden 100 Jahren durchschnittlich nur drei Prozent pro Jahr beträgt, dann wächst das Bruttoinlandsprodukt bis zum Jahr 2110 auf «nur» rund 48 200 Milliarden Euro. Bei unveränderter Entwicklung der Staatsschulden ergibt sich in diesem Beispiel für das Jahr 2110 dann eine Schuldenquote von deutlich über 500 Prozent. Das ist eine höhere Schuldenquote, als sie die USA oder Großbritannien nach dem Zweiten Weltkrieg hatten, mehr als doppelt so hoch wie die gemeinhin als sensationell hoch betrachtete Staatsschuldenquote in Japan und ein Vielfaches der Schuldenquote von Griechenland, die das Land an den Rand des Staatsbankrotts gebracht hat.

Zusammenfassend lässt sich sagen: die unendliche Lebensdauer des Staats macht eine Münchhausen-Lösung der dauerhaften Finanzierung von Staatsverschuldung durch Staatsverschuldung zu einer denkbaren Möglichkeit. Der Staat finanziert dabei seine Schulden und die laufenden Zinsen einfach durch die Ausgabe immer neuer Schuldverschreibungen. Dabei wächst ihm die Schuldenquote nur dann über den Kopf, wenn der Zins, den er auf seine Schulden zahlen muss, dauerhaft höher ist als die durchschnittliche Rate, mit der das Bruttosozialprodukt wächst.

Ökonomen haben argumentiert, dass dieser Fall schon aus theoretischen Gründen leider weniger relevant ist. Ein solches Schneeballsystem kann zum Beispiel zu Fall gebracht werden, wenn die Wachstumsrate und der Zins teilweise unabhängigen Zufallseinflüssen unterliegen. Außerdem sind einem Schneeballsystem auf staatlicher Ebene aus theoretischer Sicht Grenzen gesetzt, wenn die Wirtschaft zum Teil mit Produktionskapital arbeitet, das sich nicht beliebig vermehren lässt – wie etwa Ackerland.[130]

Und tatsächlich kommt die Münchhausen-Lösung in der Praxis selten vor, zumindest nicht im Deutschland der vergangenen Jahrzehnte. So zeigt der Sachverständigenrat in seiner Expertise «Staatsverschuldung wirksam begrenzen», dass die Umlaufrendite festverzinslicher Anleihen der öffentlichen Hand mit einer Laufzeit von neun bis zehn Jahren seit 1980 über der nominalen Wachstumsrate des Bruttoinlandsprodukts gelegen hat.[131] Weiter zurückgeblickt: Die damalige Bundesrepublik hatte im Jahr 1960 eine Schuldenquote von rund 20 Prozent (vgl. auch Abbildung 3 in Teil I). Hätte Deutschland diese Schuld und die Zinsen durch die Ausgabe immer neuer Staatsschuldtitel zu den dann herrschenden Marktbedingungen finanziert, dann wäre aus einem Euro Schulden im Jahr 1960 ein Schuldenbetrag von 35,9 Euro geworden.[132] Gleichzeitig ist das Bruttoinlandsprodukt pro Einwohner von 2792 auf geschätzt 30 145 im Jahr 2010 gestiegen (jeweils in laufenden Preisen).[133] Es ist also nominal um den Faktor 10,8 gewachsen. Damit hätte sich die Schuldenquote als Anteil des Pro-Kopf-Bruttoinlandsprodukts von 20 Prozent auf 66,5 Prozent erhöht. Das Beispiel illustriert, dass in den vergangenen 50 Jahren der Zins insgesamt deutlich höher war als die nominale Wachstumsrate der Wirtschaftskraft. Auf die Münchhausen-Lösung sollten wir also nicht hoffen.

9. Generationengerechtigkeit und Umverteilung

In der Politik geht es häufig um Verteilungsfragen. Auseinandersetzungen gibt es dabei zwischen Rentnern und Beitragszahlern, zwischen Familien mit Kindern und Personen ohne Kinder, zwischen chronisch Kranken und Gesunden, zwischen Armen und Reichen und zwischen den Beziehern unterschiedlicher Formen von Einkommen – etwa denen, die von den Renditen und Zinsen ihrer Ersparnisse leben, den Unternehmern, die mit diesem Kapital und ihrem Einfallsreichtum Profite erwirtschaften wollen, und den Arbeitnehmern, die davon leben, ihre Arbeitskraft zu verkaufen. Staatsverschuldung spielt in diesen Verteilungskonflikten eine ganz entscheidende Rolle.

Wird heute ein Staatskredit aufgenommen und verausgabt, profitieren davon unmittelbar einzelne Personengruppen. Von Rentenerhöhungen beispielsweise profitieren die Rentner. Vom Bau einer Autobahn profitieren Autofahrer und die Bauindustrie. Vom Kauf zusätzlicher Panzer profitieren Rüstungsbetriebe. All diese Ausgaben kann man mit einem Staatskredit finanzieren. Den Schuldendienst für diesen Kredit müssen typischerweise nicht die heutigen Rentner, die Bauindustrie oder die Rüstungsbetriebe zahlen. Die Kosten entstehen, sind aber nicht so genau zugeordnet. Anders als bei der Finanzierung von öffentlichen Leistungen durch Gebühren oder Abgaben, die wie beispielsweise die Müllabfuhrgebühr relativ zielgenau von den Empfängern der staatlichen Leistungen erhoben werden können, ist der Zusammenhang zwischen Leistung und Zahllast bei einer Finanzierung durch Staatskredite viel ungewisser. Die Art der Steuern, mit denen diese Kredite später verzinst oder gar getilgt werden, steht bei der Entscheidung über die Verwendung des Staatskredits noch nicht einmal fest.

Bei einer Finanzierung staatlicher Leistungen durch Staatskredite entsteht auch eine zeitliche Verschiebung zwischen dem Zeitpunkt, in dem die öffentliche Leistung erbracht wird, und dem Zeitpunkt der Zahllast. Verlagert Staatsverschuldung deshalb Zahllasten für staatliche Leistungen von den Schultern derer, die jetzt leben, auf die Schultern unserer Kinder und Enkel? Wenn der Staat heute einen Kredit aufnimmt, das Geld unter den heute lebenden Bürgern verteilt und in hundert Jahren die Bürger dafür zur Kasse bittet, dann sieht das zunächst einmal aus wie solch eine Umverteilung zu Gunsten der lebenden Generationen und zu Lasten der Personen, die in hundert Jahren leben. Deshalb wird Staatsverschuldung gern mit Fragen der Generationengerechtigkeit in Verbindung gebracht.

Tatsächlich ist das Thema Generationengerechtigkeit im Zusammenhang mit Staatsverschuldung in aller Munde. Die heute Lebenden bestimmen die Politik und unsere Kinder und Kindeskinder sitzen nicht am Tisch der Entscheidungsträger, so lautet das gängige Argument. Auf dem Umweg über die Staatsverschuldung können die heute Lebenden ihren Kindern also doch Schulden vererben. Hierzu müssen sich in der Gegenwart nur die politischen Mehrheiten finden, denen das Wohlbefinden unserer Kinder und Kindeskinder nicht so wichtig ist und mit denen eine solche Schuldenpolitik gemacht werden kann. Die Kreditmärkte müssen außerdem bereit sein, die entsprechenden Staatsschuldpapiere zu erwerben. Durch die Alterung der Gesellschaft verschieben sich die politischen Mehrheiten zu Gunsten der Alten. Das gibt, wie häufig angemerkt wird, den Interessen der Alten in unserer Gesellschaft ein immer weiter wachsendes politisches Gewicht.

Streng genommen muss man zudem unterstellen, dass die Kindergeneration bereit ist, die Staatsschulden zu honorieren, die ihre Eltern gemacht haben. Sie könnten im Prinzip ja auch politisch einfach entscheiden, dass die Elterngeneration ihnen da Unzumutbares aufbürdet, und die Rückzahlung schlicht verweigern. Von dieser Möglichkeit wollen jedoch wir einmal absehen.

Auch in der Politik wird die Problematik der Generationengerechtigkeit in Verbindung mit Staatsverschuldung ernst genommen. Politiker, die sich für eine Konsolidierung der Staatsfinanzen einsetzen, werden nicht müde zu betonen, wie ungerecht es ist, unseren Kindern die Last einer riesigen Staatsverschuldung zu vermachen. Das kam in den zitierten Redeausschnitten der Finanzminister bereits zum Ausdruck. Wir zitieren noch einmal Hans Eichel:

> Wachsende Staatsschulden engen den Handlungsspielraum künftiger Generationen ein. Wir verfrühstücken im wahrsten Sinne des Wortes heute die Gestaltbarkeit zukünftiger Politik, wenn unsere heutige Politik nicht nachhaltig ist. Nachhaltigkeit ist Generationengerechtigkeit. Sie bezieht die Lebensmöglichkeiten künftiger Generationen in unsere heutige Politik ein.[134]

Verblüffend ähnlich die Worte Peer Steinbrücks:

> Wir schulden unseren Kindern und Enkeln jede Anstrengung für tragfähige, solide und verlässliche öffentliche Finanzen. Wir wissen, was auf unsere Kinder und Enkelkinder zukommt. Auch in dieser Hinsicht wäre es im Augenblick falsch, die Tatsache zu ignorieren, dass wir bald 1500 Milliarden Euro Schulden mit uns herumschleppen. Wie sollten wir unseren Kindern in zehn oder 20 Jahren erklären, dass wir dies alles im Jahre 2006 zwar wussten, dass es uns aber egal war und dass wir noch nicht einmal unter den günstigeren Bedingungen eines Aufschwungs die Kraft hatten, die Wünsche der gegenwärtig in der Verantwortung stehenden Generation gegen die berechtigten Zukunftsinteressen unserer Kinder und Enkelkinder gegebenenfalls zurückzuweisen?[135]

Auch das Gremium, in dem sich die Finanzminister von Bund und Ländern zur Besprechung von Haushaltsfragen treffen, der Finanzplanungsrat, bekennt sich gerne zur Generationengerechtigkeit: «Die strukturelle Konsolidierung der öffentlichen Haushalte ist für eine nachhaltige Finanzpolitik und mit Blick auf die Generationengerechtigkeit unabdingbar. Bund, Länder und Kommunen werden daher mittelfristig ihre Konsolidierungsanstrengungen deutlich verstärken.» [136]

Unter dem Blickwinkel der Generationengerechtigkeit sprechen sich prominente Vertreter ganz unterschiedlicher Gruppen für eine Begrenzung der Staatsverschuldung aus. Das gilt auch für die Kirchen und Parteien.[137] Im Hamburger Programm der SPD ist auf S. 46 zu lesen:

Eine solide Finanzpolitik heißt für uns, dass wir heute nicht auf Kosten zukünftiger Generationen leben. Allerdings darf die Konsolidierung der öffentlichen Haushalte nicht dazu führen, dass wir der kommenden Generation eine marode Infrastruktur hinterlassen. Unsere Verpflichtung gegenüber kommenden Generationen bedeutet: Wir müssen die Verschuldung der öffentlichen Haushalte senken und gleichzeitig mehr Geld in Bildung, Forschung und Infrastruktur investieren.[138]

Im gemeinsamen Regierungsprogramm 2009–2013 von CDU und CSU steht auf Seite 16:

Eine Politik der soliden Finanzen entspricht dem Prinzip der Generationengerechtigkeit, denn die Schulden von heute sind die Steuern von morgen. Die Staatsschulden haben eine Höhe erreicht, bei der die Rückführung der Neuverschuldung und der Beginn der Tilgung zu der zentralen Frage der Generationengerechtigkeit geworden sind. Nicht nur das Wohl unserer Generation darf uns interessieren. Wir sind auch dem Wohl der Kinder von heute und dem Wohl noch nicht geborener Generationen verpflichtet.[139]

Die FDP schreibt in ihrem Wahlprogramm 2009:

Ein Konzept für eine gerechte Steuer muss mit der Konsolidierung der Staatsfinanzen verbunden sein. Sowohl eine Steuerstrukturreform als auch die Konsolidierung der Staatsfinanzen sind gleichwertige politische Ziele. Sie stehen nicht im Widerspruch, sondern sind zwei Seiten einer Medaille. Es ist eine zentrale Frage von Generationengerechtigkeit, dass jede Generation ihre Aufgaben aus eigener Kraft bewältigt. Es ist unverantwortlich, unseren Kindern immer höhere Schuldenberge zu hinterlassen.[140]

Bündnis 90/Die Grünen schreiben im Wahlprogramm für die Bundestagswahl 2009:

> Die notwendigen politischen Antworten auf die Wirtschaftskrise bedeuten eine große finanzielle Belastung für die öffentlichen Haushalte. Ein Neuer Gesellschaftsvertrag verlangt, dass diese Kosten nicht allein den kommenden Generationen aufgebürdet werden.[141]

Die ausufernde öffentliche Verschuldung wird parteiübergreifend als Gerechtigkeitsproblem zwischen Generationen begriffen. Und dass öffentliche Schulden finanzielle Lasten von heutigen auf künftige Generationen verlagern, scheint auf den ersten Blick eine klare Sache zu sein. Ein zweiter Blick lohnt sich jedoch und eröffnet Überraschendes.

Ob Staatsschulden finanzielle Lasten zwischen den Generationen umverteilen, hat Wirtschaftswissenschaftler seit über hundert Jahren beschäftigt. Der Nationalökonom David Ricardo beispielsweise hatte da schon vor fast 200 Jahren seine Zweifel. Angenommen, der Staat baut im Jahr 2011 eine Brücke, die zehn Milliarden Euro kosten soll. Die Regierung kann diese Investition einfach durch höhere Steuern im Jahr 2011 finanzieren. Das ist die Finanzierungsvariante A. Alternativ dazu kann die Regierung heute zehn zusätzliche Milliarden Euro an Krediten aufnehmen und diese Kredite nebst Zinsen in fünfzehn Jahren zurückzahlen, indem sie die Steuern nebst Zinsen erst in fünfzehn Jahren erhebt, und zwar von den gleichen Personen, die andernfalls die Brücke durch Steuern im Jahr 2011 finanziert hätten. Das ist die Finanzierungsvariante B. Die Abgabenlast trifft in beiden Finanzierungsvarianten die gleiche Gruppe von Personen. Eine Lastenverschiebung zwischen den Generationen findet in dem beschriebenen Beispiel praktisch gar nicht statt. Auch die betroffenen Steuerzahler sollten beide Finanzierungsvarianten gleich gut finden. Das sieht man daran, dass sie den Übergang von der Finanzierungsvariante A zur Finanzierungsvariante B einfach dadurch neutralisieren können, dass sie in der Variante B im Jahr 2011 ein Sparkonto eröffnen und dort den Betrag einzahlen, den sie bei der Variante A im Jahr 2011 gezahlt hätten. Bis zum Jahr 2026 ist der angelegte Betrag dann durch die Zinsen genau um so viel gewachsen, dass sie mit diesem Betrag die Steuern im Jahr 2026 bezahlen können. Schulden von heute sind die Steuern von morgen, so heißt es zur Beschreibung dieses Zusammenhangs.

Nun geht es bei der Staatsverschuldung um größere Zeiträume als zehn oder zwanzig Jahre. Wie sieht es mit der Verschiebung von Lasten zwischen den Generationen aus, wenn der Staat einen Kredit heute aufnimmt, der erst in einhundert Jahren getilgt werden soll? In diesem Fall sind es ganz überwiegend nicht die gleichen Personen, die den Nutzen aus dem Staatskredit heute haben, und die mit ihren Steuern für den Kredit in einhundert Jahren aufkommen. Dann gibt es also doch die so oft behauptete Verschiebung der Zahllast von heutigen auf zukünftige Generationen?

Der amerikanische Ökonom Robert Barro ist dieser Frage genauer nachgegangen und bezweifelt, dass es zu einer Verschiebung der Zahllast auf künftige Generationen kommt.[142] Barros Gedankengang lässt sich an den Entscheidungsproblemen unseres bereits mehrfach bemühten Herrn K. nachzeichnen. Herr K. ist stolzer Vater eines Sohns S. , den er wirklich gern hat. Er wünscht sich, dass es S. einmal gut geht, ja vielleicht sogar, dass es ihm «einmal besser geht». Je besser es S. geht, desto besser fühlt sich auch Herr K. Und deshalb überlegt Herr K. ob er seinem Sohn eine Erbschaft hinterlassen soll.

Nehmen wir konkret an, dass Herr K. ein wohlhabender Mann mit einem Vermögen von zwei Millionen Euro ist. Sein Sohn soll es mit seiner eigenen Hände Arbeit auf Einkünfte in seinem ganzen Leben in Höhe von insgesamt immerhin eine Million bringen. Mit seiner klugen Frau bespricht Herr K. daher die Frage: Wie viel Geld sollen wir unserem S. vererben? Die beiden überlegen: Wir müssen unser ganzes Vermögen aufteilen. Was wir nicht selbst konsumieren, vererben wir an S. und was wir nicht vererben, wollen wir selbst verbrauchen. Verbrauchen wir unsere zwei Millionen selbst, dann muss S. mit seinem selbst verdienten Geld auskommen. Vererben wir eine halbe Million, bleiben für unseren Konsum nur eineinhalb Millionen.

Lass uns das Vermögen so aufteilen, dass wir mit dieser Aufteilung gerade selbst zufrieden sind, sagt Herrn K.s Frau. Gut, sagt Herr K., aber wann ist das der Fall? Das ist dann der Fall, wenn wir unser eigenes Wohl nicht mehr dadurch erhöhen können, dass wir die Erbschaft weiter erhöhen oder senken, sagt sie. Herr K. schaut sie ungläubig an. Und wie können wir da sicher sein?, fragt er sie. Nun, das können wir durch folgendes Gedankenexperiment klären. Wenn wir eine Aufteilung gefunden haben, stellen wir uns vor, dass uns jemand überraschend zehntausend Euro schenkt. Und dann fragen wir: Sollten wir dieses Geld lieber uns selbst zukommen lassen, oder sollten wir das Geld unserem Sohn hinterlassen? Unsere Aufteilung des Vermögens ist die richtige, wenn wir bei dieser Aufteilung nicht so genau wissen, ob wir das zusätzliche Geld selbst verbrauchen oder vererben wollen.

Nach langem Hin und Her und einigen eingehenden Beratungen kommen Herr K. und seine Frau zu dem Ergebnis: das optimale geplante Erbe ist in Höhe von 200 000; die verbleibenden 1,8 Millionen Euro wollen die beiden selbst aufbrauchen. An dem Morgen, an dem sie sich zu diesem Ergebnis durchgerungen haben, kommt Herr K. ganz aufgeregt vom Zeitungskiosk mit der Sonntagszeitung zurück. Frau, ruft er, der Staat plant ein neues Gesetz. Der Staat will riesige Schulden aufnehmen und allen Eltern, also auch uns jeweils 500 000 Euro schenken! Ist das nicht wunderbar? Wir haben 500 000 Euro mehr! Sie schaut Herrn K. an und sagt: Aber mein Lieber, wer wird diese Schulden einmal zurückzahlen? Herr K. liest weiter vor: «Der Staat plant, dass diese Schulden zurückgezahlt werden, und zwar in 50 Jahren». Oh Schreck, sagt seine Frau, dann muss unser Sohn ja in 50 Jahren 500 000 Euro plus Zinsen zahlen!

Für eine Weile wissen beide nicht mehr, ob sie sich freuen oder ärgern sollen. Das Geld, das sie heute geschenkt bekommen, muss ihr Sohn in fünfzig Jahren wieder an Steuern zahlen. Sie haben also 500 000 Euro mehr zur unmittelbaren Verfügung. Aber ihr Sohn wird entsprechend weniger zur Verfügung haben, weil er ja über seine Steuern die Staatsschulden zurückzahlen muss. Nach einer Weile sagt Herr K.s Frau: Wir müssen über die Aufteilung unseres Vermögens und die geplante Erbschaft neu nachdenken. Hat das Erbe, das wir geplant haben, bei dieser Staatsverschuldung noch die richtige Höhe? Zusammen konsumieren wir jetzt selbst nicht nur 1,8, sondern 2,3 Millionen. Unser Sohn hat 500 000 Euro weniger zur Verfügung als geplant, also 700 000.

Der Staat hat letztlich die Planungen durchkreuzt und die Aufteilung des Vermögens verändert. Herr K. und seine Frau hatten sich das so nicht vorgestellt; so viel wollten sie gar nicht für sich behalten. Gut, dass wir noch reagieren können, sagt Herr K. Wir können einfach unser geplantes Erbe um 500 000 Euro aufstocken. Die Folge ist, dass unser eigener Konsum (einschließlich des Geldes, das der Staat ihm geschenkt hat) wieder der gleiche wie ohne die staatliche Schuldenaktion ist. Und auch für den Sohn ist dann alles wie gehabt. Nach Abzug der Steuern, die er zur Schuldentilgung zahlen muss, hat er wieder das gleiche Vermögen. Diese Aufteilung war vor dem staatlichen Eingriff für Herrn K. und seine Frau gerade zu ihrer Zufriedenheit. Dann sollte sie nach der staatlichen Schuldenaktion auch wieder zufriedenstellend sein.

Die Überlegungen von Herrn K. und seiner Frau zeigen: Die Staatsverschuldung beeinflusst die Höhe der Erbschaft, die Eltern planen, denen das Wohlergehen ihrer Kinder am Herzen liegt. Diese Anpassungen der geplanten Erbschaften sind ungefähr genauso groß wie die direkten Vermögensänderungen zwischen Eltern und Kindern, die durch die Staatsverschuldung hervorgerufen werden. So werden die Wirkungen der Staatsverschuldung durch private Vermögensplanungen im Idealfall vollständig ausgeglichen. Wenn der Staat sich zu Lasten der Kinder verschuldet, dann sparen Eltern eben für ihre Kinder.

Sollte das so sein, dann würde damit das zentrale Argument hinfällig, mit dem Haushaltspolitiker und die Politik überhaupt immer wieder einen Abbau der Staatsschulden anmahnen: das Argument der Generationengerechtigkeit. Gerade dann, wenn Eltern ihre Kinder lieben und an ihrem Wohlergehen interessiert sind, gibt es sogar gar keinen Grund zur Sorge. Staatsverschuldung belastet künftige Generationen dann überhaupt nicht, weil die Eltern ihren Kindern im Umfang der Staatsverschuldung mehr Vermögen vererben. Sie reichen letztlich genau das an die Kinder weiter, was der Staat den Kindern wegnimmt, um es den Eltern zu geben. Die Überlegungen zeigen auch, dass zukünftige Generationen im Willensbildungsprozess sehr wohl repräsentiert sind, und zwar genau so weit, wie die lebenden Generationen am Wohlbefinden ihrer eigenen Kinder interessiert sind.

Aber unsere Geschichte geht noch weiter. An dem bewussten Sonntag sitzen Herr K. und seine Frau wie üblich vor dem Fernseher und lauschen den Gästen einer beliebten Talkshow. Es geht um die besagte Staatsverschuldung, über die beide bereits am Morgen gesprochen hatten. Wieder einmal räsoniert etwa die Hälfte der Gäste über Generationengerechtigkeit. Die Gesellschaft lebe auf Kosten ihrer Kinder, wird da gesagt. In der folgenden Nacht kann Herr K. nur schlecht schlafen. In einem Alptraum musste sein Sohn drei Rentner auf seiner Schulter über einen Fluss tragen, ist dabei zusammengebrochen und ertrunken. Er möchte seinem Sohn gern zu Hilfe eilen, aber mit seinem Rollator ist das nicht zu machen, und fünf andere Rentner umringen ihn und halten ihn außerdem fest. Er wacht schweißgebadet auf. Auch seine Frau wird wach und erkundigt sich, warum er nicht schlafen kann. Frau, sagt er, ich mache mir Sorgen um die Zukunft unseres Sohns. Wird es ihm wirklich gut genug gehen? Irgendwie kümmern wir uns alle viel zu sehr um uns selbst und zu wenig um unsere Kinder. Wir vererben ihm zwar etwas. Aber im politischen Prozess hat er keine Stimme. Und deshalb werden seine Interessen nicht adäquat repräsentiert. Jetzt hat man diesen Staatskredit beschlossen, der uns um 500 000 reicher machen wird und unserem Sohn, wie allen Söhnen in der Nachbarschaft, eine hohe Last aufbürden wird. Wie soll das nur werden?

Seine Frau nimmt ihn in die Arme und sagt: Aber mein Lieber, wir haben doch gerade gestern ausgemacht, dass wir auf dieses neue Gesetz zur Staatsverschuldung so reagieren, dass wir einfach eine halbe Million zusätzlich vererben. So können wir die Wirkungen des Gesetzes völlig ausgleichen. Weder wir noch unser Sohn werden durch das Gesetz besser oder schlechter gestellt! Gut, sagt Herr K. Aber trotzdem: Ich habe das Gefühl, dass wir Alten nicht genug für unsere Kinder tun. Nun ist aber gut, sagt da seine Frau. Das klingt ja völlig schizophren. Einerseits bestimmst nur Du mit Deinem Erbe darüber, wie gut es unser Sohn letzten Endes einmal haben wird. Andererseits sagst Du, dass es ihm nicht gut genug gehen wird, weil wir Alten uns nicht genug um unsere Kinder kümmern. Wenn Du gern mehr für ihn tun möchtest, kannst Du das ja tun. Bitte sehr. Aber sich zu entscheiden, das eine zu tun und gleichzeitig denken, dass das zu wenig ist, das ist einfach schizophren.

Herr K. hat eine wirklich kluge Frau. Sie hat einen Widerspruch erkannt, der unbewusst unsere gesellschaftspolitischen Debatten um Generationengerechtigkeit durchzieht. Es sind schließlich die gleichen Personen, die als Wähler oder als Abgeordnete im Parlament über Haushaltspolitik abstimmen und als Privatpersonen über das bestimmen, was sie ihren Kindern hinterlassen möchten. Es sind die gleichen Personen, die mit den gleichen Einstellungen und Werturteilen dennoch sagen, dass für die Kinder zu wenig getan wird. Aber warum sollten die gegenwärtigen Generationen das Wohlergehen zukünftiger Generationen stärker berücksichtigen, als sie dieses Wohlergehen tatsächlich berücksichtigen wollen? Wenn viele Menschen «mehr intergenerative Gerechtigkeit» fordern, dann tun sie das vielleicht, weil sie selbst meinen, dass mehr für die nachfolgenden Generationen getan werden sollte, als getan wird. Sie selbst würden, könnten sie als Politiker handeln, also mehr für die nachfolgenden Generationen tun. Die regierenden Politiker aber, davon können wir ausgehen, tun für nachfolgende Generationen ungefähr so viel, wie der gesellschaftliche Konsens oder die Mehrheitsmeinung vertritt.

Wer garantiert uns aber, dass Eltern ihre Kinder ausreichend lieben? Tatsächlich mag es Leute geben, denen das Wohl der eigenen Kinder völlig gleichgültig ist. Wenn diese Personen den demokratischen Willensbildungsprozess bestimmen, dann sind zukünftige Generationen und deren Nutzen im demokratischen gesellschaftlichen Willensbildungsprozess wirklich nicht repräsentiert. Das hätte einschneidende Konsequenzen für unsere Nachhaltigkeitsdebatte. Es stimmt dann zwar, dass die heutige Generation nicht bereit ist zu verzichten, nur damit es der künftigen Generation besser geht. Aber andererseits kann es in einer solchen Situation eigentlich keine Nachhaltigkeitsdebatte geben. Insbesondere von einer «Unterrepräsentation» zukünftiger Generationen kann nicht gesprochen werden. Eine Unterrepräsentation würden ja nur Personen feststellen, denen das Wohlbefinden der nachfolgenden Generation eben nicht egal ist. In einer Welt, in der es solche Personen gar nicht gibt, wird mangelnde Generationengerechtigkeit von niemandem beklagt. Die politischen Forderungen nach «mehr intergenerativer Gerechtigkeit» könnten in diesem Kontext gar nicht aufkommen. Wer beklagt, zukünftige Generationen seien nicht repräsentiert, der falsifiziert mit seiner Forderung nach der Berücksichtigung zukünftiger Generationen geradezu seine Behauptung. Denn mit der Aussage, dass man sich mehr Generationengerechtigkeit wünsche, offenbart man, dass einem das Wohl künftiger Generationen ja doch nicht egal ist.[143]

Die Debatte um Generationengerechtigkeit hat wohl einen ganz anderen Hintergrund. Ein Teil der Bevölkerung hat Kinder und hat diese Kinder wirklich gern. Ein anderer Teil hat keine solchen Gefühle. Zu diesem Teil gehören sicher viele Kinderlose. Mitglieder von Familien, denen das Wohl der Kinder am Herzen liegt, wissen, dass ihre Kinder die Leidtragenden höherer Staatsschulden sind. Deshalb freuen sie sich nicht, wenn der Staat höhere Schulden macht und das Geld unter den Lebenden verteilt. Personen ohne Kinder und Personen, denen ihre Kinder gleichgültig sind, freuen sich über das zusätzliche Geld, das der Staat an sie ausschüttet. Dass künftige Generationen höhere Steuern zahlen müssen, kümmert sie wenig. Zwischen diesen beiden gleichzeitig lebenden Personengruppen besteht also ein Interessenkonflikt, gerade was die Höhe der Staatsverschuldung angeht.[144]

Um bei der Familie von Herrn K. zu bleiben, mit dem der Gedanke Barros nachgezeichnet wurde, könnte man sich vorstellen, dass er und seine Frau zwei Nachbarn haben. Der eine Nachbar hat überhaupt keine Kinder, der andere Nachbar hat vier Kinder. Ein Staatskredit, der heute an die Elterngeneration ausgezahlt wird und von der Generation ihrer Kinder zurückgezahlt werden muss, trifft die drei Familien ganz unterschiedlich. Der Nachbar mit vier Kindern wird angesichts des Kredits zusammenzucken. Der Nachbar ohne Kinder wird aufatmen. Der Kinderlose muss sich über die Rückzahlung keine Gedanken machen. Für seine Familie steht dem Geldregen keine künftige Zahlung gegenüber, er hat keine Kinder, die der Staat später einmal zur Kasse bitten kann. Die Eltern der vier Kinder werden denken: Meine Kinder müssen diese Schulden abtragen. Ihre Kinder zahlen auch für den Geldsegen, der den Kinderlosen zu gute kam. Das mag die Freude an dem Geldregen deutlich mindern. Staatsverschuldung verteilt also um, und zwar zwischen denen mit wenigen oder keinen Kindern und denen mit vielen Kindern. Für Herrn K. und seine Frau, die nur ein Kind haben, ist die Wirkung eher neutral. Sie erhalten aus der aufgenommenen Staatsschuld insgesamt etwa so viel wie ihr Sohn eines Tages zurückzahlen muss.

Wenn der Staat bei seinen Bürgern Kredit aufnimmt und das Geld seinen Bürgern zu gute kommen lässt, liegt die Zahllast auch wieder bei seinen Bürgern. Die Bürger sind aber recht unterschiedlich, zum Beispiel in ihrer Lebenserwartung angeht, ihrem Einkommen und auch darin, ob und wie viele Kinder sie haben. Die Kredite des Staats und die Verteilung der Zahllast für diese Kredite treffen deshalb nicht die gleichen Personen. So lässt sich mit Staatsverschuldung zwischen unterschiedlichen gesellschaftlichen Gruppen umverteilen. So offen spricht man das nicht gerne aus. Wie schön ist es da, wenn einem in dieser politischen Auseinandersetzung so staatsmännische Worte wie «Generationengerechtigkeit» in die Hände gegeben werden. So lassen sich die eigenen Umverteilungsziele in ein Gewand kleiden, das einen selbstlosen Anschein erweckt.

TEIL III

Schuldenreform

1. Insolvenzberatung für Staaten

Wenn ein Staat hohe Kreditverpflichtungen eingegangen ist und die Einlösung dieser Verpflichtungen auf dem vereinbarten Weg der Rückzahlung schwierig wird, so muss dennoch jemand für die Schulden geradestehen. Wer dieser jemand ist, hängt davon ab, welche Sanierungswege die Politik wählt. Welche Optionen gibt es also, und wen treffen sie in welcher Form?

Um mit einer extremen Option zu beginnen: Die USA beispielsweise hatten Ende 2010 nach Schätzungen der Ratingagentur Fitch Schulden in Höhe von 12 707 717 000 000 US-Dollar. Da die nationale Regierung letztendlich die Notenpressen in der Zentralbank kontrolliert, könnte sie einfach diese Maschinen anwerfen, Geld im Umfang von knapp 13 Billionen US-Dollar zusätzlich drucken und mit diesem Geld alle Gläubiger ausbezahlen. Die gebündelten 100-Dollar-Noten in Container verpackt, könnte sich ein Schiff beispielsweise nach China in Bewegung setzen. Die USA könnte den Chinesen das Papiergeld einfach vor die Tür stellen und damit die hunderte von Milliarden an Krediten tilgen, die China den USA gegeben hat.

Tatsächlich greifen verschuldete Staaten selten zu so radikalen Maßnahmen. Vorgekommen ist das in der Geschichte natürlich schon. Beispielsweise in Frankreich. Dort hatte der Schotte John Law 1717 die Compagnie d'Occident (die «Mississippi Company») gegründet; eine Kapitalgesellschaft, die für 25 Jahre das Handelsmonopol für Louisiana bekam. Mit dem Segen des Königs wandelte Law zudem 1718 seine kurz zuvor gegründete Privatbank Banque Générale in die Banque Royale um. Der königliche Segen machte es Law einfacher, Papiergeld auszugeben, das nominell in einem festen Verhältnis gegen Silber oder gegen Edelmünzen mit Silber- und Goldanteil eingetauscht werden konnte. Er kaufte alle 26 staatlichen Münzstellen und löste auch die französische Staatsschuld ein. Man könnte auch sagen, er übernahm den Betrieb der Zentralbank des französischen Staates. Für seine Compagnie sammelte er über Kapitalerhöhungen durch die Ausgabe von Aktien immer mehr Geld ein. Später, als der Aktienkurs strauchelte, garantierte er den Rückkauf der Aktien zu einem astronomischen Kurs. Und als diese Spekulationsblase dann irgendwann platzte, zahlte er die Aktionäre mit dem Papiergeld der Staatsbank aus. Das Ende kam aber wie es kommen musste. Law ist aus Frankreich geflohen. Hinter sich ließ er einen französischen Staat mit neu geschaffenem Papiergeld, das zum Ende der Ära Law praktisch wertlos geworden war.[1]

Dass heutzutage ein Staat selten einfach die Notenpresse bedient und seine Staatsschulden mit Papiergeld oder durch eine Hyperinflation begleicht, hat mehrere Gründe. Eine Hyperinflation hat verheerende Konsequenzen für das Funktionieren der gesamten Wirtschaft. Die teilweise chaotischen Zustände im Wirtschaftsleben in Deutschland zur Zeit der Hyperinflation belegen das gut. Nicht umsonst betitelt der Historiker Gerald D. Feldman sein Buch zu dieser Phase mit dem Titel *The Great Disorder* (Die große Unordnung).[2]

Ein anderer radikaler Weg besteht darin, die Zahlung der Schulden einfach zu verweigern oder die Schulden per Dekret teilweise oder ganz zu entwerten. Nach Revolutionen war dies mitunter der Fall, wenn die neuen Machthaber die Schulden der Vorgänger nicht anerkannten. Zum Beispiel geschah das in Russland nach der Oktoberrevolution im Jahr 1918, in China im Jahr 1949 oder in Kuba 1960. Die Ratingagentur Moody's beziffert die Schulden Russlands im Jahr 1918 auf 3385 Millionen Pfund, das wären in heutiger Kaufkraft rund 122,9 Milliarden Pfund Sterling.

Der Staat kann ferner Sondersteuern erheben. Er kann z. B. eine einmalige Abgabe auf bestimmte oder alle Arten von Privatvermögen erheben. Zur Finanzierung eines Vermögensausgleichs im Zusammenhang mit den Enteignungen und Vertreibungen nach dem Zweiten Weltkrieg gab es in Deutschland solche Sonderabgaben. Zu den Ausgleichsabgaben, mit denen ein Lastenausgleich für die infolge der Vertreibungen und Zerstörungen besonders Betroffenen finanziert werden sollte, gehörten eine einmalige Vermögensabgabe, deren Zahlungspflicht jedoch auf 30 Jahre gestreckt wurde, eine Sonderabgabe auf Gewinne aus Schulden (Hypothekengewinnabgabe) und eine Sonderabgabe auf Schuldnergewinne gewerblicher Betriebe.[3]

Sonderabgaben zur Sanierung der Staatsfinanzen kommen jedoch selten zur Anwendung. Eine häufigere, besonders unauffällige Variante ist die Entwertung bestimmter Formen von Vermögen durch eine moderate Inflation.

Eine musterhafte Sanierung ist die klassische Konsolidierung: Durch eine Kombination von Ausgabensenkungen und Steuererhöhungen können Staaten mitunter die Schulden innerhalb vieler Jahre allmählich in den Griff bekommen. Und wenn auch das nicht ausreicht, kann ein überschuldeter Staat sich schließlich an andere Staaten oder die internationale Staatengemeinschaft wenden und um Hilfen bitten.

Staaten, die einen Großteil ihrer Schulden nicht in Form der eigenen Währung haben, steht allerdings nur ein Teil dieser Optionen offen. Gerade ökonomisch schwächere Länder haben oft nicht die Möglichkeit, sich in großem Stil in der eigenen Währung zu verschulden, weil die meisten internationalen Anleger keine Staatsanleihen halten möchten, die etwa auf ukrainische Hryvnia lauten. Viele Ökonomen sehen in der Verschuldung in Fremdwährung eine wichtige Ursache dafür, dass gerade Schwellenländer überdurchschnittlich häufig in Konkurs gehen. Das Phänomen ist unter dem Stichwort «original sin» – Erbsünde – in die Fachliteratur eingegangen.[4]

Ähnliches gilt auch für die Euro-Schulden von Mitgliedern der Eurozone. Der am 7. Februar 1992 in Maastricht unterzeichnete Vertrag über die Europäische Union (EU-Vertrag) trat am 1. November 1993 in Kraft. Der damit begonnene Prozess führte über drei Stufen zur Wirtschafts- und Währungsunion. In der dritten Stufe wurden die nationalen Währungen der Teilnehmerländer in eine gemeinsame Währung umgestellt. Das war der Beginn einer einheitlichen Geldpolitik durch die Europäische Zentralbank.[5] Die Staaten des Euro-Raums leihen sich an den Kapitalmärkten überwiegend Kredite in Euro. Wenn sich die Regierung Griechenlands beispielsweise in Euro verschuldet, muss sie diese Kredite in Euro zurückzahlen. Ein Euro-Staat ist also nicht in der gleichen Situation wie die USA, Großbritannien oder Japan. Selbst wenn ein Euro-Staat das wollte, könnte er nicht einfach die Notenpresse anwerfen, Euronoten im Umfang der Schulden drucken und diese Geldpakete den Gläubigern bei Fälligkeit vor die Tür stellen. Durch den Eintritt in die Währungsunion sind die Staatsschulden der Länder der Eurozone fast wie Schulden in einer fremden Währung geworden.

Die verschiedenen Entschuldungsformen haben ganz unterschiedliche Verteilungswirkungen, und damit wird die Wahl der Sanierung zu einem Politikum. Die Kapitel 2 und 3 in diesem Teil behandeln solche Fragen genauer. Kapitel 2 orientiert sich dabei an den Sanierungen nach großen

Kriegen und stellt die Frage ins Zentrum, wen die jeweilige Sanierungsmaßnahme trifft. Kapitel 3 behandelt Sanierungsmaßnahmen unter der Perspektive ihres mutmaßlichen Sanierungserfolgs. Leser können selbst bestimmen, zu welcher Bevölkerungsgruppe sie gehören, und welche Haushaltssanierung sie jeweils mehr oder weniger trifft.

Kapitel 4, 5 und 6 behandeln dann die aktuelle Problematik der Haushaltssanierung in der Eurozone. Weil sich in der Eurozone mehrere Staaten eine Währung teilen, entsteht eine besonders interessante Gemengelage. Kapitel 4 beschreibt die Situation im Februar 2010 und das grundsätzliche Dilemma. Kapitel 5 analysiert Parallelen im deutschen Föderalismus und fragt, welche Schlüsse sich daraus für Europa ziehen lassen. Kapitel 6 stellt sich der Frage, ob die Politik derzeit klug handelt oder leichtfertig die Zukunft des Euro verspielt.

2. Verteilungskonflikte bei der Haushaltssanierung

Die Entscheidung für eine bestimmte Art der Haushaltssanierung ist eine politische Entscheidung. Der Harvard-Professor Alberto Alesina hat einmal drei politisch relevante Gruppen identifiziert und analysiert, welche Gruppe welche Form der Haushaltssanierung bevorzugt. Zu den drei Gruppen gehören Lohneinkommensbezieher, also die Gruppe von Personen, deren Hauptvermögen das Eigentum an ihrer Arbeitskraft ist; Zinseinkommensbezieher, also die Halter von Geldvermögen oder Staatsschuldtiteln (nennen wir sie «Sparer»); und Gewinneinkommensbezieher, also die Eigentümer von Unternehmen, Unternehmensanteilen oder anderen Formen von Realkapital (Aktionäre, Unternehmer, Immobilienbesitzer).

Sparer sind von einer direkten Streichung von Staatsschulden ebenso stark betroffen wie von einer Hyperinflation oder Währungsreform. In allen Fällen sinkt entweder der Wert der Staatsschuldtitel, welche die Sparer besitzen (direkt oder indirekt über Sparvermögen), oder die Preise steigen so stark, dass sie sich von ihrem gleichbleibenden Geldvermögen weniger kaufen können. Als Sparer bevorzugt man also eher eine einmalige Sondersteuer auf alle Formen des Kapitalvermögens zur Schuldentilgung, denn die trifft nicht nur die Sparer selbst, sondern auch Unternehmer, Immobilienbesitzer usw. Am liebsten ist dem Sparer aber eine Haushaltskonsolidierung, etwa durch höhere Steuern auf Arbeitseinkommen oder durch Kürzungen im öffentlichen Haushalt.

Die Besitzer von Realkapital wie Immobilien oder Unternehmen empfinden eine einmalige Sondersteuer auf Vermögensgüter als besonders unangenehm. Sie bevorzugen die Inflation. Ihr Vermögen wird durch eine Inflation kaum entwertet, denn die Preise von Produktiv- oder Sachvermögen steigen in der Inflation mit. Unternehmern kann Inflation sogar nutzen, besonders wenn z. B. ein Unternehmen durch langfristige Kredite finanziert ist und die vereinbarten Zinsen nicht automatisch an die Inflationsraten angepasst werden. Dann können Unternehmer über die Geldentwertung ihre eigenen Schulden gleich mit loswerden. Inflation kann außerdem zu einem Sinken der Reallöhne führen. Das ist für Unternehmer und Aktionäre ebenfalls vorteilhaft.

Die Gruppe der Arbeitnehmer, deren Hauptvermögen ihre Arbeitskraft ist, sehen einer Staatsschuldenstreichung oder einer einmaligen Sondersteuer auf Vermögensgüter gelassen entgegen. Sie haben kein substantielles Sachvermögen, das der Staat requirieren könnte. Arbeitnehmer fürchten aber die Folgen einer Inflation, vor allem, wenn die Inflation überraschend kommt und in den Lohnverhandlungen bestenfalls nachgeholt werden kann. Die Inflation führt dann zumindest zeitweilig zu Reallohneinbußen. Am meisten müssen die Arbeitnehmer eine dauerhafte Erhöhung der Steuern und Abgaben auf ihr Arbeitseinkommen fürchten, gleichgültig ob diese Erhöhung in Form von höheren Einkommensteuern oder auf indirektem Weg über höhere Verbrauchsteuern entsteht.

Die politische Gefechtslage bzw. der politische Einfluss dieser drei Gruppen und die Möglichkeiten für Koalitionen der Gruppen bestimmen darüber, welchen Weg oder welches Paket von Maßnahmen ein hoch verschuldeter Staat wählt, um seinen Haushalt zu konsolidieren. Alesina illustriert diesen Sachverhalt an den Konsolidierungsanstrengungen von Staaten, die nach den Weltkriegen hoch verschuldet waren. Sowohl die Gewinner des Ersten Weltkriegs, wie Frankreich oder Großbritannien, als auch seine Verlierer, wie Deutschland, hatten einen Großteil der militärischen Ausgaben durch Staatsschuldtitel finanziert.[6] Die einzelnen Staaten sind nach dem Ende des Krieges die Konsolidierung ihrer Haushalte sehr unterschiedlich angegangen.

Haushaltssanierung in Deutschland nach dem Ersten Weltkrieg

Deutschland hatte am Ende des Ersten Weltkriegs eine gewaltige Staatsschuld in Form von Kriegsanleihen. Viele hatten wohl damit gerechnet, dass man als Sieger sich diese Kriegskosten von den Besiegten bezahlen lassen könne. Dieser Plan war nicht aufgegangen. Der Bankier, Finanzexperte und spätere Zentralbankpräsident und Minister Hjalmar Schacht bezeichnete die Finanzpolitik während des Ersten Weltkriegs als einen der folgenschwersten Fehler Deutschlands. Der Verwaltungsexperte Richard van der Borght berichtete von Schätzungen, wonach die Kriegsschulden sich 1918 auf 115 Milliarden Mark beziffern ließen.[7] Nach jüngeren Darstellungen betrug der Anstieg der Staatsschuld über die Kriegsjahre hinweg 137 Milliarden Mark.[8] Im letzten Kriegsjahr wurde in Deutschland ein beachtlicher Katalog von neuen Steuern und Erhöhungen bestehender Steuern beschlossen. Zu den Maßnahmen gehörten eine «außerordentliche Kriegsabgabe», mit der höhere Unternehmensgewinne in Kriegszeiten abgeschöpft werden sollten, und das «Gesetz gegen die Steuerflucht».[9] Personen, die ins Ausland wegziehen wollten, mussten erhebliche Vermögensteile als Sicherheiten verpfänden (ursprünglich war an 20 Prozent des Vermögens gedacht, später wurde der Satz auf 50 Prozent erhöht). Der Staat behielt sich die Besteuerung der Auswanderer bis zu fünf Jahre nach Kriegsende vor.

Der Gesetzesentwurf wird als ein «Gesetz gegen die Auswanderung der Kriegsgewinner» bezeichnet. Die Diskussion im Parlament, die van der Borght ausführlich darstellt, hat Anklänge an die moderne Diskussion über Steuerflüchtlinge. Es sei ein ungeheuerlicher Gedanke, «dass Leute, die in diesem Kriege geholfen haben, das deutsche Volk zu scheren, sich wiederum dem Steuerdruck entziehen sollen, an dem sie zum Teil mit Schuld sind, und dass sie an irgendeinem paradiesischen Ort die Kriegsgewinne, die ihnen zugewachsen sind, in reinem Genussleben verzehren werden.»[10] Demgegenüber erörterte man auch, dass die Freizügigkeit und die Möglichkeit, seinen Wohn- und Arbeitsort im Ausland zu wählen, zu den verfassungsmäßig garantierten Rechten gehöre. Auch Praktikabilitätsaspekte wurden diskutiert. Das Gesetz gegen die Steuerflucht sei mitunter gut gemeint, treffe aber nur allzu leicht die Falschen. Kontrovers diskutiert wurde in den Sitzungen auch eine «teilweise Vermögenswegnahme» von 20 Prozent. Ein Antrag, wonach «kleine Vermögen freibleiben und dass die Wegnahme steigen soll bis auf 50 Prozent der Vermögen von 10 Mill. M. und mehr» fand keine Mehrheit.

Wichtiger für den Umgang mit den Schulden aus Kriegsanleihen war die Hyperinflation.[11] Sie führte zu Umverteilungswirkungen, die sich allerdings nicht ganz leicht den drei Klassen von Einkommensbeziehern zurechnen lassen. Hauptverlierer waren wohl die Sparer. Dazu zählten auch die Besitzer von privaten Lebensversicherungen, weil die betreffenden Versicherungsunternehmen gezwungen waren, die Kapitalmengen, die sie verwalteten, überwiegend in «mündelsicheren» deutschen Staatsschuldpapieren anzulegen, die ihren Wert im Verlauf der Hyperinflation weitgehend einbüßten. Auch verschiedene Aufwertungsverordnungen, mit denen massive Wertverluste unterschiedlicher Formen des Kredits partiell ausgeglichen wurden, machten tatsächlich nur einen Bruchteil dieser Verluste wett.[12]

Verlierer waren aber auch Rechtsanwälte und andere Berufsgruppen, deren Einkommen durch staatlich festgelegte Gebührenordnungen fixiert waren. Auf den rasanten Anstieg der Güterpreise konnten Anpassungen der Gebührenordnungen nicht schnell genug reagieren. Die Angehörigen vieler Berufsgruppen waren in dieser Zeit gezwungen, das Inventar ihrer Wohnung oder andere Vermögensgegenstände zu versilbern, um zu überleben. Es war eine tolle Zeit für Schnäppchenjäger, und auch die professionelle Variante dieses Volkssports, das Schiebertum, erlebte eine Boomzeit.

Gewinner waren all jene, die sich von anderen Geld geliehen hatten – soweit die Kreditgeber nicht schlau genug waren, die Kreditverträge in ausländischer Währung oder in «Goldmark» auszufertigen, also letztlich den Kreditbetrag an ein wertbeständigeres Gut wie z. B. Gold festzumachen. Ähnlich wie der Staat seine Schulden aus Anleihen durch die Hyperinflation entwertete, so verloren auch die privaten Schulden in «Mark» weitgehend ihren Wert.

Über die Schulden aus Anleihen hinaus war Deutschland nach dem Ersten Weltkrieg mit Forderungen nach Reparationen konfrontiert.[13] Im Vertrag von Versailles erkennt Deutschland in Artikel 231 an, dass «Deutschland und seine Verbündeten als Urheber aller Verluste und aller Schäden verantwortlich sind, welche die alliierten und assoziierten Regierungen und ihre Angehörigen infolge des ihnen durch den Angriff Deutschlands und seiner Verbündeten aufgezwungenen Krieges erlitten haben.»[14] In Artikel 232 wird zugleich klargestellt, dass eine vollständige Zahlung für die aus dieser Urheberschaft resultierende Verpflichtung wohl schwierig werden könnte. Eine Wiedergutmachungskommission der Alliierten sollte die Höhe der erwähnten Schäden, deren Wiedergutmachung von Deutschland geschuldet wird, schließlich feststellen.

Siegermächte in Haushaltsnöten

Auch die Gewinner des Ersten Weltkriegs hatten sich also verrechnet. Die an die Verlierer gerichteten Schadenersatzforderungen ließen sich einfach nicht erfüllen. Dabei waren Frankreich, Italien und Großbritannien zum Kriegsende ebenfalls hoch verschuldet. Die Siegermächte hatten sich auch untereinander erhebliche Summen geliehen. Bis zu ihrem Eintritt in den Weltkrieg 1917 hatten die Vereinigten Staaten an dem Krieg sogar ganz gut verdient:

> [W]ährend der ersten Jahre, da die Vereinigten Staaten sich vom Kriege fernhielten und eine gegen die Entente sehr freundliche Neutralität beobachteten, floss infolge der riesenhaften Lieferungen von Mordgerät und Kriegsbedarfsartikeln aller Art, die von Nordamerika an die Entente-Länder gingen, eine Milliarde Dollars nach der anderen in das Land.[15]

Diese Lieferungen der Amerikaner wurden großenteils durch Kredite finanziert. Dabei war man zu wenig sorgfältig, was die präzisen Bedingung für die Anschlussfinanzierung, Verzinsung und Rückzahlung angeht, so dass nach dem Krieg die Höhe der Verbindlichkeiten und die Modalitäten der Rückzahlung mühsam verhandelt werden mussten. Die USA einigten sich beispielsweise mit Großbritannien auf einen Schuldenbestand einschließlich aufgelaufener Zinsen von gut 22 Milliarden US-Dollar, die über 62 Jahre getilgt werden sollten, und mit Frankreich und Italien auf Tilgungspläne, die bis in das Jahr 1987 reichten.[16] Nach dem Kriegseintritt 1917 versuchten die USA, die hohen eigenen Kriegsausgaben durch eine deutliche Erhöhung der Steuern zu finanzieren, mussten aber auch zu einem großen Teil auf die Finanzierung durch Kriegsanleihen zurückgreifen.[17]

Im Londoner Zahlungsplan hatte man sich im April 1921 für Deutschland auf Reparationsleistungen in Höhe von 132 Milliarden Goldmark geeinigt, zahlbar auf fünfzig Jahre und verzinst mit fünf Prozent pro Jahr.[18]

Das war ein gigantischer Betrag, den man durch Anleihen finanzieren wollte. Die Finanzmärkte haben der finanziellen Leistungsfähigkeit Deutschlands wohl nicht ganz zu Unrecht misstraut.[19] Am Ende mussten auch die Siegermächte in verschiedenen Verhandlungsrunden zunächst zum Dawes-Plan und schließlich zum Young-Plan die Hoffnung aufgeben, ihre Kriegsschulden und die weiteren Kosten des Kriegs von Deutschland vollständig bezahlt zu bekommen.

So hatten die Sieger ihre hohen Staatsschulden zum großen Teil selbst zu bewältigen. Großbritannien setzte hierzu auf eine klassische Konsolidierung der Staatsfinanzen durch höhere Steuern und Ausgabenkürzungen. In Italien setzte das faschistische Regime unter Mussolini ebenso eine Konsolidierung über eine Erhöhung der regulären Steuern und Ausgabenkürzungen durch. Er verzichtete auf Sondersteuern auf reale Vermögensgüter. Ein wichtiges weiteres Element der Konsolidierung war allerdings eine zwangsweise und drastische Verlängerung der Laufzeiten für Staatsschuldtitel 1926 und 1934. In zwei Stufen wurden dabei Staatsschulden mit einer Restlaufzeit von weniger als sieben Jahren in Schuldtitel mit einer Laufzeit von 25 Jahren mit geänderten Zinssätzen umgewandelt. Im Zuge dieser zwangsweisen Umstellungen verloren diese Staatsschulden zunächst 20 Prozent ihres Marktwerts bei der ersten Umstellung 1926, und weitere 30 Prozent bei der Umstellung im Februar 1934.[20]

Die Strategien zum Umgang mit der Staatsschuld waren in den Staaten recht verschieden. Entsprechend waren die Verteilungswirkungen ganz unterschiedlich.

3. Entschuldungsstrategien

Schuldenabbau im Schlaf. Das ist wahrscheinlich der Lieblingstraum manch eines Finanzministers. Ist die nominale Wachstumsrate der Wirtschaft, also die Summe aus realem Wachstum und Inflationsrate, höher als der Zins für Staatsschulden, und zahlt man Zins und Zinseszins einfach durch immer neue Schulden, dann werden die Schulden selbst zwar immer größer. Als Anteil an der Wirtschaftskraft werden sie aber immer kleiner. Die Beispielrechnungen zum Stichwort «Münchhausen-Lösung» im vorhergehenden Teil zeigen, wie eine Schuldenquote schmilzt oder explodiert, je nachdem, ob die Wachstumsrate dauerhaft über oder unter dem Zins liegt.

Einige europäische Länder hatten in den vergangenen zehn bis 20 Jahren Phasen eines solchen goldenen Zeitalters mit hoher ökonomischer Dynamik bei gleichzeitig niedrigen Zinsen. Spanien und Irland beispielsweise wuchsen auf diese Weise zwischen 1996 und 2007 geradezu aus ihren Schulden heraus. Nicht zuletzt wegen der niedrigen Schuldzinsen im Verhältnis zum Wirtschaftswachstum sank die Schuldenquote bei Irland von 73 Prozent auf unter 25 Prozent und in Spanien von 73 auf 36 Prozent. Die Differenz zwischen staatlichen Steuereinnahmen und dem, was der Staat außer für Zinsen ausgegeben hat, blieb in diesen Ländern zwischen 1996 und 2007 übrigens weitgehend unverändert. Das lässt darauf schließen, dass sich die Finanzminister von Irland und Spanien in dieser Zeit nicht durch größere Sparmaßnahmen hervorgetan haben. Immerhin war diese Differenz während der ganzen Jahre positiv, es war im Haushalt also tendenziell Geld übrig, um Zinsen zu zahlen.[21]

Doch das goldene Zeitalter könnte bald zu Ende sein. Der Präsident des Kieler Instituts für Weltwirtschaft Dennis Snower warnt: «Die Hoffnung, dass das Wachstum die öffentlichen Haushalte wieder ins Gleichgewicht bringt, ist trügerisch.»[22] Die im ersten Teil ausführlich beschriebenen Veränderungen, vor denen die westlichen Industriestaaten stehen, sprechen dagegen. Ein Wirtschaftswunder wie in Deutschland nach dem Zweiten Weltkrieg erscheint für Europa derzeit wenig wahrscheinlich, auch wegen der zunehmenden Alterung und des Bevölkerungsrückgangs. Ohnehin sind die Episoden des schlafenden Schuldenabbaus auch in der Wirtschaftsgeschichte rar gesät.[23]

Ist Konsolidierung möglich?

Zugespitzt könnte man in der Finanzgeschichte drei Arten der Konsolidierung unterscheiden: die erfolgreiche, die erfolglose und die «Scheinkonsolidierung».[24] Zu den Aktivitäten der dritten Art gehören Maßnahmen, die die auf dem Papier ausgewiesene Staatsschuld zwar senken, aber gleichzeitig künftige staatliche Einnahmen verringern oder staatliche Verbindlichkeiten schaffen. Mehr oder weniger harmlose Beispiele sind Privatisierungserlöse aus dem Verkauf von Staatsunternehmen oder Geschäfte, in denen öffentliche Gebäude verkauft werden und gleichzeitig durch den Staat vom neuen Eigentümer angemietet werden. Fälle von

Scheinkonsolidierung können auch vorliegen, wenn für öffentliche Aufgaben – etwa beim Straßenbau, der Entsorgungswirtschaft oder den Kulturausgaben – private Investoren als Kofinanziers mit an Bord genommen werden. Privatisierungen und solche sogenannten Public Private Partnerships (PPP) können allerdings auch sinnvoll sein – wenn sie nachhaltige Einsparungen nach sich ziehen, indem eine bislang staatlich erbrachte Dienstleistung von privater Seite effizienter abgewickelt wird.[25]

Der Scheinkonsolidierung gegenüber stehen die anderen beiden Formen der Konsolidierung, also wenn Staaten etwa die Steuern erhöhen, und damit ihre Einnahmen hochfahren, oder Ausgaben senken. Aber was unterscheidet nun erfolgreiche von erfolglosen Schuldenrückführungen? Sollte der Fokus darauf gerichtet sein, die Einnahmen zu erhöhen oder die Ausgaben zu senken? Und wenn ja, welche?

Zu dieser Frage gibt es eine Zahl empirischer Untersuchungen und Fallstudien. Zu den prominenten Thesen gehört, dass Konsolidierungen, die überwiegend auf Einnahmeerhöhungen setzten, langfristig nicht erfolgreich waren und die Sanierungserfolge bei radikalen Ausgabenkürzungen von größerer Dauer sind.[26] Dabei spielt auch eine Rolle, an welchen Stellen die Haushaltsdisziplin ansetzt. Als besonders erfolgversprechend gelten Ausgabenkürzungen, mit denen die Struktur öffentlicher Ausgaben so verändert wird, dass sie dauerhaft niedriger werden. Kontrovers diskutiert wird, ob Ausgabenkürzungen oder Steuererhöhungen das Wirtschaftswachstum des betroffenen Landes mehr in Mitleidenschaft ziehen. Ein klassisches Argument basiert dabei auf Überlegungen des Ökonomen Robert Barro, wonach Bürger und Unternehmen spüren, dass sie für unsolide Staatsfinanzen über kurz oder lang zur Kasse gebeten werden. Deshalb halten sie ihr Pulver trocken für spätere schlechtere Zeiten. Saniert ein Finanzminister allerdings mit glaubwürdigen Einschnitten seinen Haushalt, dann schwindet diese Unsicherheit und es werden Vitalkräfte freigesetzt.[27] Der Ökonom Olivier Blanchard argumentiert, dass dieser Effekt umso stärker ausfällt, je höher die Schuldenquote ist. Denn dann wird die fiskalische Situation von privaten Haushalten und Unternehmen als besonders bedrohlich wahrgenommen und sie rechnen bereits in Kürze mit Maßnahmen des Finanzministers. Bei niedrigen Schuldenquoten ergeben sich dann entsprechend schwächere Effekte.[28]

Naturgemäß stehen Krisenbewusstsein und Reformbereitschaft in einem gewissen Zusammenhang zueinander. Die Ökonomen von Goldman Sachs verweisen auf weitere Transmissionsmechanismen. Demnach schlagen sich Ausgabenkürzungen in niedrigeren Risikoaufschlägen und damit günstigeren Finanzierungsbedingungen für die jeweiligen Staaten und mittelbar auch für Unternehmen nieder.[29]

Die Ergebnisse dieser Studien sind allerdings mit Vorsicht zu genießen, handelt es sich doch mit 40 bis 50 Konsolidierungsepisoden um relativ geringe Fallzahlen, bei denen jeweils spezifische Sondereffekte eine Rolle gespielt haben können. Die jeweiligen Eigenheiten werden bei Fallstudien deutlich. Belgien und Irland reduzierten in den achtziger Jahren ihre Verbindlichkeiten. Kanada, Neuseeland, Schweden und Finnland konsolidierten im folgenden Jahrzehnt erfolgreich.[30] So finden sich für die vergangenen 30 Jahre immer wieder die gleichen Industrieländer, die erfolgreich umfangreiche Anpassungsprozesse durchlaufen haben. Finnland konnte den Staatshaushalt von einem Minus von 3,8 Prozent im Jahr 1993 innerhalb von sieben Jahren zu einem Plus von fast zehn Prozent umkrempeln. Schweden gelang Ähnliches zwischen 1992 und 2000. Irland brauchte ebenfalls sieben Jahre, mit fast gleichem Ergebnis. In vielen Fällen mögen neben den Sparbemühungen auch günstige Sonderentwicklungen oder Einmaleffekte eine Rolle gespielt haben. Finnlands Wirtschaft zum Beispiel hatte nach der Öffnung des Eisernen Vorhangs einen Einbruch und die Wirtschaft musste sich teilweise neu erfinden – mit Erfolg.

Zu den eindrucksvollsten Fallstudien gehört aber das Vereinigte Königreich, dem im 19. Jahrhundert, nach dem Ende der Napoleonischen Kriege, eine Zehntelung der Schuldenlast von 270 auf 27 Prozent der Wirtschaftskraft gelang. In den Jahren nach 1821 war ein Budgetüberschuss die Norm, nicht die Ausnahme.[31] Die politische Konstellation für diesen Prozess war günstig, denn ein Großteil der Staatsanleihen befand sich in den Portfolios derer, denen man die politische Gestaltungsmacht in dieser Zeit zuschreibt. Allerdings spielten auch andere Faktoren eine Rolle. Nach den zahlreichen kriegerischen Auseinandersetzungen im 18. und dem frühen 19. Jahrhundert war die Konsolidierungsepoche für Großbritannien eine friedliche Zeit, das Land genoss eine gewisse Friedensdividende. Militärausgaben ließen sich zurückfahren. Das wirtschaftliche Wachstum in diesen Jahrzehnten war ebenfalls ein Schlüsselfaktor.[32]

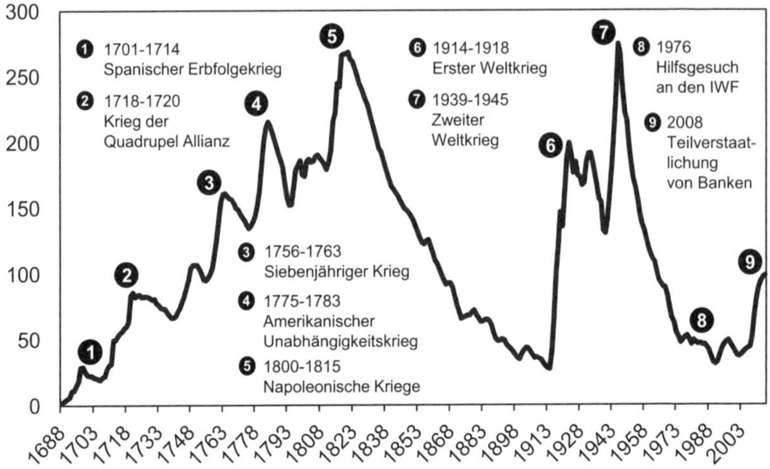

Abb. 16: Staatsschulden Großbritanniens (in Prozent des Bruttoinlandsprodukts)
Quelle: Charles Goodhart

Die Voraussetzungen waren damals andere als heute. Die britische Konsolidierung in den neunziger Jahren wurde erleichtert durch die Vorteile die Globalisierung und einer expandierenden Weltwirtschaft. Die Finanzindustrie entwickelte sich – zumindest in dieser Phase – zu einem Wachstumsmotor. Heute ist die Lage weniger günstig. Schuldenbelastete Staaten könnten deshalb anstelle der mühevollen Konsolidierung auch andere Maßnahmen bevorzugen.

Schuldenabbau durch Inflation?

Inflation als Ausweg aus einer Situation mit sehr hohen Staatsschulden muss nicht in Form einer Hyperinflation nach dem Vorbild der Weimarer Republik erfolgen. Als die USA als Sieger aus dem Zweiten Weltkrieg hervorgingen, waren sie nicht nur die mächtigste Nation auf der Erde. Die USA hatte 1946 auch eine historisch beinahe einmalig hohe Staatsschuld mit einer Schuldenquote von über 100 Prozent. Ohne faktisch den Schuldenbestand in seiner absoluten Höhe je nennenswert zu reduzieren, haben die USA ihre Schulden im Verhältnis zu ihrer Wirtschaftskraft in den folgenden zehn Jahren deutlich reduziert. Teilweise half dabei ein reales Wachstum der Wirtschaft. Die Erhöhung des Preisniveaus, also Inflation, hat bei der Senkung der Schuldenquote aber entscheidend mitgeholfen.[33]

Wie eine moderate Inflation das Staatsschuldenproblem lindern kann, lässt sich an einem Rechenbeispiel illustrieren. Betrachten wir Herrn K., den stolzen Käufer einer Staatsschuldanleihe im Jahr 1945. Herr K. kauft die Anleihe zum Ausgabekurs von 100 Dollar. Vereinbart ist, dass die Anleihe zehn Jahre läuft und jeweils zum Jahresende sollen dem Besitzer fünf Prozent Zinsen, also fünf Dollar ausgezahlt werden. Am Ende der Laufzeit soll Herr K. zudem seine 100 Dollar zurückerhalten. Nehmen wir außerdem an, dass diese fünf Prozent auch die Verzinsung ist, die Herr K. für andere Kapitalmarktprodukte als Rendite erhalten könnte. In der Ausgangssituation geht Herr K. davon aus, dass die jährliche Kaufkraftentwertung durch Inflation null Prozent beträgt. Würde Herr K. seine Staatsanleihen am Tag nach dem Kauf weiterverkaufen wollen, würde er dafür ungefähr 100 Dollar (zuzüglich eines minimalen Betrags für die Zinsen für den einen Tag) erhalten. Noch einen Tag später erfährt Herr K. (und mit ihm alle anderen Marktteilnehmer), dass die Inflation in den kommenden zehn Jahren nicht null Prozent pro Jahr, sondern vier Prozent pro Jahr betragen wird. Welche Wertveränderungen ergeben sich für die von Herrn K. gekaufte Staatsanleihe? Ein möglicher Käufer zwei Tage nach Ausgabe der Anleihe wird folgendes Kalkül anstellen. Er kann sein Geld entweder am Kapitalmarkt anlegen. Dort werden mögliche Kreditnehmer nun einen Inflationsausgleich anbieten, so dass die Nominalverzinsung nicht weiter fünf Prozent, sondern 5 + 4 = 9 Prozent betragen wird. Oder er kauft Herrn K. die betrachtete Staatsanleihe ab. Das tut er nur dann, wenn der Preis der Staatsanleihe so weit sinkt, dass die Rendite für die Staatsanleihe so hoch ist wie für andere Formen der Investition. Eine einfache Berechnung der Barwerte zeigt, dass die Staatsanleihe mit einer Verzinsung von fünf Prozent pro Jahr und einer Rückzahlung von 100 Dollar zum Ende der 10-jährigen Laufzeit, die gestern noch 100 Dollar wert war, diese Rendite erbringt, wenn man sie am Tag Zwei nach der Emission für ca. 65,5 Dollar kaufen kann. Der Wert der Staatsschuld sinkt also durch die veränderte Inflationserwartung von einem Tag auf den anderen um rund 34,5 Prozent.

Inflation ist deswegen eines der Zaubermittel in den Händen der Staatenlenker, wenn es darum geht, der ausufernden Staatsschuld zu Leibe zu rücken. Um Staatsschulden durch Inflation zu verringern, sind drei Faktoren entscheidend. Erstens: Der Trick funktioniert nur, wenn der Staat die

Inflation tatsächlich entsprechend beeinflussen kann. Ein Staat, der seine Währung über seine Zentralbank kontrollieren kann, hat dafür eigentlich ein gutes Mittel in den Händen. Er muss aber mitunter den Zentralbankern hierzu Gewalt antun, da es normalerweise deren erklärter Auftrag und Ehrgeiz ist, den Geldwert zu erhalten. Zweitens: Die Staatsschuld muss aus Schuldtiteln mit hoher Laufzeit bestehen. Hätte der Staatsschuldtitel von Herrn K. in dem Rechenbeispiel nicht eine Laufzeit von zehn Jahren gehabt, sondern von nur einem Jahr, wäre durch die Erhöhung der Inflation von null auf vier Prozent eine viel kleinere Abwertung der Staatsschuld statt um 34,5 Prozent um nur 3,7 Prozent auf 96,3 Dollar zu Stande gekommen. Die Inflation ist also umso wirkungsvoller, je länger die Zeitspanne ist, in der die Halter von Staatsschuldtiteln sich mit einer niedrigen nominalen Verzinsung begnügen müssen und je später das eingesetzte Kapital zurückgezahlt wird. Drittens: Die Marktteilnehmer müssen von der erhöhten Inflation überrascht werden. In unserem Beispiel hätte Herr K. das Staatspapier niemals für 100 Dollar gekauft, hätte er geahnt, dass bald darauf und für die kommenden zehn Jahre die Preissteigerungsrate nicht bei null, sondern bei vier Prozent sein würde. In diesem Fall hätte Herr K. dem Staat für das Papier nur 65,5 Dollar geboten.

In den USA waren diese drei Bedingungen nach dem Zweiten Weltkrieg erfüllt. Es gab in der Zeit zwischen 1946 und 1955 allgemeine Preissteigerungen von durchschnittlich 4,2 Prozent im Jahr, mit einem Maximum von 14,4 Prozent in 1947, gleich zu Beginn der Konsolidierungsphase. Die durchschnittliche Laufzeit der ausgegebenen Staatsanleihen war neun Jahre, also ähnlich groß wie in dem gerade betrachteten Zahlenbeispiel. Und die Inflation nach dem Krieg kam offenbar für viele Anleger überraschend. Das lässt sich aus der Tatsache erschließen, dass es ohne eine Überraschung gegenüber dem Ausgabezeitpunkt der Wertpapiere nicht zu einem Wertverfall hätte kommen können. Die Anleger hätten die Inflation dann «eingepreist»: sie hätten entweder einen höheren Nominalzins oder einen Abschlag auf den Ausgabekurs der Staatsschuldtitel gefordert.[34]

Der von den USA nach dem Zweiten Weltkrieg beschrittene Weg könnte auch für hoch verschuldete Staaten am Anfang des 21. Jahrhunderts ein gangbarer Weg sein. In den USA hat sich die durchschnittliche Laufzeit der Staatsschuldtitel gegenüber der Situation nach dem Zweiten Weltkrieg allerdings verringert. Der Anteil der Anleihen mit einer Restlaufzeit von maximal einem Jahr beträgt nunmehr 40 bis 45 Prozent. Ein Anteil von zwischen 7 und 8 Prozent der Staatsschuld ist sogar inflationsindexiert, das heißt die Verzinsung der Anleihe steigt nach einer festen Regel, wenn die Inflationsrate ansteigt.[35] Trotzdem bleibt Spielraum für eine Politik der Schuldenentwertung durch Inflation. Was eine solche Politik in den USA heute vielleicht noch attraktiver macht als unmittelbar nach dem Zweiten Weltkrieg, ist der hohe Anteil der Staatsschulden, die von Investoren außerhalb der USA gehalten werden. Regierungen sind in der Regel darauf verpflichtet, das Wohl ihrer eigenen Bevölkerung zu mehren, nicht das Wohl von ausländischen Kapitalgebern. Eine Entwertung der Schulden durch Inflation ist für eine Regierung deshalb als Politikoption attraktiver, wenn die Schulden von ausländischen Gläubigern gehalten werden.

In Europa ist die Verschuldungssituation der Staaten recht unterschiedlich. Das zeigt sich schon in den unterschiedlichen Höhen der ausgewiesenen Schuldenquoten, an den unterschiedlichen Bonitätsnoten der Ratingagenturen für die einzelnen Länder und an den Bewertungen der Ausfallrisiken durch die Anleger, die sich in den Versicherungsprämien für Kreditausfälle von Staaten spiegeln. (Die zugehörigen Details dazu haben wir in Teil II diskutiert.) Trotzdem gilt über alle Länder betrachtet, dass das Schuldenniveau extreme Werte erreicht hat, die vergleichbar sind mit der Situation vieler Länder nach dem Zweiten Weltkrieg.

Für Preisstabilität ist in der Eurozone die Europäische Zentralbank (EZB) zuständig. Sie ist auf dieses Primärziel in ihren Statuten verpflichtet. Sie kann die allgemeine Wirtschaftspolitik der Europäischen Union zwar unterstützen, aber nur soweit das «ohne Beeinträchtigung des Ziels der Preisstabilität möglich ist».[36] Ob die EZB dieses anspruchsvolle Ziel in der Krise durchhalten kann, wird sich zeigen.

Die Interessen an einer moderaten Inflation sind innerhalb der Europäischen Union nicht einheitlich. Die verschiedenen Staaten dürften ihre jeweilige Schuldenlast als mehr oder weniger drückend empfinden. Wie nützlich für die Länder eine höhere Inflation wäre, hängt aber auch von der Struktur und den Laufzeiten ihrer Schulden ab. Wie das Rechenbeispiel zeigt, ist Inflation nur dann wirklich nützlich, wenn die durchschnittlichen Laufzeiten der Schuldtitel hoch sind und der Großteil der

Schulden nicht inflationsindexiert ist. In Deutschland hatten von den Kreditmarktmitteln des Bundes zum 31. Oktober 2009 beispielsweise gut 24 Prozent eine Restlaufzeit von unter einem Jahr, gut 30 Prozent eine Restlaufzeit zwischen einem und vier Jahren und gut 45 Prozent eine Restlaufzeit von über vier Jahren. Ein Anteil von unter drei Prozent dieser Anleihen ist inflationsindexiert.[37] Die Finanzagentur des Bundes gibt die durchschnittliche Laufzeit der gesamten Bundesschuldenpapiere mit sechs Jahren an. Damit befindet sich Deutschland in guter Gesellschaft. Am höchsten sind die durchschnittlichen Laufzeiten mit 14 Jahren in Großbritannien. Viele Beobachter halten wegen dieser Laufzeiten die Inflationsgefahr auf der Insel für besonders groß.[38]

Das Rechenbeispiel hat verdeutlicht: eine unerwartet einsetzende allmähliche Inflation über mehrere Jahre reduziert die Schulden deutlich, wenn die Laufzeit der Staatsanleihen zum Zeitpunkt der Änderung der Inflationsrate viele Jahre beträgt. Die Schulden reduzierende Wirkung ist dagegen zu vernachlässigen, wenn die Restlaufzeit der Staatsanleihen nur im Bereich eines Jahres oder gar darunter liegt. Selbst eine Serie von Inflationsraten von fünf Prozent pro Jahr für die nächsten zehn Jahre hilft nur wenig, wenn die Laufzeiten der Staatsanleihen im Durchschnitt niedrig ist. Sobald bestehende Schulden durch neue Anleihen refinanziert werden müssen, haben sich die Kapitalgeber an die höheren Inflationsraten gewöhnt. Die höhere Inflation ist dann in den Erwartungen «eingepreist», und die Länder müssen einen Zins für ihre Staatsanleihen bieten, der um den Sprung in der Inflationsrate höher ist. Außerdem wird es für Staaten schwieriger, Anleihen mit langer Laufzeit zu platzieren. Die Anleger könnten argwöhnen, dass diese Anleihen dazu dienen, im Anschluss noch einmal die Inflationsrate anzuheben und so doch noch eine teilweise Entwertung der Staatsschuld zu erreichen.

Umschulden im Rahmen eines Insolvenzverfahrens?

Einsparungen am öffentlichen Haushalt und Steuererhöhungen sind schwierige Eingriffe. Und Schulden mittels Inflation zu verringern, das funktioniert nicht, wenn die Schulden nur kurzfristige Laufzeiten haben oder gar nicht in der eigenen Landeswährung notiert sind. Staaten stellen deshalb oft die Zinszahlungen einfach ein und verhandeln mit ihren Gläubigern. Man mag das als «Staatsbankrott» bezeichnen – oder weniger dramatisch als «Umschuldungsverhandlung».

In der Geschichte des Umgangs mit Staatspleiten wurde viel über die Frage diskutiert, ob man für überschuldete Staaten ein geordnetes Vergleichsverfahren zur Umschuldung entwickeln sollte. Ideen und Vorschläge für ein solches Insolvenzverfahren gab es mehrfach.[39] Sie mündeten in einen konkreten Vorschlag des Internationalen Währungsfonds (IWF), der sich indes auch nicht durchsetzen konnte. Im Jahr 2001 wollte die damalige stellvertretende Generalsekretärin Anne Krueger einen «Sovereign Debt Restructuring Mechanism», kurz SDRM, institutionalisieren, der die Verhandlungen zwischen den beteiligten Akteuren koordiniert. Zentrale Elemente ihres Vorschlags sind:

- Ein in finanziellen Schwierigkeiten befindliches Land kann beim IWF ein Schuldenmoratorium beantragen, um mit den Kreditgebern eine Restrukturierung zu verhandeln (typischerweise mit teilweisem Schuldenerlass). Der IWF muss über die Zulässigkeit des Antrags nach geeigneten Kriterien entscheiden.
- Während der Verhandlungen sollte der Schuldner «Gläubigerschutz» genießen. Der IWF muss gewährleisten können, dass nicht einzelne Gläubiger unabhängig gegen das Schuldnerland Klagen anstrengen.
- Der IWF muss ein angemessenes Verhalten des Schuldners in dieser Verhandlungsperiode gewährleisten.
- Neue Kreditvergabe an den Schuldner sollte dadurch befördert werden, dass diesen neuen Krediten Vorrang gegenüber den Altschulden eingeräumt wird.
- Der Verhandlungsprozess sollte zu einem Vergleich führen, der mit qualifizierter Mehrheit der Gläubiger und des Schuldners beschlossen werden kann und für alle Gläubiger verbindlich ist.[40]

Die Liste der Detailfragen, die für die konkrete Konzeption eines solchen Verfahrens zu beantworten sind, ist noch etwas länger. Ein Vergleich verschiedener existierender Vorschläge unter verschiedenen Kriterien führt zu einem langen Fragenkatalog.[41] Wer kann und darf ein solches Verfahren einleiten oder beenden? Wie wird entschieden, ob die Einleitung eines solchen Verfahrens angemessen ist? Welche Formen des Schutzes des Schuldners vor den Gläubigern gibt es, wenn das Verfahren eröffnet wurde? Welche Organisation leitet das Verfahren als Verhandlungskoordinator oder Mediator? Sollten dafür existierende Institutionen bemüht werden, oder sollte eine neue Institution geschaffen werden? Welche Befugnisse und Entscheidungskompetenz erhält der Leiter des Verfahrens? Wie gestaltet und strukturiert man den Prozess der Vergleichsverhandlungen? Wer hat welche Initiativ- und Wahlrechte in den Verhandlungen und Abstimmungen über mögliche Umschuldungsmaßnahmen? Welche Rechte hat der Mediator in diesem Prozess, beispielsweise bei der zentralen Frage, wie hoch letztlich die erforderlichen Forderungsabschreibungen insgesamt sein müssen, um einen Neustart des Schuldnerstaats zu ermöglichen, und bei der Frage, wie diese Verluste auf die verschiedenen Gläubigergruppen verteilt werden sollen? Welche Arten von Schulden sollten überhaupt in die Umschuldungsverhandlungen mit einbezogen werden? Sollten Schulden gegenüber Inländern und Schulden gegenüber Ausländern gleichartig behandelt werden? Wie koordiniert man die Abstimmungsprozesse zwischen verschiedenen Gruppen von Gläubigern, die unterschiedliche verbriefte Forderungen haben? Wer trägt die Kosten des Verfahrens? Sollte man die Kosten groß machen, um dem Schuldner einen Anreiz zu geben, eine Umschuldung zu vermeiden, oder sollte man die Kosten niedrig wählen, damit die volkswirtschaftlichen Verluste durch das Verfahren selbst, wenn es denn stattfindet, nicht zu groß sind? Wie macht man das Verhandlungsergebnis letztendlich justiziabel? Mit anderen Worten, was geschieht, wenn der Schuldner sich nur teilweise an das Verhandlungsergebnis hält? Wie etabliert man im Umgang mit dem souveränen Schuldnerstaat Sanktionen, wenn der Staat seine Zusagen nicht einhält?

Diese Liste von Fragen erschöpft bei Weitem nicht den gesamten Katalog der zu klärenden Details. Viele dieser Fragen müssen auch gestellt und beantwortet werden bei der Ausgestaltung eines Insolvenzrechts für Unternehmen oder innerstaatlicher Gebietskörperschaften. Ein Großteil der unterschiedlichen Vorschläge, einschließlich des Vorschlags des IWF, ist deshalb von der US-amerikanischen Insolvenzordnung für Gebietskörperschaften innerhalb der USA inspiriert («Chapter 9»). Diese, auf eine Sanierung der Gebietskörperschaft wie beispielsweise eines amerikanischen Bundesstaats ausgerichtete Ordnung orientiert sich ihrerseits in wesentlichen Teilen an der Insolvenzordnung für amerikanische Unternehmen («Chapter 11»). Diese Insolvenzordnung zielt nicht auf eine Abwicklung und Liquidation des Unternehmens, sondern auf eine Befreiung des Unternehmens von den Altschulden, und soll einen Neustart des im Kern profitablen Unternehmens ermöglichen.

Schuldner in diesem IWF-Verfahren sind souveräne Staaten. Das macht generell die Frage schwierig, was passiert, wenn sich der Schuldnerstaat Teilen des Verfahrens und möglichen Konsequenzen daraus nicht unterwerfen möchte. Beispielsweise ist die Frage möglicher Kontrollen und Sanktionen getroffener Vereinbarungen schwierig. Ein weiterer Unterschied besteht darin, dass ein solches Verfahren verbindlicher internationaler Absprachen der internationalen Staatengemeinschaft bedarf, die letztlich ihr nationales Insolvenzrecht betreffen.

Mit der Begründung, ein solches international verankertes Insolvenzregime sei weder notwendig noch machbar, wurde der Vorschlag des IWF seinerzeit vom US-amerikanischen Finanzminister John Snow heftig attackiert. Er argumentierte, das Hauptproblem bei staatlichen Umschuldungen liege in der mangelhaften Koordination der Gläubiger, die sich nicht an einen Tisch zu setzen in der Lage seien. Er vertraue eher auf privatwirtschaftliche Lösungen der Probleme möglicher Staatsinsolvenzen und damit einhergehender Umschuldungsverhandlungen, anstatt auf die Lösungskompetenz einer internationalen Organisation wie dem IWF.[42] Seine Position hat den Umsetzungsprozess sicher nicht vorangetrieben und den Diskussionsprozess in eine andere Richtung gelenkt. Die Ausgabe von Staatsschuldtiteln wurde seitdem häufig mit Vertragsklauseln erweitert, die mögliche zukünftige Umschuldungsverhandlungen vereinfachen und das Problem tausender unabhängig voneinander agierender Gläubiger beseitigen sollten.[43]

Praktisch jede Umschuldung hat mit einigen Problemen zu tun. Ein Kernproblem ist die Überwindung der natürlichen Eigennutzorientierung der einzelnen Gläubiger, die einer effizienten gemeinsamen Schuldenregelung oft im Wege stehen. Ein zweites Kernproblem ist die Überwindung der Vertrauensprobleme, wenn es darum geht, die Umschuldung durch neue Kredite zu finanzieren. Wer möchte schon gern einem Schuldner, der gerade einen Kredit nicht mehr bedient, neues Geld nachschießen? Das dritte Kernproblem besteht in der Wirkung der Umschuldungsregeln auf das Verhalten von Schuldnern. Die Aussicht auf eine einfache Teilentschuldung durch eine Sanierungsinsolvenz könnte den Schuldner zu leichtfertig in seiner Kreditaufnahme machen.[44] Und wenn die Umschuldung selbst nicht zügig abläuft, kann die Schuldenkrise eines Staats zu einer anhaltenden Lähmung führen, die kostspielig für den Staat und seine Gläubiger ist. Die Schuldenkrise kann sich dann zu einer Finanzkrise ausweiten.

Nach dem vorläufigen Scheitern des IWF-Vorschlags einer Insolvenzordnung leben weiter die informellen Organisationen fort, in denen sich die Gläubiger selbst organisiert haben: Der Pariser Club beispielsweise vermittelt unter Assistenz des IWF zwischen Geberländern und säumigen Schuldnernationen. Bisher handelte er 413 Abkommen mit 87 Ländern und mit einem Volumen von insgesamt 540 Milliarden Dollar aus.[45] Im Londoner Club haben sich Privatbanken zusammengeschlossen, um in Verhandlungen mit säumigen Staaten eine stärkere Position zu haben. Seine Verhandlungsmacht schöpft er daraus, dass in der Regel der IWF erst dann ein Anpassungsprogramm billigt und finanziell unterstützt, wenn die Umschuldung mit den privaten Gläubigern geglückt ist.[46]

Die Chancen von Kreditgebern eines bankrotten Staats haben sich etwas verbessert, weil sich Staaten immer weniger auf ihre Immunität berufen können. Seit dem 1976 ins Leben gerufenen Foreign Sovereign Immunities Act verweigern die USA anderen Regierungen für kommerzielle Aktivitäten ihre Immunität. Großbritannien hat eine ähnliche Regelung zwei Jahre später eingeführt.[47] Britische Behörden waren es, die im Oktober 2008 kurzerhand die Guthaben der durch den isländischen Staat gedeckten Landsbanki konfiszierten, um Einlagen der eigenen Staatsbürger bei der britischen Landsbanki-Tochter Icesave zu sichern. Das britische Verhalten führte postwendend zu diplomatischen Verwicklungen mit der Regierung in Reykjavik.[48]

Die härtere Haltung gegenüber säumigen Staatsschuldnern wird zunehmend auch durch Gerichte unterstützt, die die Ausgabe von Staatsanleihen den kommerziellen Aktivitäten von Regierungen zurechnen. Seither können Kreditgeber gegen Staaten vor Gericht ziehen und einen Titel gegen sie erwirken. Allerdings kommt dann die Immunität wieder ins Spiel, möchte ein Gläubiger seine vor Gericht erfolgreich erstrittenen Ansprüche durchsetzen.[49] So sind beispielsweise die bei einer ausländischen Zentralbank gelagerten Währungsreserven eines Landes vor dem Zugriff der Gläubiger sicher. Argentinien soll dieses Schlupfloch genutzt und seine Dollarbestände bei der amerikanischen Zentralbank und der Bank für Internationalen Zahlungsausgleich (BIS) deponiert haben, um sie nach dem selbst erklärten Bankrott im Jahr 2001 vor den Gläubigern zu sichern. Immerhin haben rund ein Viertel der Anleihehalter der argentinischen Umschuldung von 2005 nicht zugestimmt. Viele von ihnen haben gegen Argentinien Klage eingereicht.[50]

4. Die Europäische Währungsunion im Samariterdilemma

Was macht ein Vater nur mit seinem Sohn, der ein leidenschaftlicher Spieler ist, oder auf andere Art viel Geld ausgibt, und dann Schuldscheine bei Kredithaien unterschreibt? Schaut der Vater zu, wie dem Sohn vom Geldeintreiber die Knochen gebrochen werden? Oder zahlt er lieber die Rechnung? Er zahlt. Und wenn er die aktuellen Schulden bezahlt hat, schwört er sich selbst und seinem Sohn: Das war das letzte Mal! Nie wieder wird er für den Sohn zahlen. Das soll sich der Filius gefälligst hinter die Ohren schreiben. Wenn er das nächste Mal bei einer Runde Poker sitzt, wird ihm niemand mehr helfen.

Glaubhaft ist dieser Schwur natürlich nicht. Es ist eine leere Drohung. Und beide wissen das, Vater und Sohn. Auch das nächste Mal, wenn dem Sohn der Knochenbrecher droht, wird der Vater schwach werden und helfen. Glaubhaft ist die Drohung deshalb nicht, weil der Vater den Sohn nicht leiden sehen kann, ohne selbst zu leiden. Beide sind durch ein Band miteinander verbunden, das das Wohlbefinden des Einen an das Wohlbefinden des Anderen koppelt. Der Wirtschaftsnobelpreisträger James Buchanan hat diese Situation als Samariterdilemma bezeichnet, weil die Hilfsbereitschaft des Vaters – des «Samariters» – ausgenutzt wird.[51]

«No bailout» – nur eine leere Drohung

Parallelen zu dieser Situation gibt es im Jahr 2010 in der Eurozone. Eine Schieflage des Haushalts eines Eurolandes wie in Griechenland hatten die Väter des Vertragswerks von Maastricht wohl nicht einkalkuliert. Die Staaten der Europäischen Union haben sich im Artikel 125 des Lissabon-Vertrags «über die Arbeitsweise der Europäischen Union» (AEU; vormals Artikel 103 des Vertrags zur Gründung der Europäischen Gemeinschaft) eigentlich gegenseitig versprochen, dass sie sich nicht helfen werden, wenn die öffentlichen Haushalte in einem Euroland in Not geraten. Dieser Artikel wird oft als «No-bailout-Klausel» bezeichnet. Die Väter des Vertragswerks dachten wohl, diese Regel würde Mitgliedsstaaten davon abhalten, sich so stark zu verschulden, dass sie auf die Hilfe der anderen Euroländer angewiesen sind: wer weiß, dass ihm nicht geholfen werden wird, verhält sich in der Regel vorsichtiger und tut mehr dafür, gar nicht erst in eine Notlage zu gelangen.

Außerdem sollte eine zweite Sicherung (Artikel 126 AEU) dazu führen, dass ein Euroland gar nicht in die Nähe einer so desolaten Haushaltslage geraten könnte. Dafür hatte man sich ein mehrstufiges Verfahren ausgedacht. Das Verfahren sieht vor, dass die Kommission über die Haushalte der Mitgliedsstaaten wacht. Die Staaten sind verpflichtet, die jährliche Neuverschuldung unterhalb des Referenzwerts von drei Prozent des Bruttoinlandsprodukts zu halten und nicht über die Marke von 60 Prozent des Bruttoinlandsprodukts hinauszuschießen, was die Höhe der Staatsschulden insgesamt angeht. Bei einer zeitweiligen Überschreitung dieser Marke besteht die Verpflichtung, wenigstens durch konsequente Konsolidierung wieder darauf zuzusteuern. Der Vertrag sieht ferner ein Instrumentarium vor, mit dem Maßnahmen durchgesetzt werden sollen, falls ein Staat von diesen Werten abweicht, bis hin zu Strafzahlungen des Mitgliedsstaats an die EU.

Diese Sicherungen haben im Fall Griechenlands auf ganzer Linie versagt. Und leider haben die Väter des Vertragswerks nicht damit gerechnet, was im Falle eines Falles wohl passieren würde. Die Drohung des Artikel 125 AEU, in der extremen Haushaltsnotlage nicht zu helfen, ist in der derzeitigen Situation eine leere Drohung. Der Grund dafür ist ganz ähnlich zu dem, weshalb der Vater seinem spielsüchtigen Sohn hilft. Die Franzosen und Deutschen stehen den Iren und Griechen zwar emotional nicht so nahe wie die meisten Väter ihren Söhnen. Zwischen ihnen besteht aber ein anderes Band. Geht ein Land der Eurozone in die Zahlungsunfähigkeit, schadet das einerseits den anderen Euroländern, z.B. weil sie die Turbulenzen fürchten müssen, die eine Zahlungsunfähigkeit oder Zahlungsverweigerung eines Eurolandes für den Euro und für die Finanzmärkte mit sich bringt. Andererseits sind die Staatsschuldtitel von Euroländern zu großen Teilen in den Händen von Banken und anderen Kapitalsammelstellen, wie Lebensversicherungen oder Pensionsfonds. Mit der Insolvenz eines Eurolandes werden die Schuldtitel dieses Staats möglicherweise ähnlich «toxisch» wie die Schuldtitel aus der Hypothekenkrise und verlieren entsprechend an Wert. Abbildung 17 zeigt, wie die Summe der Schuldtitel Griechenlands, Portugals und Spaniens auf die Banken in den großen Geberländern verteilt ist.

Der genaue Wertverlust der Papiere im Falle einer Insolvenz ist unklar. Die Gläubiger können zwar verschiedenste Rechtsmittel einlegen, aber unsicher bleibt das Ergebnis solcher Klagen weiterhin. Außerdem: wie würde sich die Insolvenz des Staats auf das Innenverhältnis zu anderen Staaten der Eurozone und zur Europäischen Union auswirken? Könnte der insolvente Staat aus der Währungsunion austreten und seine Anleihen in eine neu zu schaffende nationale Währung konvertieren? Angesichts dieser Unwägbarkeiten ist der Wert der Schuldtitel eines insolventen Eurostaats fast so ungewiss wie der von verbrieften Hypothekendarlehen.

So, wie die Finanzmärkte im Jahr 2010 aufgestellt sind, kann ein Staatsbankrott zu einem Vertrauensverlust der Kreditinstitute untereinander führen. Das ließ sich bereits im Frühjahr 2010 beobachten, als sich die Banken untereinander kein Geld mehr leihen wollten. Allein der mögliche Zusammenbruch von Griechenland und ein entsprechender Ausfall bei den Anleihen brächte den Interbankenhandel zum Erliegen, auf dem die Institute ihre überschüssige Liquidität austauschen. Der

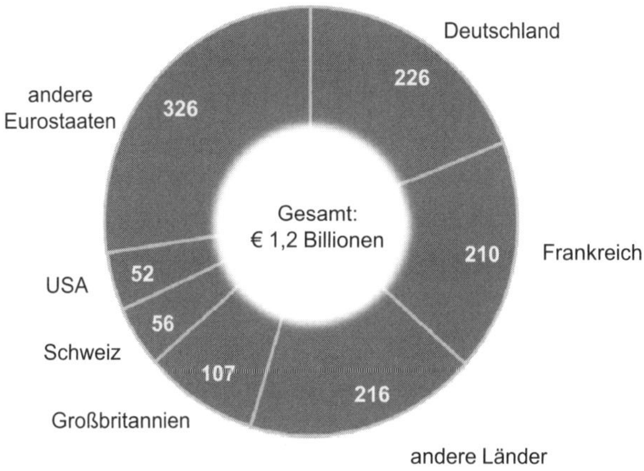

Abb. 17: Kreditsumme Griechenlands, Portugals und Spaniens bei Banken im Ausland (in Milliarden Euro)
Quelle: Bank für internationalen Zahlungsausgleich

Geldmarkt ist eine Art Dispositionskredit für Banken. Verteuern sich die Konditionen oder wird er ganz gestrichen, droht selbst soliden Schuldnern, die kurzfristig Bares brauchen, das Aus. Auch die Problematik der Kreditausfallversicherungen, die in den USA am sichtbarsten das Unternehmen AIG betroffen hat, kann im Zuge einer Insolvenz schnell eine Neuauflage erleben. Wir erinnern uns: die US-Regierung musste zweistellige Milliardenbeträge in die Stützung von AIG stecken, um dessen Insolvenz zu vermeiden. Das war dem Vernehmen nach nötig, weil eine Insolvenz von AIG den Markt für Kreditausfallversicherungen und damit zahlreiche weitere Banken zum Zusammenbruch gebracht hätte.

Systemische Risiken drohen außerdem, weil die Insolvenz eines Eurostaates Ansteckungseffekte für andere Eurostaaten in vergleichbarer finanzieller Schieflage haben könnte: Staaten mit hohen Schulden bleiben nur so lange liquide, wie sie in der Gunst der Kreditgeber stehen. Sie müssen fast jeden Monat größere Kredite zurückzahlen bzw. durch neue Kredite ablösen. Das gelingt nur, wenn sie andere Kreditgeber überzeugen, ihnen entsprechende Summen zu leihen. Wenn ein Eurostaat insolvent wird und Anleger glauben, dass ein Nachbarstaat seine Altschulden ebenso nicht mehr durch neue Schulden refinanzieren kann, leihen sie diesem Staat nichts mehr. Wenn diese Erwartungen um sich greifen, dann erfüllen sie sich von ganz alleine und der Staat, dem die Kreditgeber das Vertrauen entzogen haben, ist tatsächlich pleite.

Insolvenzen von Staaten außerhalb der Währungsunion zeigen, dass es viele weitere Unwägbarkeiten gibt. Die Umständlichkeit von Verhandlungen zwischen Gläubigern und dem Schuldenstaat und die Unschärfe, mit der man die Verhandlungsergebnisse vorhersehen kann, gehören zu den Problemen. Die Zahl der Gläubiger im Fall einer Staatsinsolvenz ist sehr groß. Betroffen ist ja nicht eine Hausbank oder ein kleines Bankenkonsortium, das sich mit dem Schuldner zusammensetzt und eine Vereinbarung trifft. Ein Staat kann Tausende von kleinen, mittleren und großen Gläubigern haben, die Kreditforderungen unterschiedlicher Art und Laufzeit gegen den Staat haben. Es gibt für die Gläubiger wenig Rechtssicherheit darüber, welche Gläubiger oder welcher Anteil der Gläubiger einem möglichen Vergleich zwischen Schuldnerstaat und Gläubigern zustimmen müssen, damit ein Vergleich zustande kommt. Es gibt auch keine Möglichkeiten zu verhindern, dass einzelne Gläubiger mit dem Schuldner unabhängige Separatvereinbarungen abschließen, die eventuell zu Lasten der übrigen Gläubiger gehen, oder mit ihren Forderungen einfach abwarten, wie sich der Staat durch die Verhandlungen mit den anderen Gläubigern aus der Misere befreit hat und dann ihre vollen Forderungen präsentieren. Es gibt keine gute Möglichkeit, solche «Trittbrettfahrer», die sich an einem von einer großen Mehrheit getragenen Vergleich partout nicht beteiligen möchten, zum Einlenken zu zwingen.

Diese Risiken für die anderen Eurostaaten machen die «No-bailout-Klausel» des Artikel 125 zu einer leeren Drohung. So wird es jedenfalls im institutionellen Umfeld des Jahres 2010 von der Politik gesehen. Im Frühjahr 2010 tobte zwar noch die Kontroverse unter den Verfassungsjuristen, ob, wer und gegebenenfalls wie man Griechenland überhaupt finanziell beispringen kann. Dass Griechenland nicht in den Staatsbankrott geht, darüber waren sich die meisten Betrachter aber einig. Die Ursache für die Probleme der Europäischen Währungsunion lässt sich mit Grundkenntnissen der Spieltheorie beschreiben. Die Spieltheorie lehrt, dass die Androhung bestimmter Strafmaßnahmen als Antwort auf ein bestimmtes Verhalten nur dann wirksame Anreize setzt, wenn die angedrohten Strafmaßnahmen gegebenenfalls auch ergriffen werden. Wenn die Beteiligten sich ausrechnen können, dass die Strafmaßnahmen in der betreffenden Situation gar nicht ergriffen werden, dann handelt es sich um eine unglaubwürdige Drohung. Die «No-bailout-Klausel» des Artikel 125 ist so eine Drohung. Wenn die Schieflage eines Mitgliedsstaats erst einmal eingetreten ist, werden die anderen Eurostaaten im Zweifel eben doch helfen, wenn das Helfen in ihrem eigenen Interesse liegt. Und so verliert die Drohung ihre abschreckende Wirkung.

Das Interesse an einer Rettung Griechenlands ist jedoch nicht bei allen Eurostaaten gleich groß. Auch die Fähigkeiten zu helfen sind sehr unterschiedlich ausgeprägt. Da sind die Länder, die selbst nahe am Abgrund stehen. Diese Länder fürchten, dass die Insolvenz eines Eurostaats sie mit in den Abgrund reißt. Die Kandidaten sind Portugal, Italien, Spanien oder Irland. Die Staaten, denen solche Ansteckungseffekte drohen, sind trotzdem nicht die Samariter in diesem Dilemma. Sie haben ein wirklich großes Interesse daran, dass die Eurostaaten insolventen Mitgliedern des Euroclubs helfen. Aber sie sind einfach zu arm, um selbst zu helfen.

Die reichen Eurostaaten dagegen müssen zwar nicht befürchten, dass der finanzielle Bankrott eines Mitgliedsstaats sie selbst direkt in den Schuldenabgrund reißt. Sie müssen aber fürchten, dass ein einzelner

Staatsbankrott in der Eurozone andere schwache Staaten ansteckt und so ein Flächenbrand entsteht. Wenn erst einmal mehrere Staaten der Eurozone auf den Schuldenabgrund zutreiben, könnte sich das auf die Funktionsfähigkeit der Europäischen Union auswirken und das Vertrauen, das die Kapitalmärkte dem Euro entgegenbringen, erschüttern. Das jedenfalls sind die Befürchtungen. Auch könnte möglicherweise eine neuerliche Vertrauenskrise zwischen den Kreditinstituten eintreten. Das trifft auch die Reicheren unter den Eurostaaten. Das Interesse daran, eine Insolvenz hoch verschuldeter Staaten zu vermeiden, ist bei den reichen Staaten also vielleicht nicht ganz so groß wie bei den Staaten am Abgrund. Dafür ist ihre Fähigkeit zur Hilfe erheblich größer. Samariter müssen also zwei Voraussetzungen erfüllen. Sie müssen helfen *wollen.* Und sie müssen helfen *können.* Deshalb kann man darauf rechnen, dass es die finanziell halbwegs gesunden Staaten sein werden, die gegebenenfalls den Pleitekandidaten helfen.

Man kann die mutmaßlichen Samariter in der Eurozone noch etwas genauer eingrenzen. Unter den reicheren Staaten werden sich dabei wohl besonders die großen Staaten hervortun. Luxemburg mag Griechenland oder Spanien gern retten wollen. Aber trotz all des Wohlstands seiner Bürger: für eine solche Rettung reichen die Reserven des Landes dann doch nicht aus. Retten werden eher die Großen: Sie haben viel zu verlieren, weil alle Bürger dieser Staaten betroffen sind, und weil es in diesen Staaten eben viele Bürger gibt. Und die Kosten der Hilfe pro Kopf der Bevölkerung sind für die größten Staaten am allerkleinsten. Es war deshalb im Frühjahr 2010 leicht vorherzusagen, dass Deutschland zwar mit wenig Elan, aber gegebenenfalls ganz vorn mit dabei sein würde, was den Finanzierungsanteil an einer Rettungsaktion angeht.

Die Anreizwirkungen von Staatsrettungen im Euroland

Erinnern wir uns an das Samariter-Problem in der Vater-Sohn-Beziehung. Der hilfsbereite Vater zahlt die Schulden für den Sohn. Dadurch wird der Vater ärmer und der Sohn reicher. Das ist schlecht für den Vater und gut für den Sohn. Für sich betrachtet ist das eigentlich nicht schlimm. Ist die Notlage des Sohns erst einmal eingetreten, hilft der Vater aus freien Stücken. Es geht also nicht nur dem Sohn, sondern auch dem Vater besser, wenn der Vater die Schulden begleicht. Das eigentliche Problem ist nicht die Hilfe selbst.

Das eigentliche Problem besteht in den Verhaltensanreizen, die sich ergeben, bevor der Sohn in die finanzielle Notlage gerät. Der Sohn weiß, dass der Vater ihm in einer Notlage helfen wird. Deshalb tut der Sohn zu wenig, um eine Notlage zu vermeiden. Ja, der Sohn hat geradezu einen Anreiz, über die Stränge zu schlagen, sich an den schönen Dingen des Lebens zu erfreuen, dabei Schuldenberge aufzutürmen und sich dann den schlimmsten und brutalsten Kredithaien auszuliefern. Je schlimmer die Drohungen des Kredithais, desto stärker rührt die Situation das Herz des Vaters und desto weiter öffnet sich dann seine Brieftasche. Verzicht und Genügsamkeit lohnen sich für den Sohn eben nicht, solange der helfende Vater bereitsteht.

Unschöne Verhaltensanreize gibt es in diesem Dilemma auch auf der anderen Seite: beim Vater. Ein Vater, der mit einem solchen Sohn gesegnet ist, wird den Blick nach vorne richten und erkennen, dass finanziellen Lasten auf ihn zukommen. Wie soll er reagieren? Er kann seinem Sohn wieder und wieder sagen, dass er ihm von nun ab nicht mehr helfen wird. Aber dass das nicht funktioniert, wissen beide. Oder er kann sich ausrechnen, dass er bald einmal wieder mehr Geld benötigen wird, weil sein Sohn gerade über die Stränge schlägt. Ein vorsichtiger Vater wird vielleicht sogar Vorsorge treffen und finanzielle Rücklagen bilden. Mit denen kann er dann die Schulden seines Sohns begleichen. Auch das ist keine sehr angenehme Alternative, die sogar noch einen weiteren Nachteil hat: Der Sohn kann in diesem Fall mit noch höheren Hilfsleistungen seines Vaters rechnen.

Kredithaie leihen Söhnen von reichen Eltern wohl eher Geld als Söhnen von Habenichtsen. Der Wucherkredit dürfte umso freizügiger fließen, je reicher die Eltern sind. Der Vater hat deshalb noch eine weitere Alternative. Er kann einfach selbst dem Luxus frönen und sein Vermögen möglichst schnell verprassen. Von einem solchen Vater ist in der Zukunft nicht viel zu holen. Ein Sohn, der das vorhersieht, wird selbst finanziell vorsichtiger sein. Und auch die Kredithaie werden über diese veränderte Situation wohl nachdenken. Ihre Bereitschaft, dem Sohn größere Summen zu leihen, dürfte sinken. Sie wissen, dass auch der Vater für diese Kredite nicht geradestehen kann, selbst wenn er es wollte.[52]

Die gleiche Anreizproblematik besteht in der Eurozone. Anscheinend freiwillig helfen die Euroländer einem Mitgliedsstaat am Rande des finanziellen Zusammenbruchs aus einer extremen Haushaltsnotlage heraus. Sie tun das nicht aus Nächstenliebe, sondern weil es für die eigene Nation besser ist, als nicht zu helfen. Sonst würden sie ja nicht helfen. Und auch hier gilt: nicht die Hilfe an sich ist das Problem. Wenn Geld von Deutschland nach Griechenland fließt, dann haben die Deutschen eben etwas weniger und die Griechen etwas mehr. Und ob das insgesamt gut oder schlecht ist, lässt sich aus übergeordneter Perspektive nicht sagen. Und zudem zahlen die Deutschen gegebenenfalls ja freiwillig. Und freiwillig tut man nur Dinge, die man unter Abwägung aller Aspekte für sich als vorteilhaft empfindet. Das Problem ist vielmehr, dass die Erwartung aller Beteiligten, dass diese Hilfssituation eintreten wird, von vornherein falsche Verhaltensanreize setzt.

Zum einen: Wer auf Hilfe in der Not vertrauen kann, hat kaum Anreize, eine drohende finanzielle Notlage aus eigener Kraft abzuwenden. Ausgabensenkungen und Steuererhöhungen wären klassische Maßnahmen, mit denen man eine drohende Haushaltsnotlage freiwillig abwenden kann. Beide Maßnahmen sind aber unbeliebt bei vielen Wählern und Politikern. Staaten nehmen häufig lieber Kredite auf, wenn die Steuereinnahmen klein und die Ausgabenwünsche groß sind. Das führt aber zu einem Anwachsen der Staatsschulden. Irgendwann entsteht dann eine Haushaltsnotlage.

Das ist für den Staat auch gar nicht so schlimm, wenn die anderen Staaten dann in der Notlage mit Geld helfen. Es ist vielleicht ein wenig peinlich, die anderen Staaten um Hilfe anzugehen. Vielleicht muss man sich auch öffentlich als Staatsmann des Landes entschuldigen, seinen Kollegen im Europäischen Rat der Finanzminister sagen, dass man das alles schrecklich bedauert. Aber einen Großteil der Schuld für die Notlage kann man öffentlich ja auf andere abwälzen. Die Bürokratie zum Beispiel. Oder die schreckliche Korruption im Land. Oder auf aktuelle Ereignisse wie die Finanzkrise. Oder auf die Vorgängerregierung, die vermeintlich alles falsch gemacht hat. Wer die Schuld für die Schulden der gegnerischen Ex-Regierung anhängen kann, ist moralisch aus dem Schneider. All das ist jedenfalls weniger unangenehm, als in der eigenen Regierungszeit die staatlichen Ausgaben zu kürzen oder die Steuern zu erhöhen oder überhaupt ernsthaft an einer Gesundung der Staatsfinanzen zu arbeiten.

Falsche Anreize entstehen auch für finanziell gesunde Mitgliedsstaaten der Eurozone. Ein solcher Staat weiß: er ist in der Rolle des barmherzigen Samariters. Er kann seine Haushaltspolitik noch solider gestalten und Reserven schaffen, um gegebenenfalls die Hilfen für andere Staaten besser zu verkraften. Das Sparen für andere macht aber keinen Spaß. Und es kann das Schuldenmachen in den armen Staaten sogar noch beflügeln. Der Staat kann stattdessen auch zu einer unsoliden Haushaltspolitik übergehen und selbst Schulden machen. Wenn es dem Staat schnell genug gelingt, eine hohe Verschuldung aufzubauen, dann kommt der Staat als Hilfeleistender selbst nicht mehr in Betracht. Der Staat hat ja dann mit sich selbst zu tun. Durch hohe eigene Schulden kann ein Staat seine lästige Samariterrolle abstreifen. Diese Rolle müssen dann die jeweils finanzkräftigsten verbleibenden Staaten übernehmen, solange es noch welche gibt. Alle Staaten der Eurozone haben also Anreize, ihre Staatsverschuldung auszuweiten. Wenn dann ein Sanierungsfall eintritt, kann es leicht sein, dass Hilfe nicht möglich ist, weil mittlerweile alle Staaten zu finanzschwach sind.

Der Anreiz, sich selbst zu verschulden, um nicht helfen zu müssen, hängt von der Zahl und Zusammensetzung der Mitglieder in der Eurozone ab. Wenn es mehrere finanziell gesunde andere Mitglieder gibt, die im Zweifel einspringen können, dann ist es besonders attraktiv, durch eigene Staatsschulden die Samariterrolle abzustreifen.

Wenn notleidende Staaten durch andere Staaten der Eurozone gerettet werden, hat das auch eine ganze Kette von Folgen für die Kapitalmärkte. Möglichen Käufern von Staatsanleihen der Eurozone ist es nicht egal, ob andere Mitgliedsstaaten finanziell notleidenden Euroländern helfen oder nicht. Können sie darauf vertrauen, dass hoch verschuldeten Ländern geholfen wird, dann ist es ihnen letztlich gleichgültig, ob sie dem Euroland mit der höchsten Verschuldung oder dem Euroland mit der niedrigsten Verschuldung Kredit geben: Ein einzelner Staat in der Eurozone wird so lange von den anderen Staaten gerettet, wie diese das noch können. Also geht entweder gar kein Staat pleite, oder alle Staaten der Eurozone gehen gemeinsam in die Insolvenz. Kann man auf dieses Hilfsprinzip zuverlässig vertrauen, sind die Staatsanleihen aller Staaten der Eurozone aus der Sicht der Gläubiger praktisch gleichwertig, jedenfalls was das mögliche Ausfallrisiko angeht.

Deshalb ist zu erwarten, dass die Zinsen für die Staatsanleihen unterschiedlicher Staaten sich angleichen. Die Kreditgeber bewerten bei ihrer Kaufentscheidung in einer Welt mit gegenseitigen Hilfen nicht mehr einzelne Staaten nach ihren Ausfallrisiken, sondern nur noch das Gesamtrisiko eines Zahlungsausfalls aller Staaten der gesamten Eurozone. Mit diesem Effekt geht jedoch eine wichtige Kontrollfunktion verloren, die Kreditgeber normalerweise ausüben: Anleger verweigern normalerweise den Kredit, wenn sie an der Bonität der Schuldner ernsthaft zweifeln. Wer sich Geld leihen möchte, hat deshalb ein Interesse daran, auf seine Bonität zu achten und der Kreditgeber hat einen Anreiz, sich Informationen über den Kreditnehmer zu verschaffen. In einer Haftungsgemeinschaft, in der ein Schuldner im Notfall für die Schulden des anderen Schuldners aufkommt, gehen diese Anreize weitgehend verloren. Die Kreditgeber prüfen nicht mehr die Bonität des einzelnen Schuldners, sondern nur die Bonität der Schuldnergemeinschaft. Und wenn die Gemeinschaft aus vielen Schuldnern besteht, hat jeder einzelne Schuldner nur einen kleinen Einfluss auf die Bonität der Gemeinschaft.

Wie unsere Graphik für den Zinsaufschlag für griechische Staatsanleihen im Vergleich zu deutschen zeigt, gab es in den ersten Monaten des Jahres 2010 erhebliche Zinsunterschiede in der Eurozone (Abbildung 18). Das ist ein Anzeichen dafür, dass die Käufer Unterschiede in den Ausfallrisiken gesehen haben. Die Aufschläge für Griechenlandanleihen haben sich in den ersten Monaten des Jahres dann recht dynamisch entwickelt.

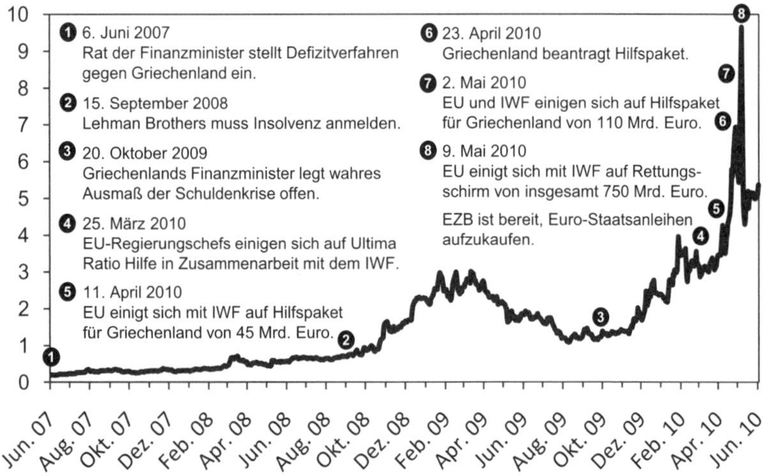

Abb. 18: Zinsaufschläge zehnjähriger Griechenlandanleihen gegenüber Bundesanleihen mit gleicher Laufzeit (in Prozentpunkten)
Quelle: Bloomberg

Im Umfeld des Sondergipfels im Februar, auf dem die europäischen Staatenlenker eine Art Garantieerklärung für den Fall einer extremen Haushaltsnotlage Griechenlands abgegeben haben, gingen die Aufschläge kurzfristig zurück, stiegen danach aber wieder kräftig an. Der Markt war wohl noch immer unsicher, ob es in der Eurozone Hilfen vor der Pleite geben würde oder nicht, und ob die Höhe der Hilfsgelder ausreicht.

Wenn es eine Gewissheit gäbe, dass die Eurostaaten sich gegenseitig helfen, dann sollten die Zinsunterschiede praktisch verschwinden. Dieser Mechanismus der Angleichung der Zinsen würde das Schuldenmachen für die hoch verschuldeten Staaten dann allerdings noch attraktiver machen. Das wird deutlich, wenn man zwei Situationen vergleicht. In der Situation I gibt es keine gegenseitigen Hilfsversprechen. In der Situation II gibt es ein zuverlässiges gegenseitiges Hilfsversprechen in der Eurozone. Welche Folgen hat es in den beiden Situationen, wenn Griechenland 100 Milliarden zusätzliche Schulden macht? In der Situation I zahlt Griechenland dann deutlich höhere Zinsen, nicht nur für die zusätzlichen Kredite, sondern nach geraumer Zeit – wenn die alten Anleihen ausgelaufen sind und durch neue Anleihen refinanziert wurden – für den gesamten Betrag der griechischen Staatsschulden. Zusätzliche Schulden verursachen dem Staat also zweierlei Kosten: Zinskosten für den zusätzlichen Kredit und höhere Zinsen für die ohnehin bestehenden Schulden.

In der Situation II, mit gegenseitigem Hilfsversprechen in der Eurozone, verschlechtert sich durch den Kredit Griechenlands die Bonität der gesamten Eurogruppe. Diese Verringerung fällt aber viel geringer aus als die Verringerung der Bonität Griechenlands in Situation I. Denn gemessen an der Wirtschaftskraft der gesamten Eurozone sind 100 Milliarden zusätzliche Schulden wenig, gemessen an der Wirtschaftskraft Griechenlands sind die zusätzlichen 100 Milliarden viel. So erhöht sich in Situation II zwar für alle Staaten der Eurozone der Zins, aber nur ein wenig. Der zusätzliche Kredit ist für Griechenland also billiger, wenn es gegenseitige Hilfsversprechen gibt. Ein Teil der Kosten für den zusätzlichen Kredit trägt in dieser Situation schon die Staatengemeinschaft der Eurozone, selbst wenn die versprochenen Hilfeleistungen letzlich nicht nötig sind, und zwar über den leicht gestiegenen Zinssatz für alle Staatskredite in der Eurozone.

5. Greift das Saarland-Bremen-Syndrom auf Europa über?

Um die Vorgänge um die Staatshilfen für Griechenland besser verstehen und abschätzen zu können, lohnt sich die Betrachtung eines ähnlich gelagerten früheren Falls – nicht innerhalb der europäischen Föderation, sondern des deutschen Föderalstaates. Wie in einem Labor konnte man bei den Entwicklungen des deutschen «Länderfinanzausgleichs» beobachten, welche Wirkungen ein gegenseitiges Hilfsversprechen bei extremen Haushaltsnotlagen hat.

In seinem Urteil vom 27. Mai 1992 hatte das Bundesverfassungsgericht klargestellt, dass sich Bund und Länder in Deutschland in einer Art Solidargemeinschaft befinden und in dieser Gemeinschaft füreinander einstehen müssen. In der Konsequenz hat das Gericht entschieden, dass die Bund-Länder-Gemeinschaft beistehen und helfen muss, wenn sich ein Mitglied in einer extremen Haushaltsnotlage befindet:

> Befindet sich ein Glied der bundesstaatlichen Gemeinschaft – sei es der Bund, sei es ein Land – in einer extremen Haushaltsnotlage, die seine Fähigkeit zur Erfüllung der ihm verfassungsrechtlich zugewiesenen Aufgaben in Frage stellt und aus der es sich mit eigener Kraft nicht befreien kann, so erfährt dieses bundesstaatliche Prinzip seine – hier mit der durch Art. 109 Abs. 2 GG gebotenen Wahrung der Erfordernisse des gesamtwirtschaftlichen Gleichgewichts verknüpfte – Konkretisierung in der Pflicht aller anderen Glieder der bundesstaatlichen Gemeinschaft, dem betroffenen Glied mit dem Ziel der haushaltswirtschaftlichen Stabilisierung auf der Grundlage konzeptionell aufeinander abgestimmter Maßnahmen Hilfe zu leisten, damit es wieder zur Wahrung seiner politischen Autonomie und zur Beachtung seiner verfassungsrechtlichen Verpflichtungen befähigt wird.
>
> aa) Diese verfassungsrechtliche Pflicht trifft nicht den Bund allein, sondern – dem bundesstaatlichen Prinzip entsprechend – Bund und Länder. Sie bedingt Kooperationspflichten zwischen Bund und Ländern wie auf Seiten des betroffenen Landes. Sie ist bezogen auf eine extreme Haushaltsnotlage in dem dargelegten Sinn und daran gebunden; das schließt freilich nicht aus, daß schon im Vorfeld Maßnahmen ergriffen werden, um eine solche Notlage vorbeugend abzuwehren.[53]

Das Urteil wurde von führenden Finanzwissenschaftlern bereits 1992 sehr kritisch kommentiert. Der Finanzwissenschaftsprofessor Rolf Peffekoven, ein langjähriges Mitglied des Sachverständigenrats zur Begutachtung der gesamtwirtschaftlichen Lage der Bundesrepublik, betont in einem Kommentar zum Urteil die gefährlichen Anreizwirkungen, die von dem Urteil ausgehen:

Eine Solidarhilfe bei jeder Art von Haushaltsnotlage könnte dazu führen, dass solche Situationen bewusst herbeigeführt werden, um auf diese Weise die Folgen wirtschaftspolitischen Fehlverhaltens auf die anderen Glieder des Bundesstaats abwälzen zu können.[54]

Die inzwischen eingetretenen Entwicklungen übertreffen seine vorsichtig formulierten Befürchtungen. Auf Basis des Urteils haben das Saarland und Bremen für die Jahre von 1994 bis 2004 über den normalen Finanzausgleich hinaus finanzielle Sonderzahlungen in Form sogenannter Bundesergänzungszuweisungen erhalten. Das Saarland hat zwischen 1994 und 2004 Hilfen im Umfang von 6,6 Milliarden Euro erhalten. Das entspricht, auf den einzelnen Einwohner bezogen, einer Hilfe durch die Gemeinschaft von Bund und Ländern in Höhe von ca. 6600 Euro pro Einwohner. Die Geldhilfen für Bremen sind im gleichen Zeitraum bei einer kleineren Einwohnerzahl mit gut 8,5 Milliarden sogar noch großzügiger ausgefallen.[55]

Die Hilfszahlungen wurden immerhin mit Auflagen verknüpft. Die Ausgabensteigerungen der Länder sollten unterhalb der allgemeinen Ausgabenempfehlungen des Finanzplanungsrats bleiben. Die zusätzlichen Mittel sollten zur Schuldentilgung verwendet werden. Entstehende Finanzierungsspielräume durften die Länder für «wirtschaftskraftfördernde Investitionen» nutzen.

Vor allem der Stadtstaat Bremen nutzte die Spielräume in der ersten Phase von Zuweisungen (von 1994–1998) für ein sogenanntes Investitionssonderprogramm. Daraus finanzierte oder ko-finanzierte Bremen einen «Space Park», eine Privat-Uni, das Metropol-Theater und andere «wirtschaftskraftfördernde Investitionen».[56] Gut 750 Millionen Euro flossen in ein «Wirtschaftsstrukturpolitisches Aktionsprogramm», gut 400 Millionen Euro flossen in die Kooperation von Wissenschaft und Wirtschaft, die Förderung kleiner und mittlerer Betriebe und in die Imagebildung des Landes Bremen. Für Schwerpunktprojekte wurden ca. 777 Millionen eingesetzt und in die Verkehrsinfrastruktur wurden 267 Millionen gelenkt.[57]

Die Meinungen gehen auseinander, wie hilfreich das Programm war, die Wirtschafts- und Finanzkraft Bremens nachhaltig zu stärken. Das von Bremen selbst in Auftrag gegebene Gutachten der Prognos AG kommt im August 2002 zu einem Ergebnis, das auf erfreuliche Weise mit der Interessenlage des Auftraggebers harmoniert. Im Kern bescheinigt der Auftragnehmer im Fazit des Gutachtens den Sanierungsmaßnahmen eine positive Wirkung: aufgrund der Maßnahmen sei eine nachhaltige Verbesserung der wirtschaftlichen Situation im Land Bremen zu erwarten. Die Angleichung an das übrige Westdeutschland habe damit zwar begonnen, das Ziel sei im Jahr 2004 aber noch nicht erreicht. Ein Anschlussprogramm werde benötigt.[58]

Tatsächlich ist es Bremen in den zehn Jahren nicht gelungen, die Haushaltskennziffern maßgeblich zu verbessern, aufgrund derer das Verfassungsgericht dem Land den Status einer extremen Haushaltsnotlage bescheinigt hatte. Angesichts der Möglichkeit weiterer Hilfen mag das vielleicht auch gar nicht die Interessenlage gewesen sein. Das Verhältnis von Zinszahlungen zu Steuereinnahmen hat sich jedenfalls nahezu nicht verändert. Und der Schuldenstand des Landes pro Kopf war 2004 höher als in jedem anderen Bundesland.[59] Auch für das Saarland hat sich die Situation durch die Sanierung nicht nachhaltig gebessert.[60]

Erhebliche Transferleistungen des Bundes sind also an diese Länder geflossen. Aber die Haushaltslage beider Bundesländer ist am Ende eines zehn Jahre andauernden Sanierungsprozesses kaum verändert. Und so mag es nicht überraschen, dass beide Länder erneut Sanierungshilfen gefordert und sich 2005 bzw. 2006 abermals an das Bundesverfassungsgericht gewandt haben.

Die erneute Klage war vielleicht nicht direkt, aber möglicherweise auf indirekte Weise noch einmal erfolgreich. Denn als Teil der Reform der Finanzverfassung im Jahr 2009 wurden beiden Ländern erhebliche Sonderzahlungen versprochen. Auf der Basis des neuen Art. 143d Abs. 2 GG wird mehreren Bundesländern in der Übergangsphase von 2011 bis 2019 finanzielle Hilfe gewährt, wenn sie sich auf den neu beschlossenen Haushaltskonsolidierungspfad begeben. Insgesamt sollen diese Hilfen bis zu 800 Millionen Euro pro Jahr betragen. Von diesem Betrag erhalten das Saarland mit 260 Millionen und Bremen mit 300 Millionen pro Jahr zusammen den bei weitem größten Anteil. Einen Zusammenhang zwischen diesen Hilfen und den zum Zeitpunkt der Verfassungsreform anhängigen Klagen des Saarlands und Bremens vor dem Bundesverfassungsgericht gibt es offiziell nicht.

Mit seinem Urteil von 1992 zu Gunsten des Saarlands und Bremens hat das Bundesverfassungsgericht deutlich gemacht: Bund und Länder befinden sich in einer Haftungsgemeinschaft. Gerät der Bund oder ein

Land in eine extreme Haushaltsnotlage, muss die übrige Bund-Länder-Gemeinschaft helfen. Die Bestätigung des Prinzips des gegenseitig füreinander Einstehens durch das Gericht mag für die praktische Finanzpolitik von Bund und Ländern ab 1992 nicht ganz unerheblich gewesen sein. In dieser Phase stieg die Verschuldung in vielen Bundesländern deutlich an. Auch die neuen Bundesländer, die weitgehend ohne Schuldenlasten gestartet sind, holten dabei schnell auf. Das Land Berlin, das zum Zeitpunkt der Wiedervereinigung praktisch schuldenfrei war, überholte in nur wenigen Jahren viele Schwesterländer und hatte im Jahr 2009 eine der höchsten Pro-Kopf-Verschuldung aller Länder.

Berlin ist dann auf den Spuren des Saarlands und Bremens gewandert und hat ebenfalls eine Klage beim Bundesverfassungsgericht eingereicht, um Sanierungshilfen zu erstreiten. In seinem «Berlin-Urteil»[61] vom 19. Oktober 2006 knüpft das Bundesverfassungsgericht an die Grundsätze seines Urteils von 1992 an. Es bestätigt das bündische Prinzip und damit in letzter Konsequenz ein wechselseitiges Haftungsversprechen für Staatsschulden innerhalb der Bund-Länder-Gemeinschaft. Dieser Interpretation des Urteils folgten auch die drei großen Ratingagenturen. Sie sahen keinen Anlass zum Umdenken. Am deutlichsten wird diese Einschätzung bei der Ratingagentur Fitch: das Urteil wirke sich nicht auf die Ratingfaktoren aus. Faktisch bestätige das Urteil das Bundestreueprinzip, auf dem die Bestnoteneinschätzung AAA für Bund und Länder beruhe.[62]

Trotzdem könnte man bei der Lektüre des Berlin-Urteils auf den Gedanken kommen, dass das Verfassungsgericht die Sichtweise von 1992 bereut. Das Gericht konnte seine Position zum Prinzip des «gegenseitig füreinander Einstehens» vielleicht nicht grundlegend umkehren. Dass dieses Prinzip die falschen Anreize in der Haushaltspolitik mindestens einiger Länder setzt, war in der öffentlichen Diskussion aber schon lange angekommen. In letzter Konsequenz hätte das Gericht dem Land Berlin Sanierungshilfen in einer extremen Haushaltsnotlage somit gar nicht vorenthalten können. Das Gericht entschied in dieser Situation einfach, dass sich Berlin zwar in einer Haushaltsnotlage befinde, aber nicht in einer *extremen* Haushaltsnotlage, und dass es deshalb keinen Anspruch auf Hilfe gebe. So wurde die Klage abgewiesen.

Für diese Entscheidung hat das Gericht die Anforderungen für das Vorliegen einer extremen Haushaltsnotlage also einfach entsprechend hoch angesetzt. Die Haushaltsnotlage müsse ein «so extremes Ausmaß» erreicht haben, dass «ein bundesstaatlicher Notstand im Sinne einer nicht ohne fremde Hilfe abzuwehrenden Existenzbedrohung des Landes als verfassungsgerecht handlungsfähigen Trägers staatlicher Aufgaben eingetreten» sei. Das Land muss außerdem alle ihm verfügbaren Möglichkeiten der Abhilfe erschöpft haben. Die Bundeshilfe muss den einzig verbleibenden Ausweg darstellen.[63]

Wie der Staatsrechtsexperte Stefan Korioth vermutet, werden diese hohen Hürden dazu führen, dass die extreme Haushaltsnotlage künftig «als Anspruchsgrundlage im Finanzverteilungsstreit wohl keine Rolle mehr spielen wird.»[64] Ob sich das nun präzisierte Kriterium einer extremen Haushaltsnotlage erfüllen lässt und Bundeshilfen sprudeln können, wird auch davon abhängen, wie man die Formulierungen des Gerichts interpretiert. Betrachtet man die Aufnahme neuer Schulden als «eine der verfügbaren Möglichkeiten der Abhilfe», dann entsteht ein seltsames Paradox: Da in letzter Konsequenz bei einer Zahlungsunfähigkeit eines einzelnen Landes die Bund-Länder-Gemeinschaft für die Schulden des Landes geradesteht, bleibt der Zugang zum Kreditmarkt auch für ein extrem hoch verschuldetes Land für lange Zeit offen, und zwar zu Konditionen, die für alle Länder und den Bund praktisch die gleichen sind. Solange also die Bund-Länder-Gemeinschaft als Ganzes aus der Sicht der Kreditgeber noch kreditwürdig ist, hat auch ein extrem hoch verschuldetes Land die Möglichkeit, seine staatlichen Aufgaben und seinen Schuldendienst durch immer neue Schulden zu finanzieren. Selbst wenn das Land alle anderen Möglichkeiten zur Selbsthilfe erschöpft hat, stößt es so niemals an die Grenzen seiner Möglichkeiten zur Selbsthilfe durch Neuverschuldung, solange die Bund-Länder-Gemeinschaft noch kreditwürdig ist. Erst wenn die Bund-Länder-Gemeinschaft als Ganzes ihre Kreditwürdigkeit einbüßt, versiegt auch der Kreditmarkt als Finanzierungsquelle für das einzelne Land. Dann hat das Land selbst keine weiten Möglichkeiten der Abhilfe und kann legitimerweise die Bund-Länder-Gemeinschaft um Hilfe bitten. Für diese Hilfe ist es dann natürlich zu spät: Die Gemeinschaft ist zu einer Hilfe dann nicht mehr in der Lage, denn sie ist selbst pleite.[65]

Trifft diese Interpretation zu, dann hat das Bundesverfassungsgericht eine Situation geschaffen, in der die Überschuldung eines Landes, auch wenn sie praktisch schon eingetreten sein mag, zunächst zu immer höheren Schulden und letztlich zur Überschuldung der Bund-Länder-Gemeinschaft führen muss, weil eine frühzeitige Hilfe nicht statthaft ist. Ob sich das Gericht darüber im Klaren war, ist nicht bekannt. Auch erscheint es als wahrscheinlich, dass die Verfassungsrichter, die für das Urteil von 1992 verantwortlich zeichnen, die Wirkungsmechanismen des Samariterdilemmas nicht kannten, nicht verstanden haben, oder jedenfalls die Anreizprobleme falsch eingeschätzt haben, die das bündische Prinzip des «füreinander Einstehens» mit sich bringt. Insgesamt hat das Gericht mit seinen Urteilen von 1992 und 2006 dem deutschen Föderalismus keinen guten Dienst erwiesen. Der Gesetzgeber hat auf die so entstandene Situation mit der jüngsten Verfassungsreform von 2009 reagiert. Statt die Voraussetzungen dafür zu schaffen, dass die Länder in ihrer Haushaltspolitik frei aber selbstverantwortlich handeln und im Überschuldungsfall einer Umschuldung entgegensehen, hat der Gesetzgeber ein kompliziertes Regelwerk der Haushaltsüberwachung geschaffen: die (in Teil I kritisch diskutierte) «Schuldenbremse». Ob sie das Samariterdilemma im deutschen Föderalismus beseitigen kann, bleibt abzuwarten.

Zu Beginn des zweiten Jahrzehnts des 21. Jahrhunderts stehen die europäischen Staatslenker und die EU-Kommission vor ganz ähnlichen Entscheidungsproblemen wie das Bundesverfassungsgericht, als es über Staatshilfen für das Saarland, Bremen und Berlin zu urteilen hatte. Die europäische Politik hat in der ersten Hälfte des Jahres 2010 in einer Kette von Entscheidungen letztendlich Klarheit geschaffen, was mit Mitgliedern der Eurozone geschehen soll, die überschuldet sind und an den Kreditmärkten in Ungnade zu fallen drohen. Diese Entscheidungen gehörten zu den wichtigsten politischen Weichenstellungen dieses Jahrzehnts.

6. Die Griechenlandkrise und die Zukunft der Gemeinschaft

Noch im Frühjahr 2009 feierte der Chefvolkswirt der Europäischen Zentralbank Jürgen Stark den zehnjährigen Geburtstag des Euro mit überschwänglichen Worten: «eine Entwicklung [....], die selbst für ausgewiesene Optimisten undenkbar schien.» Und eine Erklärung hatte er auch parat: «Dieser Erfolg beruht vor allem auf der stabilitätsorientierten Währungsverfassung der Europäischen Währungsunion».[66] Auch viele andere priesen die Gemeinschaftswährung für ihre relative Stabilität in der Finanzkrise. «In stürmischer See ist es besser, auf einem großen Schiff zu sein als in einem kleinen Boot», sagte etwa der Präsident der Europäischen Zentralbank Jean-Claude Trichet.[67] Die Gemeinschaftswährung hatte den Orkan der Finanzkrise ohne größere Verwirbelungen überstanden. Gute zwölf Monate danach ist die Eurozone in sehr unruhige Fahrwasser geraten, und im Mai 2010 hätten sich vielleicht einige der Eurostaaten lieber in einem kleinen Rettungsboot befunden. Auslöser war ein kleines, sehr schönes und sonniges Mitgliedsland.

Die Staatenlenker wurden von der Griechenlandkrise wohl recht unvorbereitet getroffen. Sie reagierten darauf jedenfalls wenig planvoll und überschlugen sich mit Vorschlägen und Ankündigungen, die sich teilweise widersprachen. Einerseits, so war zu hören, würde man Griechenland nicht untergehen lassen. Das war beispielsweise die Botschaft des Sondergipfels am 11. Februar in Brüssel, aber auch die Verlautbarung des französischen Präsidenten Nicolas Sarkozy. Unmittelbar nach dem Sondergipfel kursierten zunächst Gerüchte über ein deutsch-französisches Kreditpaket, an dessen Schnüren die Kreditanstalt für Wiederaufbau maßgeblich beteiligt sein sollte. Anderswo hieß es, Griechenland verhandle mit China über einen Kredit in Höhe von bis zu 25 Milliarden Euro. Der ehemalige Zentralbanker Otmar Issing sah den Internationalen Währungsfonds (IWF) als eine Art letzten Ausweg. Unter den europäischen Politikern und europäischen Institutionen einschließlich der Europäischen Zentralbank stieß der Vorschlag zunächst jedoch auf wenig Gegenliebe.[68]

Etwa um den 7. März 2010 herum kamen abgestimmt oder unabgestimmt aus dem bundesdeutschen Wirtschaftsministerium und aus dem Finanzministerium ähnlich lautende Verlautbarungen zu Plänen für die Gründung eines Europäischen Währungsfonds. Erfunden hatte wohl keiner der Minister das Konzept. Die Ökonomen Daniel Gros (CEPS) und Thomas Mayer (Deutsche Bank) hatten schon Anfang Februar über einen Europäischen Währungsfonds nachgedacht.[69] Welches Reifestadium die Märzpläne in den beiden Ministerien hatten, und ob man über den Namen der Institution in der Planung bereits substanziell hinausgekommen war, das weiß man ganz sicher in den Ministerien. Das Licht der Öffentlichkeit sollten mögliche konkrete Pläne wohl einstweilen noch nicht sehen. Der Grund dafür, so war in der Presse zu lesen: man wolle sich mit den europäischen Partnern noch abstimmen.

In der Tat waren die Ansichten zu dieser Politikoption geteilt. Der Bundeswirtschaftsminister und der Bundesfinanzminister, aber auch der Eurogruppenchef Jean-Claude Juncker und der EU-Kommissionsvorsitzende Barroso konnten – zumindest zeitweise – der Idee offenbar viel abgewinnen, während Stimmen aus der EZB und Stimmen aus der Bundesbank die Notwendigkeit einer neuen europäischen Institution als weniger vordringlich einstuften.[70]

Weitere Vorschläge waren Überlegungen zu einer europäischen Wirtschaftsregierung, die nicht ganz unerwartet zum einen aus dem Europäischen Parlament und zum anderen aus dem Élyseé-Palast in Frankreich kamen. Aber selbst der deutsche Finanzminister Wolfgang Schäuble sympathisierte mit «mehr Koordinierung im Sinne einer Wirtschaftsregierung – auch wenn wir den Begriff nicht so sehr lieben»[71].

Hilflosigkeit ist eine mögliche Erklärung für dieses komplizierte Stimmenkonzert, unterschiedliche Ziele der jeweiligen Akteure eine andere. Der Politik in Frankreich wird traditionell ein stärkerer Hang zu Zentralisierung und zum Interventionismus nachgesagt als der deutschen Politik. Unterschiedliche Grundanschauungen zwischen wirtschaftsliberalen Positionen am einen Ende und sozialistischen Vorstellungen am anderen führen zu unterschiedlichen Idealvorstellungen über europäische Institutionen. Und natürlich bevorzugen bestimmte Institutionen wie z. B. die Europäische Zentralbank oder der Europäische Rat bestimmte Lösungen auch im Hinblick auf ihren eigenen politischen Einfluss und ihre Unabhängigkeit. Nicht vergessen werden dürfen die unterschiedlichen Kreditportfolios der heimischen Finanzindustrie.

Die zu beobachtende Dynamik entspricht zudem einem organisationstheoretischen Verhaltensmuster zur Erklärung von Reformen. Wenn ein neues Problem in der Welt auftaucht, entdecken Interessengruppen darin die Chance, alte, langgehegte Pläne den politischen Entscheidungsträgern als neue «Problemlösungen» verkaufen zu können. Da diese Pläne oft uralt sind, sind sie weitgehend ausgearbeitet und stehen sofort zur Verfügung. Die Herausforderung an die Interessengruppen besteht eher darin, den Entscheidungsträgern zu erklären, warum ausgerechnet diese Ideen das neue Problem lösen. Aber weil kurzfristig oft keine wirklich problemadäquaten Lösungsalternativen zur Hand sind und die Politik Problemlösungskompetenz unter Beweis stellen möchte, haben die Interessengruppen in diesem Augenblick eine historische Chance. In der Verwaltungstheorie wird dieses Phänomen als das «Mülleimer-Modell» («garbage can model») politischer Entscheidungen bezeichnet.[72]

Tatsächlich steht die Eurozone vor zwei Aufgaben, die wir gedanklich auseinanderhalten sollten. Zum einen steht das konkrete Problem an, dass Griechenland in der historischen Situation in der ersten Jahreshälfte 2010 als Mitglied der Eurozone mutmaßlich ein «systemrelevantes Risiko» dargestellt hat. Zum anderen geht es darum, die europäische Finanzverfassung für die Zukunft fit zu machen.

Die Griechenlandkrise überwinden

Im Februar und März 2010, auf dem ersten Höhepunkt der Griechenlandkrise war von Seiten der Politik zu hören, die Griechen müssten sich ‹erst einmal› alleine helfen. In der deutschen Politik kam es in den Wochen nach dem Sondergipfel im Februar und im Vorfeld des Gipfels am 25. März in Brüssel zu einer Art Gegensteuern. Noch unmittelbar vor der Sitzung des Europäischen Rats schloss Angela Merkel Gemeinschaftshilfen aus und mahnte Reparaturen am Stabilitäts- und Wachstumspakt an. Hilfe durch den IWF, ergänzt durch bilaterale Hilfen, sah sie als letztes Mittel der Hilfe. Mit dieser Position setzte sie sich auf dem Gipfel zunächst weitgehend durch.[73]

Eine Ursache für die harte deutsche Position war vermutlich die Befürchtung, dass Hilfszahlungen an Griechenland dem Hilfsverbot des Artikel 125 («No-bailout-Klausel») für alle Zeiten den Rest seiner Glaubwürdigkeit nehmen würden. Ein Fass ohne Boden auf europäischer Ebene könnte sich auftun. Eine Neuauflage des Saarland-Bremen-Syndroms auf europäischer Ebene, dann sozusagen das «Griechenland-Syndrom», hätte all die bereits diskutierten negativen Anreizeffekte im Verhältnis der europäischen Staaten zueinander und für die Finanzmärkte.

Eine andere Ursache war unter Umständen die Rechtsunsicherheit darüber, ob, und gegebenenfalls welche Hilfsmaßnahme denn überhaupt im Einklang mit der Europäischen Verfassung stünde. Zwar gab es schon früh ernsthafte Stimmen, die davon ausgehen, dass eine Hilfe auch innerhalb der Eurozone möglich ist. Der Europarechtsexperte Ulrich Häde beispielsweise schreibt nach einer Abwägung: «Im Ergebnis ist auch auf der Gemeinschaftsebene ein bailout als letztes Mittel und unter Auflagen zulässig.»[74] Ganz unumstritten war diese Interpretation unter Juristen wohl nicht. Immerhin hat das Bundesverfassungsgericht 1993 in seinem Maastricht-Urteil die Bedeutung des Hilfsverbots innerhalb der Eurozone explizit gemacht. Das Gericht stellte fest, dass die Einhaltung der Stabilitätsprinzipien, einschließlich des Hilfsverbots, konstitutive Elemente des Vertrags sind. Eine Lesart des Urteils ist: Wenn manche Länder die Stabilitätsprinzipien nicht einhalten und das Hilfsverbot gebrochen wird, dann hat Deutschland das Recht, sich aus der Gemeinschaft zu lösen. Die präzise Formulierung im Urteil lautete:

Der Vertrag setzt langfristige Vorgaben, die das Stabilitätsziel zum Maßstab der Währungsunion machen, die durch institutionelle Vorkehrungen die Verwirklichung dieses Ziels sicherzustellen suchen und letztlich – als ultima ratio – beim Scheitern der Stabilitätsgemeinschaft auch einer Lösung aus der Gemeinschaft nicht entgegenstehen. [...]Art. 104 b EGV schließt die Übernahme von und den Eintritt für Verbindlichkeiten öffentlicher Stellen oder öffentlicher Unternehmen eines Mitgliedstaates durch die Gemeinschaft oder einen anderen Mitgliedstaat aus, so daß ein Mitgliedstaat die Folgen unseriöser Finanzpolitik nicht einfach abwälzen kann. [...]

Diese Konzeption der Währungsunion als Stabilitätsgemeinschaft ist Grundlage und Gegenstand des deutschen Zustimmungsgesetzes. Sollte die Währungsunion die bei Eintritt in die dritte Stufe vorhandene Stabilität nicht kontinuierlich im Sinne des vereinbarten Stabilisierungsauftrags fortentwickeln können, so würde sie die vertragliche Konzeption verlassen.[75]

Jede Form von direkten oder indirekten Staatshilfen an Griechenland sind insofern für die Gegner des Vertrags von Maastricht eine Einladung zur Klage vor dem Bundesverfassungsgericht. Paul Kirchhoff, einer der Verfassungsrichter des Senats, der das Maastricht-Urteil verantwortete, sah in einer «vertragswidrigen Instabilität» der Währungsunion einen legitimen Grund für Deutschland, sich aus der Union zu lösen.[76]

Auch der Rechtswissenschaftler Peter M. Schmidhuber interpretierte das Urteil als den Versuch, in den Vertrag von Maastricht ein Kündigungsrecht bzw. einen letzten Notausstieg einzubauen.[77] Wie realistisch solche Ausstiegsszenarien sind, sei dahingestellt. Die Organisationsprobleme einer solchen Operation wären sicher erheblich, ebenso wie die politischen Verwerfungen. Aber der Ausgang einer möglichen Klage beim Bundesverfassungsgericht ist zunächst einmal offen. Von der Position Paul Kirchhoffs aus ist es indes nicht mehr weit, den Ausstieg aus der Währungsunion zu fordern, wenn dort Maßnahmen ergriffen werden, die offensichtlich dem Geist der «No-bailout-Klausel» zuwiderlaufen. Damit ergibt sich zu der unter anderem vom Ökonomen Hans-Werner Sinn erhobenen Forderung, die Griechen aus der Eurozone zu entlassen, zumindest formal eine weitere Alternative: Deutschland könnte die Eurozone verlassen. Eine solche einseitige Aufkündigung der Währungsunion wird von verschiedenen Kommentatoren des Urteils auch in Betracht gezogen. Nach dieser Lesart hat sich das Bundesverfassungsgericht eine «Kontrolle des Integrationsvollzugs der Währungsunion» vorbehalten.[78]

Hilfe als Ultima Ratio und ihre Folgen

Auf dem Gipfel am 25. und 26. März 2010 in Brüssel hat die Europäische Politik zur Griechenlandkrise einen folgenreichen Beschluss gefasst. Als Teil der Maßnahmen wurde eine Hilfe in Form von Krediten oder Bürgschaften als «Ultima Ratio» beschlossen. Hilfen an einen notleidenden Eurostaat solle es geben, wenn ein Eurostaat alle ihm selbst zu Gebote stehenden Mittel ausgeschöpft hat. Eine solche Hilfe soll jedoch kein Automatismus sein. Sie soll an politische Beschlüsse in Europa bzw. in der Eurozone geknüpft sein, und die Hilfen sollen mit Auflagen einhergehen, auch unter Einbeziehung des Internationalen Währungsfonds.

Das Hilfsversprechen erhöht die Wahrscheinlichkeit dafür, dass Investoren im Zweifel ihr Geld erhalten. Die deutsche Regierung, die die Beschlüsse vom 25. März 2010 maßgeblich mitgestaltet hat, wiederholt damit die Fehler, die in föderalem Rahmen in Deutschland schon einmal gemacht wurden, mit dem «Saarland-Bremen-Syndrom» als Folge.

Im April und Mai 2010 haben sich dann die Ereignisse überstürzt. Als klar wurde, dass das vage Hilfsversprechen die Finanzierungsprobleme Griechenlands nicht würde lösen können, hat Griechenland am 23. April formell um Hilfen angefragt. Nach zähen Verhandlungen zwischen Griechenland, den Mitgliedern der Eurozone und dem IWF wurde dann ein Verhandlungspaket geschnürt. Griechenland sollte sich auf einen harten Konsolidierungskurs begeben und die Eurogruppe und der IWF wollten die Finanzierung der griechischen Staatsschuld für die Jahre 2010 bis 2012 mit einem Kreditpaket von 110 Milliarden Euro sicherstellen.[79]

Der tatsächlichen Verabschiedung des Hilfspakets am 7. Mai 2010[80] ging insbesondere in Deutschland ein intensives politisches und juristisches Tauziehen voraus. Unmittelbar nachdem das Gesetz im Bundestag verabschiedet wurde, in dem die Kreditanstalt für Wiederaufbau staatliche Bürgschaften erhielt, mit denen sie sich am Hilfspaket für Griechenland im für Deutschland vorgesehenen Umfang beteiligen konnte, wurde beim Bundesverfassungsgericht Verfassungsbeschwerde eingereicht. Das Gericht hat auf dem Wege einer einstweiligen Anordnung am 7. Mai 2010 den Antrag auf Erlass einer einstweiligen Anordnung in dieser Angelegenheit abgelehnt. Das Gericht hat dabei Nachteile einer einstweiligen Anordnung schwerer gewichtet als etwaige Nachteile aus der Haftungsübernahme für die Griechenlandhilfe:

> Die Bundesrepublik Deutschland müsste im Fall des Erlasses der begehrten einstweiligen Anordnung ihre Mithilfe an den Notmaßnahmen zum Erhalt der Zahlungsfähigkeit der Hellenischen Republik gerade dann abbrechen, wenn sie gefordert ist. Dies würde nicht nur durch bisheriges Verhalten genährte Erwartungen der Partner im Euro-Währungsgebiet enttäuschen. Die Unaufschiebbarkeit der Maßnahme und das Volumen des dann fehlenden Hilfsanteils würde vor allem die Realisierbarkeit des Rettungspaketes insgesamt in Frage stellen. Damit entstünden nach Auffassung der Bundesregierung der Allgemeinheit voraussichtlich schwerwiegende wirtschaftliche Nachteile. Sollte das mit dem Währungsunion-Finanzstabilitätsgesetz verfolgte Ziel verfehlt werden, mithin eine unmittelbar drohende Zahlungsunfähigkeit Griechenlands nicht abgewendet werden können, wäre nach Auffassung der Bundesregierung die Stabilität der gesamten Europäischen Währungsunion gefährdet.[81]

Das Gericht folgt zudem den Argumenten der Bundesregierung, was die Schäden für das Gemeinwohl angeht. Danach wäre die Wahrscheinlichkeit des Zahlungsausfalls klein und das Haftungsrisiko gering und die Risiken für den Bundeshaushalt aus einer Finanzinstabilität seien gegenzurechnen. Ähnlich wie in dem Urteil 1992, mit dem das Gericht das «Saarland-Bremen-Syndrom» ins Leben rief, spielen die langfristigen Anreizeffekte der Entscheidung bestenfalls eine völlig nachgeordnete Rolle.

Den bisherigen Höhepunkt erlebte die Staatsschuldenkrise in der ersten Maiwoche. Da griff der Griechenlandvirus, auch befördert durch Rückstufungen der Ratingagenturen, auf andere Staaten der Eurozone über. Die Risikoaufschläge insbesondere von Portugal und Spanien schossen in die Höhe, auch Italien bekam plötzlich die Hitze der Märkte zu spüren. Die Wall Street verzeichnete am 6. Mai 2010 kurzfristig den größten Punkteverlust ihrer Geschichte.

In dieser Gemengelage entschloss sich der Europäische Rat zu einem ultimativen Schritt: dem Europäischen finanziellen Stabilisierungsmechanismus.[82] Dabei handelt es sich um einen zunächst auf 3 Jahre Dauer beschränkten Garantiefonds in Höhe von 500 Milliarden Euro, zuzüglich möglicher Hilfen seitens des IWF von weiteren 250 Milliarden Euro, auf den Staaten mit Refinanzierungsproblemen zugreifen können. Darüber hinaus hat die EZB ihre Bedenken aufgegeben, was den aktiven Ankauf von Staatsanleihen von in Finanzierungsschwierigkeiten geratenen Staaten der Eurozone angeht. Nach der Ankündigung im Mai hat sie für zweistellige Milliardenbeträge Euro-Staatsanleihen aufgekauft. Mit diesen Maßnahmen ist zunächst auf drei Jahre eine Situation hergestellt, in der ein Staatsbankrott eines Eurostaats wirksam verhindert wird – durch Hilfsgelder der europäischen Partnerländer oder die Flutung der Märkte mit Liquidität.

Der Preis für diese Stabilität ist hoch. Ein Inhaber griechischer Staatsanleihen mit einer Restlaufzeit unter drei Jahren kann sich recht sicher sein, dass er sein Geld am Ende wiederbekommt. Entweder von Griechenland oder aber über den Stabilisierungsfonds, also von anderen Mitgliedern der Eurozone. Jedenfalls solange wenigstens diese Mitglieder noch zahlungsfähig sind. Und als allerletzte Instanz scheint nunmehr auch noch die Europäische Zentralbank bereitzustehen. Damit würden griechische, portugiesische oder spanische Staatsanleihen für Investoren so sicher (oder so unsicher) wie die Anleihen anderer Mitglieder der Eurozone. Wird die Ultima Ratio wirklich in harte Münze gegossen und gewinnt das Vertrauen der Kapitalgeber, dann bekommt man als Kreditgeber jedes Eurostaats sein Geld eigentlich mit genau der gleichen Wahrscheinlichkeit zurück. Die Ultima Ratio «vergemeinschaftet» die Bonität der Mitgliedsstaaten der Eurozone. Dieser Mechanismus greift ganz unabhängig davon, an welche möglichen Sanierungsauflagen oder politische Zugeständnisse die Hilfen geknüpft werden. Die Überlegungen der Politik, mögliche Staatenhilfen innerhalb der Eurozone für das Schuldnerland möglichst unattraktiv zu machen, spielen für die Vergemeinschaftung der Schulden dabei keine Rolle. Denn die Zugeständnisse werden gegebenenfalls von dem Schuldnerland erbracht, und nicht von den Gläubigern.

Mit der «Vergemeinschaftung» der Schuldnerbonität innerhalb der Eurozone gehen all die negativen Anreizeffekte einher, die wir im Zusammenhang mit dem «Saarland-Bremen-Syndrom» beschrieben haben. Gläubiger verlieren das Interesse daran, einzelne Eurostaaten hinsichtlich ihrer Bonität zu überwachen. Sie interessieren sich nur noch für die Bonität der Eurozone insgesamt. Die Märkte verlieren damit einen

Großteil ihrer disziplinierenden Wirkung, wenn übermäßige Verschuldung nicht mehr durch höhere Zinsen bestraft wird. Mitgliedsstaaten innerhalb der Eurozone können einen Großteil der Kosten zusätzlicher Kredite auf die übrigen Mitgliedsstaaten abwälzen. Ihre zusätzlichen Kredite belasten nicht primär ihre eigene Bonität, sondern die Bonität der Eurozone insgesamt. Finanzielle Missstände bei den eigenen Finanzen werden damit quasi von den anderen Staaten getragen; der Anreiz schwindet, selbst auf solide Staatsfinanzen hinzuarbeiten. Arme Länder treiben so in die immer höhere Verschuldung. Reiche Mitgliedsstaaten müssen fürchten, dass sie zum Zahlmeister der Eurozone werden, und haben damit selbst einen Anreiz zu höherer Verschuldung, um so die möglichen Kosten von Hilfen an andere Mitgliedsstaaten weiterzugeben.

Interpretiert man die Ultima Ratio gar so, dass auch die immer weitere Kreditaufnahme eines Staats zu den Mitteln gehört, die einem Staat zu Gebote stehen und die er ausschöpfen muß, bevor Hilfsgelder fließen, dann führt die strenge Anwendung einer Gemeinschaftshaftung zwangsläufig in die Zahlungsunfähigkeit der gesamten Eurozone. Es bleibt zu hoffen, dass die Politik die Konsequenzen erkennt und richtig gegensteuert. Aber welche Reformoptionen gibt es, und welche Vor- oder Nachteile haben sie?

Eine Systematik der Reformvorschläge

Für eine Systemreform gibt es eine Anzahl von Vorschlägen, aber nur wenige vernünftige Alternativen. Die Vorschläge lassen sich in einem Diagramm entlang zweier Dimensionen sortieren: Einzelstaatliche Freiheit ist die eine Dimension, einzelstaatliche Eigenverantwortung ist die andere. Die folgende Graphik zeigt den so aufgespannten Möglichkeitsraum (Abbildung 19). Verschiedene konkrete Vorschläge lassen sich in diesem Möglichkeitsraum charakterisieren.[83]

Das Diagramm hat zwei Pole. Der Pol oben rechts beschreibt das im EU-Vertrag formulierte System hoher einzelstaatlicher Freiheit und Eigenverantwortung, das durch den Stabilitätspakt und die «No-bailout-Klausel» zusammengehalten werden soll. Der andere Pol kennzeichnet den Vorschlag einer EU-Wirtschaftsregierung in ihrer idealtypischen Ausprägung, deren Finanz- und Haushaltspolitik vollständig zentralisiert ist. Die finanzielle Freiheit und Eigenverantwortung der Eurostaaten hätte in diesem Fall ein Ende. Die weiteren Vorschläge für Systemreformen liegen zwischen diesen Extrempolen. Betrachten wir zunächst einmal die Radikalreform hin zu einer europäischen Wirtschaftsregierung.

Eine echte EU-Wirtschaftsregierung?

In diesem Fall wacht eine europäische Zentrale über die nationalen Haushalte und ist zu mehr oder weniger drastischen Eingriffen autorisiert. Eine solche vollständige Kompetenzverlagerung «entmündigt» praktisch die Nationalstaaten, was wesentliche Elemente in ihrer Finanzpolitik betrifft. Zentrale Entscheidungen über Einnahmen und Ausgaben, darunter die Kompetenz zur Aufnahme von staatlichen Krediten, übernimmt die Europäische Union für die Einzelstaaten. Mit einer Verlagerung zentraler Haushaltskompetenzen geht jedoch automatisch auch die «Verantwortung» auf die europäische Ebene über: In dem Maße, in dem ein Staat die Gestaltungsmacht für seine Einnahmen, Ausgaben und Kreditpolitik abgibt, kann er für finanzielle Engpässe auch weniger selbst verantwortlich gemacht werden.

Formal betrachtet ergibt sich aus einer vollständigen Zentralisierung

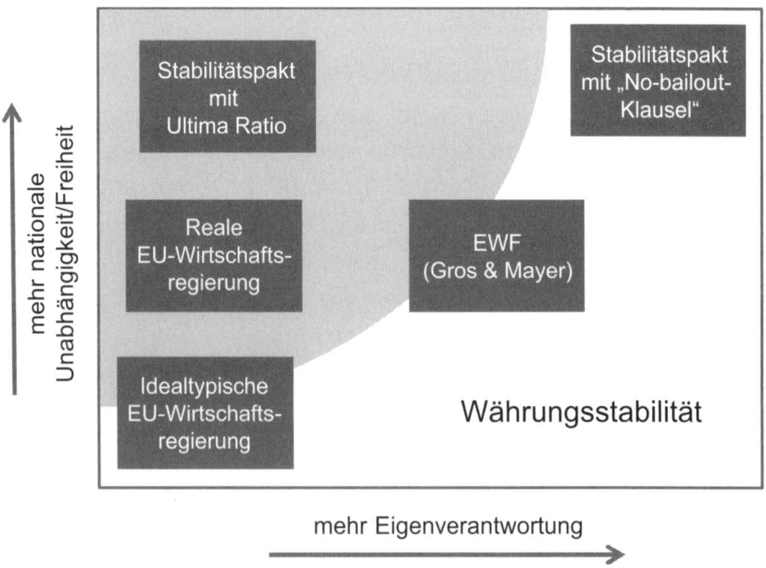

Abb. 19: Alternativen für eine Systemreform der Eurozone

der Haushaltspolitik ein Vorteil, was das Samariterdilemma angeht. Einzelne Eurostaaten können sich einfach deswegen nicht mehr verschulden, um anschließend von den Schwesterstaaten der Eurozone gerettet zu werden, weil sie das Recht zur Schuldenaufnahme nicht mehr haben.

Der Übergang zu einer zentralistischen Finanzpolitik in Europa wäre eine große Reform, die aus verschiedenen Gründen sehr umstritten sein dürfte. Eine Zentralisierung vieler Aspekte der Finanzpolitik steht im Widerspruch mit dem Subsidiaritätsprinzip der EU, wonach staatliche Aufgaben soweit möglich immer auf der niedrigsten, bevölkerungsnächsten Politikebene erfüllt werden sollen. Mit der teilweisen Kompetenzverlagerung über die Haushaltsaufstellung, den Haushaltsvollzug und die öffentliche Kreditaufnahme an eine europäische Zentrale dürfte auch der Druck in Europa zunehmen, Einkommensunterschiede zwischen den europäischen Regionen auszugleichen. Die Einkommensunterschiede sind dabei recht beträchtlich. Das zeigt sich bei einem Vergleich des Bruttoinlandsprodukts pro Kopf für die deutschen Bundesländer und für die EU-Staaten für das Jahr 2009, in den Abbildungen 20 und 21.

Auf einen Blick erschließen sich die größeren Disparitäten innerhalb der EU beziehungsweise der Eurozone. Während in Deutschland das wirtschaftsstärkste Bundesland, der Stadtstaat Hamburg, mit 48 200 Euro

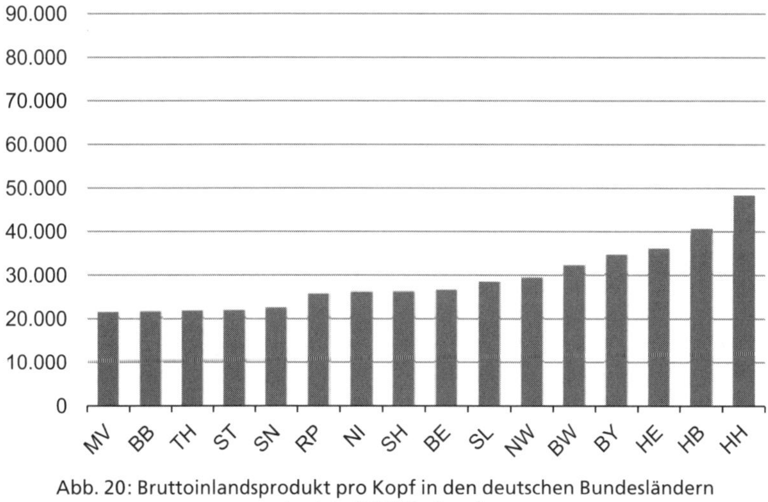

Abb. 20: Bruttoinlandsprodukt pro Kopf in den deutschen Bundesländern im Jahr 2009 (in Euro)
Quelle: Statistisches Bundesamt

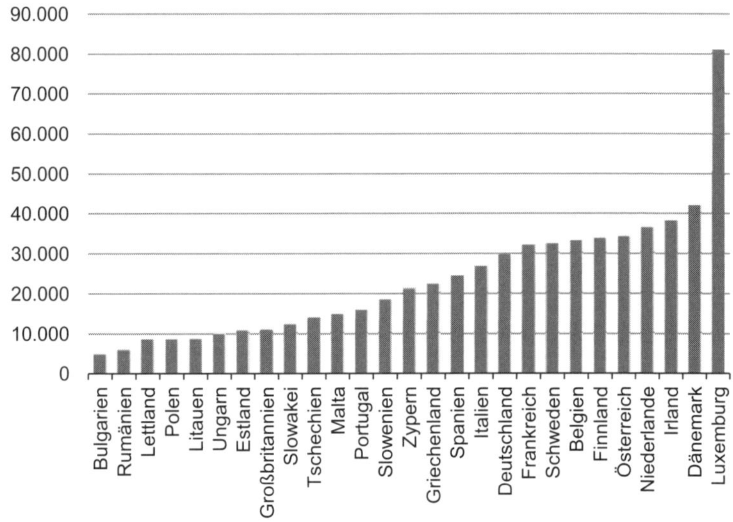

Abb. 21: Bruttoinlandsprodukt pro Kopf in den EU-Staaten im Jahr 2009 (in Euro)
Quelle: Fitch Ratings

pro Kopf gerade einmal etwas mehr als doppelt so viel erwirtschaftet wie das ärmste Bundesland Mecklenburg-Vorpommern (21 264 Euro), klaffen zwischen Arm und Reich in der EU wahre Wohlstandswelten. In Luxemburg beträgt das BIP pro Kopf mit rund 81 000 Euro 18 Mal mehr als in Bulgarien mit umgerechnet 4500 Euro. Selbst innerhalb der 16 Euroländer hat der reichste Staat, Luxemburg, sechs Mal mehr pro Kopf als das junge Währungsmitglied Slowakei.

Solche Verteilungsüberlegungen sind aber nicht der Haupteinwand gegen eine Zentralisierung. Umverteilung hat Vorteile für die Empfänger und Nachteile für die Geber. Insgesamt aus europäischer Perspektive und je nach Blickwinkel des Betrachters könnte Umverteilung sogar wünschenswert erscheinen. Aus den nachteiligen Folgen für mögliche Geberländer wie Deutschland lässt sich deshalb noch kein politisch tragfähiges Argument machen.

Eine EU-Wirtschaftsregierung als Fiskalkontrollrat?

Eine europäische Wirtschaftsregierung mit Kompetenzverlagerung an die zentrale europäische Ebene muss zudem nicht zwingend in eine Transferunion münden. Es wäre auch möglich, eine Wirtschaftsregierung zu etablieren, die sich ausschließlich der Aufgabe widmet, den Europäischen Stabilitätspakt mit harter Hand durchzusetzen, und Haushaltssünder unter Kuratel stellt, wie dies die Europäische Union Anfang 2010 mit Griechenland versucht hat. Das hieße dann Eigenverantwortlichkeit kombiniert mit teilweisem Souveränitätsverlust für die Einzelstaaten.

Wie realistisch die Möglichkeiten sind, politisch auf europäischer Ebene einen solchen unabhängigen Fiskalkontrollrat einzusetzen, und vor allem wie groß seine Wirkung wäre, wird unterschiedlich beurteilt. Die Erfahrungen in den vergangenen zehn Jahren mit dem Stabilitäts- und Wachstumspakt sind nicht ermutigend. Gegen die kreative Haushaltsbilanzpolitik einzelner Staaten wurde nicht gerade energisch eingeschritten. Und da, wo es zu offensichtlichen Verletzungen der Regeln des Stabilitätspakts gekommen ist, kam es eher zu einer Neuinterpretation der Regeln des Pakts als zu einer konsequenten Anwendung. Das Defizitverfahren gegen Deutschland in der Mitte des vergangenen Jahrzehnts ist dafür ein schönes Beispiel. Wo immer Defizitsünder über sich selbst ein Urteil zu fällen haben – und um nichts anderes würde es sich auch bei einer supranationalen Fiskalpolizei handeln –, sollte man die Erwartungen nicht zu hoch setzen.

Nehmen wir dennoch einmal an, der Weg hin zu einer Wirtschaftsregierung mit einem Fiskalkontrollrat würde weiter beschritten. Der nächste Schritt wäre eine Vergrößerung der Regulierungstiefe und eine weitergehende Kompetenzverlagerung. Würde eine solche Reform das Samariterdilemma lösen und die Nachhaltigkeit der Haushaltspolitik europäischer Staaten herbeiführen? Was würde unter diesen Umständen passieren, wenn den Eurostaaten das Recht entzogen würde, Staatskredite aufzunehmen? Ein findiger Staat dürfte sich dann andere Wege suchen, um in der Gegenwart mehr Geld zu verausgaben, als er von der Zentrale erhält. Dazu gehören die Möglichkeiten zu kreativer Buchführung, die Einrichtung von Schattenhaushalten, die Aufnahme von Krediten durch staatseigene Unternehmen oder Unternehmen, für die staatliche Garantien übernommen werden.

Neben solchen Formen der Bilanzkosmetik, mit der ein Staat auflaufende Verbindlichkeiten für einige Jahre verschleiert, bis sie ihm über den Kopf gewachsen sind und er ohne Hilfen von der Zentrale kollabiert, gibt es noch einige weitere Rezepte. Der Staat kann z. B. seine öffentlichen Gebäude verkaufen und von den neuen Besitzern anmieten.

Eine versteckte Schuldenaufnahme kann dabei zum Beispiel erfolgen, indem die Verkaufspreise absichtlich überhöht und zugleich überhöhte Miet- oder Leasingraten vereinbart werden. Der Staat kann ferner ein Heer von Beamten einstellen, ihnen eine Dauerstelle garantieren und hohe Pensionen zusagen. Solche Pensionszusagen haben ähnliche Wirkungen wie ein Staatskredit in entsprechendem Umfang. Auf diese und andere Weisen bauen sich Verpflichtungen und Forderungen gegen den Staat auf, die er ohne zusätzliche Hilfen von der Zentrale nicht mehr erfüllen kann. Oder der Staat betätigt sich wirtschaftlich mit seinen Zweckgesellschaften und mit seinen in staatlichem Besitz befindlichen Banken. Für mit staatlichen Garantien ausgestattete Banken gibt es gleich eine Reihe von Geschäftsmodellen, mit denen man sich in erhebliche Schieflage bringen kann. Die jüngere Geschichte in Deutschland kann einige Fallstudien hierzu beitragen.

Für all diese Praktiken gilt: wenn die dadurch entstandene Schieflage entsprechend groß ist, wird die Zentrale eben helfen müssen. Und je weniger autonom der Staat in Hinblick auf seine Steuereinnahmen und Ausgabenplanung entscheiden kann, um sich aus so entstehenden Schieflagen zu befreien, desto eindeutiger ist es, dass Hilfszahlungen der Zentrale den einzigen möglichen Ausweg darstellen.

Den einfallsreichen Maßnahmen, mit denen sich Staaten an bestehenden Haushaltsvorschriften vorbei verschulden, könnte man natürlich durch ein immer dichteres Netz von Kontrollen und eine immer weitergehende Regulierungstiefe entgegenwirken. So könnte ein Wettlauf zwischen wachsender Regulierung und der Phantasie einzelner Mitgliedsstaaten entstehen, bis hin zu massiven Eingriffen in den Haushaltsvollzug und in die politische Gestaltungsautonomie der Mitgliedsstaaten. Selbst wenn es auf diese Weise gelänge, Haushaltsdisziplin in der Eurozone durchzusetzen, ist zu bezweifeln, dass die Übernahme der Funktion einer Haushaltspolizei durch die EU-Bürokratie im Interesse der Bürger Europas ist. Neben vielen möglichen ungewünschten «Nebenwirkungen», die ein solches System mit sich brächte, entstünde auf europäischer Ebene ein Zentralstaat, der für sich betrachtet mit Sicherheit dann «systemrelevant» für den Rest der Welt wäre, und der kaum zu retten wäre, sollte er in eine Schieflage geraten. Ein Zustand ohne Eigenverantwortlichkeit bei gleichzeitig eingeschränkter fiskalischer Autonomie, ein Platz links unten in Abbildung 19, scheint also nicht stabil zu sein. Wir gelangen am Ende wieder in die Dilemmasituation, die in Abbildung 19 links oben als Stabilitätspakt mit «Ultima Ratio» bezeichnet wird.

Eine Eurozone in Freiheit und Selbstverantwortung

Zusammenfassend lässt sich anhand der Graphik also sagen, dass Währungsstabilität mit nationalstaatlicher Entscheidungsautonomie nur dann verträglich ist, wenn die Autonomie auch mit Eigenverantwortung der Staaten einhergeht. Die Systemalternativen im schraffierten Bereich dagegen führen zu Verschuldungsfehlanreizen und in der Folge mit einiger Wahrscheinlichkeit zu einem «weichen» Euro.

Am anderen Ende des Systemspektrums stehen Lösungen, in denen Einzelstaaten weitgehende Autonomie und Gestaltungsfreiheit über ihren Haushalt haben, in denen sie für die budgetären Konsequenzen ihrer Haushaltspolitik aber allein verantwortlich sind. Gelingt es, ein solches System zu installieren, dann ist das Samariterdilemma ausgeräumt, und zugleich bleibt den Einzelstaaten Gestaltungsfreiheit.

Mit dem Artikel 125 (AEUV) hatten sich die EU-Mitgliedsländer eigentlich genau diese Eigenverantwortlichkeit gegenseitig versprochen. Die Systemrelevanz von Eurostaaten im herrschenden Finanzmarktumfeld des Jahres 2010 unterminiert aber die Glaubwürdigkeit der «No-bailout-Klausel» und beeinträchtigt damit die Eigenverantwortung. In der Welt nach dem Zusammenbruch der US-Investmentbank Lehman Brothers können sich die Staaten keinen Zusammenbruch eines wichtigen Marktteilnehmers – sei es eine Bank oder gar ein Staat – mehr vorstellen. Zu groß erscheint ihnen das Risiko, dass in einem Finanzsystem des vernetzten Kapitals und hoher Verschuldungsgrade schon kleinere Ausfälle großes Unheil anrichten. Wechselseitige Abhängigkeiten und geringe Risikopuffer können beim Kollaps einer Institution rasch die Funktionsweise des gesamten Systems infrage stellen.[84] Der Lehman-Crash im September 2008 hatte beinahe eine Kernschmelze des Finanzsystems ausgelöst, die nur durch drastische Eingriffe von Staaten und eine Liquiditätsschwemme vonseiten der Notenbanken gestoppt werden konnte. An diesem Beispiel zeigt sich, dass die Ursachen für die Fehlfunktion des Stabilitäts- und Wachstumspakts nicht in den Institutionen des Pakts selbst begründet sind. Die Ursachen liegen vielmehr in der Funktionsweise der Finanzmärkte, jedenfalls in der Ausprägung der letzten Jahre. Eine ursachengerechte Beseitigung der Fehlfunktionen muss deshalb zunächst bei den Finanzmärkten ansetzen.

Kurz gesagt: das No-bailout-Versprechen der Eurozone gegenüber den einzelnen Mitgliedsstaaten muss glaubwürdig sein. Um das zu erreichen, muss man die Anreize zur Hilfe beseitigen. Das kann die Weltgemeinschaft tun, indem sie dem insolventen Mitgliedsstaat einen Weg zur Selbsthilfe eröffnet und gleichzeitig die negativen systemischen Auswirkungen unterbindet, die von der Insolvenz eines Staats für die anderen Mitgliedsstaaten ausgehen.

«Systemrelevanz»

Leukerbad ist ein kleiner Kurort im Kanton Wallis in der Schweiz. Im Jahr 1998 hatte Leukerbad ca. 1750 Einwohner. Wie im Kanton Wallis üblich, gibt es in Leukerbad mit einer Bürgergemeinde und einer Munizipalgemeinde zwei getrennte Körperschaften, die sich am Kreditmarkt verschulden können. Die Gemeindeverwaltung hatte im Laufe der Jahre durch eine sehr rege Investitionstätigkeit direkt im Gemeindehaushalt und zusätzlich indirekt über Beteiligungsgesellschaften Schulden in Höhe von fast 350 Millionen Schweizer Franken angehäuft. Die aufsichtführende Kantonalverwaltung wurde auf die missliche Finanzlage erst im Laufe der neunziger Jahre aufmerksam. Die Kantonalverwaltung beschränkte daraufhin am 16. September 1998 die Handlungsfreiheit der Munizipal- und der Bürgergemeinde Leukerbad, und gab die Ausarbeitung eines Sanierungsplans in Auftrag. Dieser Plan wurde von den Gläubigern zunächst abgelehnt, am 7. Dezember 1999 kam es dann aber zu einem Vergleich mit den Gläubigern. Die überschuldeten Beteiligungsgesellschaften der Gemeinde gingen großenteils in Konkurs. Die Bevölkerung sank in den folgenden Jahren, vermutlich durch Abwanderung nach Erhöhungen der Gemeindesteuer, auf ca. 1400 Einwohner ab. Die Versuche der Munizipalgemeinde selbst und drei weitere Versuche von Gläubigern, die Schulden auf den Kanton Wallis zu überwälzen, scheiterten allesamt. Am 3. Dezember 2003 schließlich verzichteten die Gläubiger auf 78 Prozent ihrer Forderungen im Rahmen eines Sanierungsbeschlusses, in dem der Kanton sich die Gläubigeransprüche abtreten lässt. Die Munizipalgemeinde leistet, so der Plan, für rund dreißig Jahre Abzahlungen.[85]

Von Leukerbad hat nur ein Bruchteil der Menschheit schon einmal gehört. Und als die Überschuldung von Leukerbad offenkundig wurde, gab es kein Beben an den Börsen und Kapitalmärkten der Welt. Die Insolvenz Leukerbads hatte zwar negative Auswirkungen auf die Gemeinde und ihre Kreditgeber, aber nicht darüber hinaus.

Ist das Schuldenvolumen einer insolventen Gebietskörperschaft hingegen hinreichend groß, kann ein Bankrott auch die Weltkapitalmärkte beeinflussen. Bereits in vorhergehenden Kapiteln haben wir erwähnt, dass es im schlimmsten Fall zu einer globalen Vertrauenskrise kommen kann, die Ansteckungseffekte für andere Staaten hat und die Finanzmärkte erschüttert. Unter Hinweis auf die Risikolage deutscher Institute sprach sich im März 2010 beispielsweise der Deutsche-Bank-Chef Josef Ackermann für Hilfen für Griechenland aus. Ohne eine Stabilisierung Griechenlands könnten die Banken nach seiner Einschätzung Probleme bekommen. Griechenland wäre also «systemrelevant» und die «No-bailout-Klausel» deshalb in diesem Fall nicht durchsetzbar, sie verliert ihre Glaubwürdigkeit. Eine Systemreform, die auf Freiheit und Selbstverantwortung der Einzelstaaten setzt, muss die «Systemrelevanz» jedes einzelnen Eurostaats verringern oder beseitigen. Einfach ist das nicht, aber möglich.

Ob eine Zahlungsverweigerung Griechenlands und anschließende Umschuldungsverhandlungen zu einem unerträglichen Erdbeben an den Finanzmärkten oder gar zu einer «Kernschmelze» des Systems führt, oder so geräuschlos wie der Bankrott der Gemeinden von Leukerbad verläuft, das hängt von der Funktionsweise der Finanzmärkte und dem Verhalten der Investoren ab.

Banken und Finanzinstitute haben im bestehenden System einen Anreiz, ihr Kreditpotential voll auszureizen und damit sehr hohe einseitige Investitionsrisiken einzugehen. Die Problematik, wonach private Investoren die Gewinne ihrer Transaktionen einstreichen, die Verluste aber im Rahmen staatlicher Hilfsaktionen auf den Steuerzahler abwälzen können, haben viele Beobachter beklagt. Hans-Werner Sinn hat diese Situation treffend als Kasino-Kapitalismus bezeichnet. Der Regulierungsexperte der englischen Zentralbank, Andrew Haldane, spricht vom «doom loop» – einer Art Teufelskreis, den es zu durchbrechen gilt.[86]

Im Finanzmarktkasino setzen die großen Finanzinstitute ihr Geld (und das hinzugeliehene Geld anderer) auf eine Karte. Mögliche Gewinne aus den eingegangenen Risiken streichen sie ein. Bei Verlusten können sie darauf vertrauen, dass ihnen vom Staat geholfen wird. Zentralbanken und Staaten greifen ihnen unter die Arme. Die Spieler im Finanzmarktkasino rechnen auch damit, dass alle anderen Institute sich so verhalten. Riesige, teilweise kreditfinanzierte Engagements in Hypothekenpapiere schlechter Bonität («subprime») waren so ein Beispiel. Großengagements in Griechenlandanleihen, diese wiederum mitunter mit geliehenem Geld finanziert, wären ein anderes. In einem Umfeld, in dem sich alle Finanzinstitute so verhalten, kann man darauf vertrauen, dass die Zentralbanken und die Staaten einspringen, wenn die Dinge schieflaufen. Würden sie nicht helfen, käme es angesichts der riesigen Verluste zum Systemzusammenbruch.

In diesem Umfeld wäre ein einzelnes Institut schlecht beraten, wenn es sich an diesen Aktivitäten nicht beteiligen würde. Das ist eines der zentralen Charakteristika der Finanzmarktwelt, wie wir sie heute beobachten. In dieser Welt gehen Finanzinstitute in ihren Portfolios milliardenschwere riskante Engagements ein und beteiligen sich mitunter mit ihrem gesamten Kapital an jeder neuen Spekulationsblase. Das einzige Risiko für ein Institut besteht dann nur noch darin, möglicherweise nicht bedeutend genug zu sein, um als systemrelevant eingestuft und bei einer Schieflage entsprechend gerettet zu werden. Es gilt das Prinzip «Too big too fail» – wer zu groß geworden ist, um unterzugehen, der hat eine Lizenz zur Teilnahme im Finanzmarktkasino.

Der ehemalige Vorstand der Citigroup, Chuck Prince, hat das Prinzip des Finanzmarktkasinos, das alle Spieler einem Gruppendruck unterwirft, einmal treffend beschrieben. Kurz vor dem Ausbruch der Finanzkrise im Juli 2007 gab er der Financial Times zu Protokoll: «Wenn die Musik aufhört, wird es in Bezug auf die Liquidität schwierig werden. Aber solange die Musik spielt, muss man aufstehen und mittanzen. Wir tanzen noch».[87] Zu diesem Zeitpunkt muss sich Prince bei seinem Tänzchen bereits unwohl gefühlt haben. Bereits einen Monat zuvor soll er sich beim damaligen amerikanischen Finanzminister Henry Paulson für eine härtere Regulierung der Finanzbranche ausgesprochen haben. «Kannst Du nicht irgendetwas tun, damit wir nicht mehr gezwungen sind, die ganzen Risiken einzugehen?», zitiert Paulson den Ex-Citigroup-Chef in seinen Memoiren zur Finanzkrise. Prince soll am 26. Juni während eines Dinners in den heiligen Hallen der New York Federal Reserve, der New Yorker Niederlassung der amerikanischen Zentralbank, darüber geklagt haben, dass wegen des harten Konkurrenzkampfes um Köpfe, Kurse und Renditen die Institute immer höhere Risiken eingehen müssen. Paulson solle doch endlich einschreiten und den Systemfehler abschalten.[88]

In einer besseren Finanzwelt würden die Finanzinstitute glauben, dass im Verlustfall ihnen keine Regierung und keine Zentralbank hilft. Dann wäre ein Finanzinstitut in seinen Investitionsentscheidungen wohl vorsichtiger. Es würde nicht mit riesigem Kredithebel auf bestimmte Entwicklungen setzen. Es würde getreu dem Motto, nicht alle Eier in nur einen Korb zu legen, seine Investitionen breit streuen. Einseitige große Risikopositionen würde es meiden. Und Spekulationsblasen wahrscheinlich auch.

Aber warum sollen die Finanzinstitute glauben, dass der Staat und die Zentralbanken im Zweifel nicht helfen? Wie kann sich so eine Ansicht durchsetzen? Weshalb sollte sie glaubhaft sein? Nehmen wir dazu einmal an, dass die überwiegende Anzahl von Finanzinstituten tatsächlich der Anlagestrategie eines konservativen Bankiers folgt und ihre Investitionen auf möglichst viele unterschiedliche Anlagen verteilt. Wenn ein großes Finanzinstitut davon ausgeht, dass alle anderen Finanzinstitute ihre Investitionen in dieser Weise gut absichern und keine einseitigen Großrisiken eingehen, dann verändern sich die Anreize für dieses Institut. Es kann sich ausrechnen, dass auch ihm nicht geholfen wird, wenn es in die Schieflage gerät. Denn da die anderen Institute gut und sicher aufgestellt sind, führt der Konkurs eines einzelnen Instituts nicht zu einem Systemkollaps. Wenn dem Institut aber nicht geholfen wird, dann lohnt sich auch für dieses Institut das Eingehen großer Wetten nicht mehr. Es ist statt dessen gut beraten, ebenfalls eine konservative Anlagestrategie zu wählen und seine Portfoliorisiken zu minimieren. In einer Welt, in der alle anderen nicht wetten, hat auch das einzelne Institut keinen Anreiz mehr, riskante Wetten einzugehen.

Wenn wir eine solche «gesunde» Welt der Finanzmärkte erreichen, dann verändert sich auch die Systemrelevanz von Staaten der Größe Griechenlands: In einer gesunden Finanzwelt haben alle Investoren ihre Risiken breit gestreut. Griechenlands Staatsschulden haben am Weltkapitalmarkt einen Anteil in der Größenordnung von unter 0,3 Prozent.[89] In Bezug auf die Staatsschuld der USA von rund 12 000 Milliarden US-Dollar hat Griechenland mit rund 300 Milliarden Euro einen

Größenanteil von unter 4 Prozent. Wenn Investoren also ihre Risiken breit über unterschiedliche Länder und verschiedene Formen von Kapitalvermögen streuen würden, hat wohl kaum jemand in seinem Portfolio mehr als ein Prozent Griechenlandanleihen. Sollte in dieser Situation Griechenland seine Zahlungen verweigern und in Umschuldungsverhandlungen eintreten, würde dadurch kaum ein Investor ruiniert werden.

In einer «gesunden» Finanzwelt wären Staaten von der Größe Griechenlands also nicht systemrelevant. Jedenfalls nicht, was die Finanzmärkte betrifft. In einer Welt, in der solche Staaten nicht systemrelevant sind, besteht aber keine Notwendigkeit, den Zahlungsausfall solcher Staaten durch zwischenstaatliche Hilfen zu vermeiden. Die «No-bailout-Klausel», so wie sie der Artikel 125 vorsieht, wird dann glaubwürdiger. Eine wichtige Voraussetzung zur Rettung der Europäischen Währungsunion wäre also die Schließung des Finanzmarktkasinos. Ist der Übergang vom Finanzmarktkasino zu einer Welt mit konservativen Anlagestrategen erst einmal geschafft, ist diese Welt selbst stabil. Der Übergang selbst ist indes keine einfache Sache.

Einzelne Länder der Eurozone wie Griechenland sind möglicherweise noch aus einem weiteren Grund systemrelevant: Wenn solch ein Land den Staatsbankrott erklärt, könnten die Marktteilnehmer denken, dass auch andere Eurostaaten in die Schieflage geraten. Wie bereits diskutiert, können solche Erwartungen als selbsterfüllende Prophezeiungen diese Staaten in den Ruin treiben. Die Märkte haben möglicherweise wegen der Schieflage Griechenlands auch das Vertrauen in die Nachhaltigkeit Portugals und Spaniens verloren. Investoren könnten in der Folge die Finanzierungskosten für spanische Staatsanleihen so in die Höhe treiben, dass Spanien letztlich wirklich in den Ruin geht. Solche Ansteckungseffekte sind ein zweiter Grund, weshalb viele meinen, ein Staat der Eurozone sei «systemrelevant» und müsse gerettet werden. Aber gilt das Argument? In einer Welt, in der das Wetten auf den Finanzmärkten nicht mehr zum Alltagsgeschäft gehört, wären auch solche Länderwetten weniger wahrscheinlich.

Die Problematik der Systemrelevanz von Eurostaaten ist also eng mit der Problematik der Weltfinanzmärkte verwoben. Das Finanzmarktkasino ist eine der wichtigsten Ursachen dafür, dass die «No-bailout-Klausel» des Europäischen Stabilitäts- und Wachstumspakts gegenüber Griechenland versagt. Gelingt es, das Finanzmarktkasino zu schließen, wäre das gegenseitige Versprechen, sich nicht zu helfen, wesentlich glaubhafter. Und damit wären auch die Anreize für eine solide Haushaltspolitik erheblich größer.

Wie das Finanzmarktkasino geschlossen wird, ist eine spannende Frage. Sie steht ohnehin auf der Tagesordnung. Viele Vorschläge liegen auf dem Tisch. Ihre Diskussion hätte ein eigenes Buch verdient und kann hier nur angerissen werden. Die meisten Entwürfe zielen direkt darauf ab, Anreize der Eigentümer zu verändern und die Systemrelevanz von Banken und anderen Finanzinstituten zu beseitigen. Zu den Maßnahmen gehören zum Beispiel die Größenbegrenzung für einzelne Institute, höhere Eigenkapitalanforderungen, die Abschirmung des Privatkundeneinlagegeschäfts von möglichen Bankenpleiten und Möglichkeiten der Regulierungsbehörden, sich bei entstehenden Schieflagen frühzeitig ins operative Geschäft einzumischen, bis hin zur Möglichkeit der Verstaatlichung, wenn bestimmte Sicherheitsgrenzen unterschritten werden. Diese Maßnahmen beteiligen die Eigentümer stärker als bisher an möglichen Verlusten. Das verändert ihre Bereitschaft, Risiken einzugehen.

Bemerkenswert ist in jedem Fall, dass sich das Wettverhalten der Finanzinstitute im Finanzmarktkasino genauso gegenseitig verstärkt, wie sich das vorsichtige, und sorgfältig diversifizierende Anlageverhalten der einzelnen Akteure in «gesunden» Finanzmärkten gegenseitig stabilisiert. Ist der Übergang zu einem System ohne Finanzmarktkasino also erst einmal geglückt, gibt es Kräfte, die diese Situation untermauern.

Blick in die Zukunft

Mit dem europäischen Garantieschirm und den Interventionen der Europäischen Zentralbank am Anleihemarkt hat sich die Politik eine Atempause verschafft. Zeit, durch unsere Glaskugel einen Blick in die Zukunft zu werfen. Zwei mögliche Szenarien zeichnen sich ab:

Zukunft I

September 2017. Bundeskanzlerin Sahra Wagenknecht ist auf dem Weg zum Herbsttreffen der Europäischen Wirtschaftsregierung. Mit dem Slogan «Kaputtsparen für die Griechen – Nein Danke» hatte Die Linke einen erdrutschartigen Sieg errungen und regiert seitdem mit einer komfortablen Mehrheit zusammen mit der SPD. Das Spitzentreffen, das in dem von 2013 bis 2017 wiedererrichteten Berliner Stadtschloss stattfindet, dient der Abstimmung über die Haushalte der Mitgliedsländer der Europäischen Föderation. Die Bundeskanzlerin und ihre Vizekanzlerin und Finanzministerin Andrea Nahles gehen zuversichtlich in das Treffen. Der deutsche Haushaltsentwurf sieht eine Neuverschuldung von sieben Prozent des Bruttoinlandsprodukts vor. Im europäischen Vergleich ist das ein niedriger Wert. Nach den erfolglosen Konsolidierungsbemühungen 2010 und 2011 waren die EU-Defizitverfahren ohnehin bis auf Weiteres ausgesetzt worden. Das 600 Millionen Euro teure Stadtschloss, das im Sparprogramm 2010 geopfert worden war, konnte dank einer Geldspritze der Europäischen Zentralbank doch noch finanziert werden. Mit einer Verfassungsreform im Jahr 2015 hatte Deutschland zudem die im Grundgesetz verankerte «Schuldenbremse» abgeschafft. Die makroökonomischen Rahmenbedingungen in Europa ähneln in diesen Jahren denen von Griechenland und Italien vor dem Beitritt in die Eurozone. Die Inflation in der Föderation ist seit der Übertragung des Rechts zur Emission von europäischen Staatsanleihen an die Europäische Finanzagentur im Jahr 2013 innerhalb weniger Jahre auf durchschnittlich über zehn Prozent gestiegen. Die Kaufkraft eines durchschnittlichen Arbeitseinkommens ist drastisch gesunken, viele Deutsche können sich Urlaubsreisen *und die monatliche Tankfüllung nicht mehr leisten. Der Euro hat zum chinesischen Renminbi seit der Staatsschuldenkrise 2010 um 40 Prozent abgewertet. Auf der Tagesordnung steht neben der Abstimmung über die Mitgliederhaushalte ein von Griechenland, Italien und Portugal eingebrachter Reformvorschlag. Die Südstaaten der Föderation setzen sich für einen weitergehenden Europäischen Finanzausgleich ein. Mit automatischen Sonderzuweisungen sollen Staaten mit besonders hoher Schulden- und Zinslastquote zusätzliche Mittel aus dem Solidaritätsfonds bekommen. Der Fonds speist sich aus europaweiten CO_2-Steuern, der Europäischen Bankenabgabe sowie der Europäischen Körperschaftsteuer. Dem Abbau der hohen Arbeitslosigkeit sind diese neuen Steuern nicht gerade zuträglich.*

Zukunft II

September 2017. Zusammen mit hochrangigen Staatsführern aus aller Welt, darunter Dominique Strauss-Kahn aus Frankreich und US-Präsident Michael Bloomberg, eröffnet Angela Merkel in ihrer dritten Amtszeit das für knapp 600 Millionen Euro wiedererrichtete Berliner Stadtschloss. Das prächtige Gebäude strahlt in diesen Tagen besondere Symbolkraft aus. Im Zuge der deutschen Sparpolitik war die Fertigstellung des Schlosses in der Mitte Berlins einst auf den Sankt-Nimmerleins-Tag verschoben worden. Jetzt steht es stellvertretend für erfolgreiches Krisenmanagement. Eine zentrale Rolle kam dabei dem Präsidenten der Europäischen Zentralbank zu. Axel Weber setzte die Rückkehr zu einer rigorosen Stabilitätspolitik durch: ein Ende der Stützungskäufe von Staatsschuldtiteln und sogar ein völliger Verzicht darauf, Staatsschuldtitel für Banken zu beleihen. In der Folge kam es mit dem Auslaufen des Rettungsschirms zu Umschuldungen in Griechenland und Portugal. Die dadurch ausgelösten Turbulenzen auf den Finanzmärkten hielten sich – für viele Beobachter überraschend – in Grenzen. Vor allem blieb der von Vielen befürchtete Dominoeffekt aus. Nach den reinigenden Gewittern der Jahre 2013 und 2014 nutzten die europäischen Nationen den Neustart. Der Euro ging aus diesen Jahren gestärkt hervor und hat den Dollar als Leitwährung praktisch ersetzt. Die EZB hatte ihre Unabhängigkeit und ihre Ausrichtung auf das Ziel der Geldwertstabilität unter Beweis gestellt. Die makroökonomischen Rahmenbedingungen in Europa sind 2017 ausgezeichnet. Der Kontinent profitiert von hohen Direktin-

vestitionen, die ihm wegen seiner Währungsstabilität zufließen, und entsprechend gutem Wachstum bei niedriger Arbeitslosigkeit.

Bei beiden Szenarien handelt es sich um Extrempositionen, die so wohl nicht eintreten werden. Möglich sind sie dennoch. Mit dem Krisenfall Griechenland ist die Eurozone, ja die Weltgemeinschaft, an einen haushaltspolitischen Scheideweg gelangt.

Der eine Weg führt von hier in eine Transfergemeinschaft und ins Samariterdilemma. Wir haben dieses Problem als «Griechenland-Syndrom» bezeichnet. Auf diesem Weg verabschiedet sich die nationale Politik von der lästigen Verantwortung für die eigenen Staatsschulden, zu Lasten der Gemeinschaft der Eurozone und mit der Folge kollektiver Verantwortungslosigkeit in der Schuldenpolitik. Die strukturellen Defizite in dieser Situation können zu einer europäischen Weichwährung, einer Zahlungsunfähigkeit Europas oder einem Zerbrechen der Eurozone führen. Im letzteren Fall würden die Länder Europas zu Einzelwährungen zurückkehren oder kleinere Währungsgemeinschaften bilden.

Der zweite Weg führt zu Entscheidungsfreiheit und Verantwortung für das eigene finanzpolitische Wirtschaften der Mitglieder der Eurozone. Auf diesem Weg gilt es, eine neue Architektur der Finanzmärkte zu schaffen und ein neues Verständnis für Staatsfinanzen zu entwickeln.

Der 750 Milliarden Euro schwere Rettungsschirm lässt – noch – beide Optionen offen. Die Politik hat sich mit diesem Schirm eine Zeitspanne von etwa drei Jahren erkauft. Diese Periode könnte sie nutzen, die Finanzmärkte so «wetterfest» zu machen, dass Europa eine Umschuldung auch eines mittelgroßen Mitglieds der Eurozone verkraften kann. Dann könnte am Ende dieser drei Jahre die unspektakuläre Umschuldung eines oder mehrerer Eurostaaten stehen. Eine Umschuldung ohne Kernschmelze des Finanzsystems und ohne größere Turbulenzen in der Eurozone würde dem einen oder anderen hochverschuldeten Mitgliedsstaat einen finanzpolitischen Neustart ermöglichen. Zugleich wären damit die Fronten geklärt für den Fall künftiger Schieflagen in den Finanzen einzelner Mitgliedsstaaten. Für alle Beteiligten wäre damit ganz deutlich: Erstens, Rettungshilfen für Staaten innerhalb der Eurozone wird es nicht mehr geben. Es gilt die «No-bailout-Klausel» der Europäischen Verträge. Zweitens, ein Zahlungsausfall in der Eurozone ist möglich und wirtschaftlich und politisch verkraftbar. Damit lohnt es sich für die Kreditgeber, sich ihre Schuldner künftig genauer anzuschauen und deren Bonität zu prüfen. Für die einzelnen Staaten zahlt sich Haushaltsdisziplin aus.

Vieles spricht leider dafür, dass die Politik den ersten Weg beschreiten wird. Es gehört vielleicht zu viel Mut dazu, als politisch gewählter Entscheidungsträger die Staatsfinanzen nachhaltig zu sanieren. Und es ist einfacher, Probleme noch ein paar Jahre in die Zukunft zu verlagern, als den Bürgern schon heute die Rechnung für die unsolide Haushaltspolitik der vergangenen Jahrzehnte zu präsentieren. Der alte Grundsatz, wonach politisch nicht richtig sein kann, was wirtschaftlich falsch ist, gilt in der Form nicht mehr. Die europäische Politik müsste akzeptieren, dass eine Zahlungsunfähigkeit eines ihrer Mitgliedsstaaten keine undenkbare Angelegenheit ist. Stattdessen werden die Staatsfinanzen der Eurozone jetzt mit dem Hinweis vergemeinschaftet, dass eine Währungsunion ohne eine Fiskalunion nicht funktionieren kann. Das ist die falsche Lehre aus der Schuldenkrise.

Statt sich den Realitäten der Staatsfinanzen zu stellen und die Umschuldung von Staaten in Europa zu einer gangbaren Politikalternative zu machen, versucht die europäische Politik eine «Rettung um jeden Preis». Diese Rettung kann für die Staaten und ihre Bürger teuer und bitter werden. Es gibt keine Schulden ohne Sühne.

Anmerkungen

Staatsschulden ohne Sühne – ein erster Überblick

1 Vgl. *Schick, Gerhard.* 2010. «Eine Abgabe auf Vermögen, um die Krise zu bewältigen». *Handelsblatt* Nr. 68. 9. April. S. 13. Der Autor, der die Vermögensabgabe fordert, ist finanzpolitischer Sprecher der Bundestagsfraktion Bündnis 90/Die Grünen.

2 Vgl. *Fabricius, Michael.* 2010. «Ans Geld der Hausbesitzer». *Welt am Sonntag* Nr. 16. 18. April. S. 15.

3 *Löhr, Julia.* 2009. «Umgeben von Nullen». *Frankfurter Allgemeine Zeitung.* 21. März. S. 12.

4 Wir haben uns bei der Zahlendarstellung inspirieren lassen von *Leuschel, Roland und Claus Vogt.* 2009. *Die Inflationsfalle: Retten Sie Ihr Vermögen.* Weinheim: Wiley-VCH Verlag. S. 16.

TEIL I
Staatsschulden – ein Lagebericht

1 Die Schuldenzahlen basieren auf Daten der Ratingagentur Fitch Ratings.

2 World Economic Forum. 2010. *Global Risks 2010 – A World Economic Forum Report.*

3 Vgl. *Citigroup Global Markets.* 2010. «Spain – lagging behind». *Euro Weekly.*

4 *Moody's Investors Service.* 2010. «European sovereign outlook».

5 *Moody's Investors Service.* 2010. «European sovereign outlook».

6 Vgl. *Deutsche Bundesbank.* 2010. Monatsbericht April.

7 Vgl. *Deutsche Bundesbank.* 2010. Monatsbericht April.

8 Vgl. *Homer, Sidney und Richard Sylla.* 2005. *A History of Interest Rates.* 4. Auflage. Hoboken, NJ: Wiley. S. 6 und S. 104.

9 Die Internetseite des Bundes der Steuerzahler zeigt stets die aktuelle Schuldenhöhe der Bundesrepublik. Unter *www.steuerzahler.de* findet man in der Kopfzeile die Gesamtverschuldung, die Schulden bezogen auf jeden einzelnen Bundesbürger sowie den Zuwachs der deutschen Verbindlichkeiten pro Sekunde.

10 Vgl. *Schäfers, Manfred.* 2009. «Staatseinfluss wächst auf Rekordniveau». *Frankfurter Allgemeine Zeitung.* 2. Juni.

11 Vgl. *o. V.* 2010. «Deutschland auf dem Weg in den Sozialismus». *Handelsblatt.* 11. Januar, sowie *Warlitzer, Henrike.* 1999. «Staatsausgaben und Wirtschaftswachstum – Ein internationaler Vergleich». *Beiträge des Instituts der deutschen Wirtschaft Köln zur Wirtschafts- und Sozialpolitik.* Band 254. Köln. Die IW-Studie konnte für die Zeit seit 1960 einen negativen Zusammenhang zwischen Staatsaktivität und Wirtschaftswachstum herstellen. Der Anstieg der Staatsquote um einen Prozentpunkt ging mit einem durchschnittlichen Rückgang des deutschen Wirtschaftswachstums um 0,24 Prozentpunkte einher. Ganz ähnliche Ergebnisse ergab die Analyse auch für andere Staaten: Der Bremseffekt höherer Staatsausgaben reichte von 0,11 Prozentpunkten in Schweden über 0,18 in Italien, 0,24 in Frankreich, 0,39 in den USA, 0,43 in Irland bis 0,48 Prozentpunkte in Japan. Allerdings ist diese These nicht unumstritten. Führende Ökonomen wie Anthony Atkinson sehen keinerlei Zusammenhang

zwischen Staatsquote und Wirtschaftswachstum. Beobachter führen auch die skandinavischen Länder an. Obwohl die Staatsquote dort jenseits von 50 Prozent liegt, ist der Lebensstandard in Schweden, Norwegen und Finnland überdurchschnittlich hoch. Selbst die IW-Autorin weist darauf hin, dass es nicht allein auf die bloße Höhe der Staatsquote ankommt, sondern auch darauf, wofür die öffentliche Hand das Geld ausgibt, ob für produktive Investitionen oder aber Transferzahlungen.

12 *Schuhknecht, Ludger.* 2009. Booms, Busts and Fiscal Policy: Public Finance in the Future. Politeia Diskussionspapier.

13 *Moody's Investors Service.* 2010. «Global macro-risk scenarios 2010–2011».

14 Vgl. *Schlesinger, Helmut, Manfred Weber und Gerhard Ziebarth.* 1993. *Staatsverschuldung ohne Ende? Zur Rationalität und Problematik des öffentlichen Kredits.* Darmstadt: Wissenschaftliche Buchgesellschaft. S. 4, sowie *Caesar, Rolf.* 1989. «Öffentliche Verschuldung in Deutschland seit der Weltwirtschaftskrise: Wandlungen in Politik und Theorie». *Schriften des Vereins für Socialpolitik.* Band 188. Berlin: Duncker & Humblot. S. 9–55.

15 *Ullmann, Hans-Peter.* 2009. *Staat und Schulden.* Göttingen: Vandenhoeck & Ruprecht. S. 8.

16 Vgl. *Abelshauser, Werner.* 2004. *Deutsche Wirtschaftsgeschichte seit 1945.* München: C.H. Beck. S. 125.

17 Vgl. *Bundesministerium der Finanzen. 2003.* «27. Februar 2003 – 50 Jahre Londoner Schuldenabkommen». Monatsbericht Februar. S. 91–95.

18 Vgl. *Caesar, Rolf.* 1989. «Öffentliche Verschuldung in Deutschland seit der Weltwirtschaftskrise: Wandlungen in Politik und Theorie». *Schriften des Vereins für Socialpolitik.* Band 188. Berlin: Duncker & Humblot. S. 8.

19 Vgl. *Bonner Kommentar zum Grundgesetz.* 2003. Art. 115. Heidelberg: C.F. Müller. S. 21–35.

20 *Kindleberger, Charles P.* 1967. *Europe's Postwar Growth, The Role of Labor Supply.* Cambridge, MA: Harvard University Press. Tabelle II-4, S. 33.

21 Vgl. *Bonner Kommentar zum Grundgesetz.* 2003. Art. 115. Heidelberg: C.F. Müller. S. 35–40.

22 Vgl. *Ullmann, Hans-Peter.* 2009. *Staat und Schulden.* Göttingen: Vandenhoeck & Ruprecht. S. 150.

23 Vgl. *Kommission für die Finanzreform.* 1966. *Gutachten über die Finanzreform in der Bundesrepublik Deutschland, 1966.* Stuttgart: W. Kohlhammer. S. 166 f.

24 Vergleiche zu einer ausführlichen Darstellung *Höfling, Wolfram.* 1993. *Staatsschuldenrecht, Schriften zum Wirtschaftsverfassung- und Wirtschaftsverwaltungsrecht.* Heidelberg: C.F. Müller. S. 132–149.

25 Vgl. *Stucken, Rudolf.* 1969. «Die Haushaltspolitik im Gesetz zur Förderung der Stabilität und des Wachstums der Wirtschaft vom 8. Juni 1967». *Finanzarchiv N.F.* 28. S. 202–219, hier: S. 217.

26 *Wissenschaftlicher Beirat beim Bundesministerium für Wirtschaft und Technologie.* 2008. *Gutachten zur Begrenzung der Staatsverschuldung nach Art. 115 GG und zur Aufgabe des Stabilitäts- und Wachstumsgesetzes.* Nr. 1/2008. S. 8.

27 Vgl. *Bonner Kommentar zum Grundgesetz.* 2003. Art. 115. Heidelberg: C.F. Müller. S. 46–48.

28 *Höfling, Wolfram.* 1993. *Staatsschuldenrecht, Rechtsgrundlagen und Rechtsmaßstäbe für die Staatsschuldenpolitik in der Bundesrepublik Deutschland.* Heidelberg: C.F. Müller. S. 143.

29 Vgl. *Bonner Kommentar zum Grundgesetz.* 2003. Art. 115. Heidelberg: C.F. Müller. S. 50.

30 Vgl. *Bonner Kommentar zum Grundgesetz. 2003.* Art. 115. Heidelberg: C.F. Müller. S. 267–278.

31 Zu diesen Zahlen und zur Frage, ob der Erblastentilgungsfonds «getilgt» oder einfach in die übrige Bundesschuld integriert wurde vgl. die Ausführungen von Staatssekretär Karl Diller zur Frage des Abgeordneten Carl-Ludwig Thiele in der 16. Wahlperiode in der 199. Sitzung des deutschen Bundestags, Berlin, 21. Januar 2009.

32 Vgl. *Caesar, Rolf*. 1989. «Öffentliche Verschuldung in Deutschland seit der Weltwirtschaftskrise: Wandlungen in Politik und Theorie». *Schriften des Vereins für Socialpolitik*. Band 188. Berlin: Duncker & Humblot. S. 28.

33 Vgl. *Ullmann, Hans-Peter*. 2009. *Staat und Schulden*. Göttingen: Vandenhoeck & Ruprecht. S. 158.

34 Vgl. hier und für die folgenden Schuldenzahlen, basierend auf Zahlen der Bundesbank in *Sachverständigenrat zur Begutachtung der gesamtwirtschaftlichen Entwicklung*. 2009. Zeitreihe «Verschuldung der Öffentlichen Haushalte». 26. Juni.

35 Vgl. *o. V.* 2010. «Ein Viertel des Haushalts besteht aus Neuverschuldung». *Frankfurter Allgemeine Zeitung* Nr. 16. 20. Januar.

36 Vgl. *Bundesministerium der Finanzen*. 2008. *Finanzbericht 2009*. Übersicht 14, S. 391.

37 *Sachverständigenrat zur Begutachtung der gesamtwirtschaftlichen Entwicklung*. 2007. *Jahresgutachten 2006/7, Widerstreitende Interessen – Ungenutzte Chancen*. S. 307, sowie *Bundesministerium der Finanzen*. 2008. Finanzbericht 2009. Übersicht 14, S. 391.

38 Vgl. *Bundesministerium der Finanzen. 2009*. Finanzbericht 2010. Schaubild 3, S. 17.

39 *Müller, Henrik*. 2008. «Auf der Kippe». *Manager Magazin* Nr. 3. S. 112–123.

40 *Luck, Harry*. 2008. «Merkel im Amt bestätigt». *Focus Online*. 1. Dezember.

41 Vgl. etwa *Bonner Kommentar zum Grundgesetz*. 2003. Art. 115. Heidelberg: C. F. Müller. S. 289–304.

42 Vgl. *Sachverständigenrat zur Begutachtung der gesamtwirtschaftlichen Entwicklung*. 2010. *Jahresgutachten 2009/10*.

43 Vgl. *Sachverständigenrat zur Begutachtung der gesamtwirtschaftlichen Entwicklung*. 2010. *Jahresgutachten 2009/10*. S. 185 bzw. Tabelle 27, S. 182.

44 Vgl. *Korioth, Stefan*. 2009. «Das neue Staatsschuldenrecht – zur zweiten Stufe der Föderalismusreform». *JuristenZeitung* 14. S. 729–737.

45 Vgl. *Winkler, Max*. 1933. *Foreign Bonds: An Autopsy*. Philadelphia, PA: Roland Swain Company. Reprinted 1999. Washington, DC: Beard Books.

46 Die Schuldenzahlen basieren auf Daten der Ratingagentur Fitch Ratings.

47 Vgl. *Moody's Investors Service*. 2010. «Spain, Portugal & Greece: contagion or confusion?». Februar 2010.

48 Vgl. *Batzoglou, Ferry und Clemens Höges*. 2009. «Die Macht der Fakelaki». *Der Spiegel* Nr. 53. S. 93.

49 Vgl. *Nixon, James*. 2009. «Crunching the numbers, an assessment of Greek public finance». *Société Générale European Themes*. 6. Dezember. S. 2.

50 Vgl. *Jessen, Corinna, Ralph Schulze, Paul Kreiner und Helmar Dumbs*. 2010. «Im Club Med der leeren Kassen». *Die Presse*. 14. Februar.

51 Vgl. z. B. *Dafflon, Bernard und Sergio Rossi*. 1999. «Public accounting fudges towards EMU: a first empirical survey». *Public Choice* 101. S. 59–84.

52 Vgl. *Reinhart, Carmen M. und Kenneth S. Rogoff*. 2009. *This Time is Different: Eight Centuries of Financial Folly*. Princeton, NJ: Princeton University Press. S. 99.

53 Vgl. *Tzermias, Pavlos*. 1999. *Neugriechische Geschichte. Eine Einführung*. 3. Auflage. Tübingen: Francke Verlag. S. 99.

54 Vgl. *Tzermias, Pavlos*. 1999. *Neugriechische Geschichte. Eine Einführung*. 3. Auflage. Tübingen: Francke Verlag. S. 104.

55 *Jessen, Corinna, Ralph Schulze, Paul Kreiner und Helmar Dumbs*. 2010. «Im Club Med der leeren Kassen». *Die Presse*. 14. Februar.

56 Vgl. *Tzermias, Pavlos.* 1999. *Neugriechische Geschichte. Eine Einführung.* 3. Auflage. Tübingen: Francke Verlag. S. 201.

57 *Fischer, Karin.* 2010. «Was ansteht ist ein Mentalitätswechsel». Interview mit Rüdiger Bolz. *Deutschlandradio.* 16. Februar, und *Ertel, Manfred und Mathieu von Rohr.* 2010. «Es geht ums Überleben». Interview mit dem griechischen Ministerpräsident Georgios Papandreou. *Der Spiegel* Nr. 8. S. 90–93.

58 Vgl. z. B. *Feld, Lars P. und Bruno S. Frey.* 2002. «Trust breeds trust: how taxpayers are treated». *Economics of Governance* 3(2). S. 87–99.

59 Vgl. *Katsios, Stavros.* 2006. «The shadow economy and corruption in Greece». *South-Eastern Europe Journal of Economics* 1. S. 61–80.

60 Vgl. *Zapf, Marina und Peter Ehrlich.* 2010. «Sogar die Griechen müssen bald Steuern zahlen». *Financial Times Deutschland.* 12. Februar. S. 12.

61 *Dams, Jan und Florian Hassel.* 2010. «Wie viel im Umschlag stecken muss». *Die Welt.* 2. März. S. 1.

62 Vgl. *Müller, Felix.* 2010. «Griechisches Drama im Säli». *NZZ am Sonntag.* 31. Januar. Zu den institutionellen Problemen des Landes vgl. *Calomiris, Charles W.* 2010. «The painful arithmetic of Greek debt default». *Economic Policies for the 21st Century.* S. 5.

63 *Höhler, Gerd.* 2009. «Ein Volk zeigt Nervenstärke». *Handelsblatt* Nr. 240. 11. Dezember. S. 18.

64 *Schieritz, Mark.* 2010. «Jagd auf die Zocker». *Die Zeit* Nr. 9. 25. Februar. S. 23.

65 Vgl. *Martinuzzi, Elisa und Gavin Finch.* 2010. «Greece's Goldman Sachs swaps spawn EU dispute on disclosure». *Bloomberg News.* 16. Februar, sowie *Balzli, Beat.* 2010. «Unsichtbare Miese». *Der Spiegel* Nr. 6. S. 76.

66 Vgl. *Europäische Kommission.* 2010. *Bericht zu den Statistiken Griechenlands über das öffentliche Defizit und den öffentlichen Schuldenstand.* 8. Januar.

67 *Balzli, Beat, Alexander Jung, Christoph Pauly, Christian Reiermann, Wolfgang Reuter, Michael Sauga und Hans-Jürgen Schlamp.* 2010. «Kultur des Tricksens». *Der Spiegel* Nr. 10. S. 66–77.

68 Vgl. *Europäische Kommission.* 2010. *Bericht zu den Statistiken Griechenlands über das öffentliche Defizit und den öffentlichen Schuldenstand.* 8. Januar. S. 15.

69 Vgl. *Mahler, Armin, Christian Reiermann, Wolfgang Reuter und Hans-Jürgen Schlamp.* 2010. «Aufpasser aus Brüssel». *Der Spiegel* Nr. 6. S. 74–89.

70 Vgl. *Feldstein, Martin.* 2010. «Let Greece take a holiday from the Eurozone». *Financial Times.* 17. Februar, sowie *Ruth, Lea.* 2010. «Bite the bullet. Kick Greece out of the Euro». *The Times.* 16. Februar.

71 Vgl. *Nielsen, Erik.* 2010. «The Greek crisis: Why and when the IMF will be involved, and what support package might look like». *Goldman Sachs European Weekly Analyst* 10/11. 25. März.

72 Vgl. *Slater, Robert.* 2009. *Soros: The World's Most Influential Investor.* New York, NY: Mc-Graw Hill. S. 175–184.

73 Vgl. *Buiter, Willem, Giancarlo M. Corsetti und Paolo A. Pesenti.* 1998. *Interpreting the ERM Crisis: Country-Specific and Systemic Issues.* Princeton Studies in International Finance 84, und *Eichengreen, Barry.* 2004. *Capital Flows and Crisis.* Cambridge, MA. MIT Press. S. 213–250. Der Wechselkursmechanismus (engl. Exchange Rate Mechanism, kurz ERM) war das Herzstück des europäischen Währungssystems, dem Vorläufer der Europäischen Währungsunion.

74 Die Wirtschaftszahlen beruhen auf Daten von Fitch Ratings, die Zinsdifferenzen stützen sich auf historische Zahlen vom Finanzdatenanbieter Bloomberg.

75 Vgl. *Spahn, Heinz-Peter.* 2004. «Stabilität und Staatsschulden». *Vierteljahrshefte zur Wirtschaftsforschung* 73. S. 429–444. Die Wirtschaftszahlen beruhen auf Daten von Fitch Ratings.

76 Sämtliche Zahlen stammen aus der ökonomischen Datenbank der Ratingagentur Fitch Ratings.

77 Vgl. *Moec, Gilles.* 2010. «Stress-testing Spain». *Deutsche Bank Focus Europe.* 16. April. S. 4.

78 *Klar, Andres und Douglas Renwick.* «Credit analysis Spain». *Fitch Ratings.* 4. August.

79 Vgl. Die irländische Regierung garantierte in der Finanzkrise als eine der ersten in der Eurozone die meisten Einlagen bei den heimischen Instituten. Vgl. *Department of Finance, Government of Ireland.* 2008. Credit Institutions (Financial Support) Act 2008. 2. Oktober, sowie *Moghadam, Reza und Jose Viñals.* 2010. Cross-cutting Themes in Economies with Large Banking Systems. IMF Paper prepared by Strategy, Policy, and Review and Monetary and Capital Markets Departments. S. 4.

80 Vgl. *Department of Finance, Government of Ireland.* 2008. Credit Institutions (Financial Support) Act 2008. 2. Oktober, sowie *Moghadam, Reza und Jose Viñals.* 2010. Cross-cutting Themes in Economies with Large Banking Systems. IMF Paper prepared by Strategy, Policy, and Review and Monetary and Capital Markets Departments. S. 4, und *Klar, Andres und Douglas Renwick.* «Credit analysis Spain». *Fitch Ratings.* 4. August.

81 Vgl. *Zemanek, Holger, Ansgar Belke und Gunther Schnabl.* 2009. «Current account imbalances and structural adjustment in the Euro area: How to rebalance competitiveness». *IZA Policy Paper* 7. S. 6–7.

82 Vgl. *Fischer, Malte, Silke Wettach und Elke Pickartz.* 2010. «Euroland abgebrannt». *Wirtschaftswoche* Nr. 3. 18. Januar. S. 18–22.

83 Vgl. *Europäische Zentralbank.* 2006. «Wettbewerbsfähigkeit und Exportentwicklung des Eurowährungsgebiets». *Monatsbericht Juli.* S. 75–86, insbesondere S. 80 f.

84 Vgl. *Roubini, Nouriel.* 2010. «Die Gefahr einer tödlichen Schuldenfalle ist groß». *Handelsblatt* Nr. 74. 19. April. S. 8.

85 *Mundell, Robert A.* 1961. «A theory of optimum currency areas». *The American Economic Review* 51(4). S. 657–665, sowie *Burda, Michael und Charles Wyplosz.* 2009. *Makroökonomie. Eine europäische Perspektive.* 3. Auflage. München: Vahlen. S. 635. Einen guten Überblick über das Forschungsfeld der optimalen Währungsräume liefert *Mongelli, Paolo Francesco.* 2002. New Views on the Optimum Currency Area Theory: What is EMU Telling Us. *EZB Working Paper* 138.

86 Vgl. *Müller, Henrik.* 2010. *Sprengsatz Inflation.* Frankfurt am Main/New York, NY: Campus. S. 94–98.

87 Vgl. *Burda, Michael und Charles Wyplosz.* 2009. *Makroökonomie. Eine europäische Perspektive.* 3. Auflage. München: Vahlen. Kapitel 6, S. 173–190.

88 Quelle: Bloomberg.

89 Vgl. *Feldstein, Martin.* 1997. «EMU and international conflict». *Foreign Affairs* 76(6). S. 60–73. Einen Überblick zu den Vorbehalten gegen die Einführung des Euro bietet *Jonung, Lars und Eoin Drea.* 2009. «The Euro: It can't happen, it's a bad idea, it won't last. US economists on the EMU, 1989–2002». *European Commission Economic Paper* 395.

90 Siehe *Hankel, Wilhelm, Wilhelm Nölling, Joachim Starbatty und Karl Albrecht Schachtschneider.* 2001. *Die Euro-Illusion. Ist Europa noch zu retten.* Reinbeck: rororo, sowie *o. V.* 1998. «Vier gegen den Euro». *Der Spiegel* Nr. 3. 12. Januar. S. 28.

91 Vgl. *Becker, Sebastian und Gunter Deuber.* «Staatsverschuldung in 2020. Eine Tragfähigkeitsanalyse für Industrie- und Schwellenländer». *Deutsche Bank Research.* 24. März.

92 *Europäische Kommission* (Generaldirektion Wirtschaft und Finanzen). 2009. «Nachhaltigkeitsbericht 2009». *European Economy 9.*

93 *Europäische Zentralbank. 2009.* Monatsbericht Juni. S. 94 f.

94 *Europäische Kommission* (Generaldirektion Wirtschaft und Finanzen). 2009. «Nachhaltigkeitsbericht 2009». *European Economy 9.*

95 Vgl. *Cecchetti, Stephen, M.S. Mohanty und Fabrizio Zampolli.* 2010. The Future of Public Debt: Prospects and Implications. *BIS Working Paper* 300.

96 *Siems, Dorothea.* 2010. «Dem Staat fehlen 6,2 Billionen Euro». *Die Welt.* 22. März. S. 9.

97 Vgl. *Cecchetti, Stephen, M.S. Mohanty und Fabrizio Zampolli.* 2010. The Future of Public Debt: Prospects and Implications. *BIS Working Paper* 300.

98 *O. V.* 2010. «Delicate path, Dalai Lama meets Obama». *Financial Times.* 19. Februar. S. 1.

99 Einmal im Monat veröffentlicht das US-Schatzamt die sogenannten Tic-Daten. Das Akronym steht für Treasury International Capital. Siehe *www.ustreas.gov/tic.*

100 Vgl. *Cookson, Robert und Michael Mackenzie.* 2010. «Beijing's rebalancing raises fears for treasuries». *Financial Times.* 19. Februar. S. 25.

101 Vgl. *Cline, William R.* 2005. *The United States as a Debtor Nation.* Washington, DC: Institute for International Economics.

102 Die Angaben basieren auf Schätzungen der Ratingagentur Fitch Ratings.

103 Die Angaben beruhen auf Daten der Ratingagentur Fitch Ratings.

104 Die 25 Prozent teilen sich auf in 19 Prozent klassische US-treasuries und sechs Prozent Schuldenpapiere der staatlichen Hypothekenagenturen. Vgl. *Harris, Ethan.* 2010. «Can't we be friends». *Bank of America Merrill Lynch Fixed Income Strategy.* 19. März. S. 3–8.

105 Vgl. *Stephens, Philip.* 2010. «Look further than the fads and fashions of geopolitics». *Financial Times.* 19. Februar. S. 9.

106 Vgl. *Bremmer, Ian.* 2010. «China knows the time for lying low has ended». *Financial Times.* 29. März. S. 9.

107 Vgl. *Kennedy, Paul.* 2002. *Aufstieg und Fall der großen Mächte. Ökonomischer Wandel und militärischer Konflikt von 1500 bis 2000.* Frankfurt am Main: S. Fischer. S. 139.

108 Vgl. *Cohen, Stephen und Bradford DeLong.* 2010. *The End of Influence – What Happens when other Countries have the Money?* New York, NY: Basic Books.

109 Die Daten stammen vom Finanzinformationsdienst Bloomberg, der sich wiederum auf das chinesische Statistikamt beruft (*www.stats.gov.cn/english/*).

110 *Ferguson, Niall und Moritz Schularick.* 2007. «‹Chimerica› and global asset markets». *International Finance* 10(3). S. 215–239.

111 Vgl. *Ferguson, Niall.* 2010. The End of Chimerica: Amicable Divorce or Currency War. Anhörung vor dem US-Repräsentantenhaus. 24. März.

112 Vgl. *Ferguson, Niall und Moritz Schularick.* 2009. The End of Chimerica. *Harvard Business School Working Paper* 10-037. S. 7.

113 Vgl. *Gallagher, Stephen und Aneta Markowska.* 2010. «Recovery now – fiscal consolidation». *Société Générale American Themes.* S. 4.

114 Vgl. *Mellmann, Robert.* 2010. «US fiscal policy: no exit strategy». *JP Morgan Economic Research.*

115 Vgl. Vgl. *Aizenman, Joshua und Nancy Marion.* 2009. Using inflation to erode the U.S. public debt. Unveröffentlichtes Manuskript.

116 Vgl. *Pesek, William.* 2010. «Japan – the next Greece?». *Bloomberg News.* 26. Februar.

117 Der Chefvolkswirt der australischen Macquarie Bank siedelt die Solidität der japanischen Staatsfinanzen zwischen Irland und Simbabwe an. Vgl. *Jerram, Richard.* 2010. «Japan's public debt problem». *Macquarie Economics Research.* 25. März.

118 Vgl. *Kennedy, Paul.* 2002. *Aufstieg und Fall der großen Mächte. Ökonomischer Wandel und militärischer Konflikt von 1500 bis 2000.* Frankfurt am Main: S. Fischer.

119 Vgl. *Hunter, William Curt, George G. Kaufman und Michael Pomerleano (Hrsg.).* 2005. *Asset Price Bubbles: The Implications for Monetary, Regulatory, and International Policies.* Cambridge, MA: MIT Press. S. 47.

120 Vgl. *Haslauer, Andreas.* 2010. «Wir müssen heute handeln». Interview mit Thomas Mayer. *Focus Money* Nr. 11. S. 26–42.

TEIL II
Staatsverschuldungskunde

1 Vgl. von *Weizsäcker, Robert K.* 2009. Repräsentative Demokratie und öffentliche Verschuldung: Ein strategisches Verhängnis. Technische Universität München.

2 Vgl. *Schlesinger, Helmut, Manfred Weber und Gerhard Ziebarth.* 1993. *Staatsverschuldung ohne Ende? Zur Rationalität und Problematik des öffentlichen Kredits.* Darmstadt: Wissenschaftliche Buchgesellschaft. S. 218.

3 Vgl. ausführlich hierzu *Konrad, Kai A.* 2008. «Überlegungen zur ‹Goldenen Regel› zur Schuldenbegrenzung». In: *Kai A. Konrad und Beate Jochimsen (Hrsg.).* 2008. *Föderalismuskommission II: Neuordnung von Autonomie und Verantwortung.* Frankfurt am Main: Peter Lang Verlag. S. 77–89 und *Konrad, Kai A. und Marcel Thum.* 1993. «Fundamental standards and time consistency». *Kyklos* 46(4). S. 545–568.

4 Vgl. *Sachverständigenrat zur Begutachtung der gesamtwirtschaftlichen Entwicklung.* 2007. *Staatsverschuldung wirksam begrenzen.* Expertise im Auftrag des Bundesministers für Wirtschaft und Technologie. S. 74–82.

5 Vgl. *Feld, Lars P.* 2007. Schriftliche Stellungnahme für die Anhörung der Föderalismuskommission II zu den Finanzthemen. Kommissionsdrucksache 024. 22. Juni. S. 24.

6 Zu einer ausführlichen und gründlichen Auseinandersetzung mit der Kontroverse um die tatsächlichen Freiräume der Haushaltspolitik Brünings vgl. die Aufsatzsammlung von *Kruedener, Jürgen Baron.* 1990. *Economic Crisis and Political Collapse, The Weimar Republic 1924–1933.* New York, NY: Berg-Verlag, mit Arbeiten der zentralen Protagonisten der Borchardt-Kontroverse, wie Dietmar Petzina, Carl-Ludwig Holtfrerich, Knut Borchardt und anderen. Vgl. auch *Büttner, Ursula.* 1989. «Politische Alternativen zum Brüningschen Deflationskurs. Ein Beitrag zur Diskussion über ‹Ökonomische Zwangslagen› in der Endphase von Weimar». *Vierteljahrshefte für Zeitgeschichte* 37(2). S. 209–251; und *Ritschl, Albrecht.* 2002. «Deutschlands Krise und Konjunktur 1924–1934». *Jahrbuch für Wirtschaftsgeschichte.* Beiheft 2. Berlin: Akademieverlag.

7 Vgl. *Layard, Richard.* 2005. *Happiness: Lessons from a New Science.* New York, NY: Penguin Press, sowie *Wolfers, Justin.* 2002. Paper prepared for the Council on Foreign Relations/International Finance Conference on «Stabilization Policy: Why and How?». New York. 11. Juli.

8 Vgl. *Fuest, Clemens und Michael Thöne.* 2009. «Staatsverschuldung in Deutschland: Wende oder Anstieg ohne Ende?». In: *Günther G. Schulze (Hrsg.).* 2009. *Reform für Deutschland, die wichtigsten Handlungsfelder aus ökonomischer Sicht.* Stuttgart: Schäffer-Pöschel Verlag. S. 149–171.

9 Vgl. *Gordon, Roger H. und Hal Varian.* 1988. «Intergenerational risk sharing». *Journal of Public Economics* 37(2). S. 185–202.

10 Vgl. *Sinn, Hans-Werner.* 2010. «Besser Schulden vererben als Scherbenhaufen – Ifo Präsident Sinn zum Haushalt 2010». *ARD Tagesschau.* 19. Januar. *http://www.tagesschau.de/wirtschaft/bundeshaushalt132.html.*

11 Vgl. *Sachverständigenrat zur Begutachtung der gesamtwirtschaftlichen Entwicklung.* 2009. *Deutschland im internationalen Konjunkturzusammenhang.* Expertise im Auftrag der Bundesregierung. S. 9.

12 Vgl. *Wissenschaftlicher Beirat beim Bundesministerium der Finanzen.* 2008. Brief an Minister Steinbrück «Fiskalpolitischer Handlungsbedarf zur Stabilisierung der Konjunktur».

13 Vgl. *Skidelsky, Robert.* 2009. *Keynes, The Return of the Master.* London: Allen Lane.

14 *Cogan, John F., Tobias Cwik, John B. Taylor und Volker Wieland.* 2009. *New Keynesian Versus Old Keynesian Government Spending Multipliers. NBER Working Paper* 1478, und *Elmendorf, Douglas W. und N. Gregory Mankiw.* 1999. «Government debt». In: *John B. Taylor and Michael Woodford. Handbook of Macroeconomics.* 1. Auflage, Band 1C. Amsterdam: Elsevier. S. 1615–1669.

15 Vgl. *Romer, Christina und Jared Bernstein.* 2009. *The Job Impact of the American Recovery and Reinvestment Plan.* 9. Januar.

16 Vgl. *Barro, Robert und Charles Redlick.* 2009. Macroeconomic Effects from Government Purchases and Taxes. *NBER Working Paper* 15369, sowie *Cwik, Tobias und Volker Wieland.* 2009. Keynesian Government Spending Multipliers and Spillovers in the Euro Area. *CEPR Discussion Paper* 7389.

17 *Deutscher Bundestag.* 1992. Plenarprotokoll. 12. Wahlperiode, 102. Sitzung. Bonn, 8. September. S. 8663.

18 *Deutscher Bundestag.* 1992. Plenarprotokoll. 12. Wahlperiode, 102. Sitzung. Bonn, 8. September. S. 8665.

19 *Deutscher Bundestag.* 1995. Plenarprotokoll. 13. Wahlperiode, 50. Sitzung. Bonn, 5. September. S. 4097.

20 *Deutscher Bundestag.* 1999. Plenarprotokoll. 14. Wahlperiode, 37. Sitzung. Bonn, 4. Mai. S. 2985 f.

21 *Bundesministerium der Finanzen.* 2000. «Finanzpolitik für das nächste Jahrzehnt». *Bulletin* Nr. 76-4. 14. November 2000. Berlin: Humboldt-Universität zu Berlin. S. 10.

22 *O. V.* 2005. «Der Schuldenstaat». *Der Spiegel* Nr. 26. S. 22–33.

23 *Deutscher Bundestag.* 2000. Plenarprotokoll. 14. Wahlperiode, 116. Sitzung. Berlin, 12. September. S. 11060.

24 *O. V.* 2005. «Der Schuldenstaat». *Der Spiegel* Nr. 26. S. 29.

25 *Bundesministerium der Finanzen.* 2000. «Finanzpolitik für das nächste Jahrzehnt». *Bulletin* Nr. 76-4. 14. November 2000. Berlin: Humboldt-Universität zu Berlin. S. 18.

26 Vgl. *Reich, Franziska.* 2004. «Bettelrepublik Deutschland». *Stern* Nr. 41. 30. September. S. 176.

27 *Steinbrück, Peer.* 2005. Tragfähigkeit der öffentlichen Finanzen sichern – Zukunftsfähigkeit Deutschlands wahren. Rede des Bundesministers der Finanzen anlässlich der Aussprache zur Regierungserklärung im Deutschen Bundestag. 1. Dezember.

28 *Steinbrück, Peer.* 2006. Rede des Bundesministers der Finanzen anlässlich der Einbringung des Entwurfs des Bundeshaushalts 2007 im Deutschen Bundestag. 5. September.

29 *Deutscher Bundestag.* 2007. Plenarprotokoll. 16. Wahlperiode, 110. Sitzung. Berlin, 11. September 2007. S. 11385. Rede des Bundesministers der Finanzen Peer Steinbrück zur Einbringung des Bundeshaushaltsplans 2008 sowie des Finanzplans des Bundes 2007 bis 2011 in den Deutschen Bundestag.

30 *Deutscher Bundestag.* 2008. Plenarprotokoll. 16. Wahlperiode, 174. Sitzung. Berlin, 16. September 2008. S. 18544 f. Rede des Bundesministers der Finanzen anlässlich der ersten Lesung des Bundeshaushalts 2009 im Deutschen Bundestag.

31 *Deutscher Bundestag.* 2008. Plenarprotokoll. 16. Wahlperiode, 174. Sitzung. Berlin, 16. September 2008. S. 18552. Rede des Bundesministers der Finanzen anlässlich der ersten Lesung des Bundeshaushalts 2009 im Deutschen Bundestag.

32 *Deutscher Bundestag.* 2008. Plenarprotokoll. 16. Wahlperiode, 188. Sitzung. Berlin, 25. November 2008. S. 20264 und 20268. Rede des Bundesministers der Finanzen.

33 *Deutscher Bundestag.* 2008. Plenarprotokoll. 16. Wahlperiode, 188. Sitzung. Berlin, 25. November 2008. S. 20268. Rede des Bundesministers der Finanzen Peer Steinbrück anlässlich der zweiten und dritten Lesung des Bundeshaushalts 2009 im Deutschen Bundestag.

34 *Deutscher Bundestag.* 1999. Plenarprotokoll. 14. Wahlperiode. 20. Sitzung. Bonn. 23. Februar. S. 1405.

35 *Kremp, Herbert.* 2003. «Der Schuldenstaat und seine Väter». *Hamburger Abendblatt.* 24. Juni.

36 Vgl. *Frey, Bruno S.* 1976. «Theorie und Empirie Politischer Konjunkturzyklen». *Zeitschrift für Nationalökonomie* 36. S. 95–120 zu einer Typisierung solcher Politiken und empirischen Analysen und *Wagner, Richard E.* 1977. «Economic manipulation for political profit: Macroeconomic consequences and constitutional implications». *Kyklos* 30. S. 395–410, gibt u. a. einen Überblick über die politökonomischen Theorien zur Schuldenpolitik und früher empirischer Arbeiten zum Zusammenhang zwischen Schuldenpolitik und politischen Wahlen.

37 Von *Weizsäcker, Robert K.* 2009. Repräsentative Demokratie und öffentliche Verschuldung: Ein strategisches Verhängnis. Technische Universität München. S. 7.

38 Vgl. z. B. die Übersichten bei *Drazen, Allan.* 2000. *Political Economy in Macroeconomics.* Princeton, NJ: Princeton University Press. S. 690 f. und *Persson, Torsten und Guido Tabellini.* 2003. *The Economic Effects of Constitutions.* Cambridge, MA: MIT Press.

39 *Persson, Torsten und Guido Tabellini.* 2003. *The Economic Effects of Constitutions.* Cambridge, MA: MIT Press. S. 256 ff.

40 Vgl. *Persson, Torsten und Guido Tabellini.* 2003. *The Economic Effects of Constitutions.* Cambridge, MA: MIT Press. S. 260.

41 *Bundesministerium der Finanzen.* 2009. «Wie finanziert der Staat seine Schulden». *Arbeitsblatt: Finanzen und Steuern.*

42 Vgl. *Eaton, Jonathan und Mark Gersovitz.* 1981. «Debt with potential repudiation: theoretical and empirical analysis». *Review of Economic Studies* 48(2). S. 289–309.

43 Vgl. *Panizza, Ugo, Federico Sturzenegger und Jeromin Zettelmeyer.* 2009. «The economics and law of sovereign debt and default». *Journal of Economic Literature* 47(3). S. 651–698.

44 Siehe Google Trend zu den Begriffen «Staatsbankrott» oder «Sovereign default».

45 Vgl. *Winkler, Max.* 1933. *Foreign Bonds: An Autopsy.* Philadelphia, PA: Roland Swain Company. Reprinted 1999. Washington: Beard Books. S. 10; *Manes, Alfred.* 1919. *Staatsbankrotte, Wirtschaftliche und Rechtliche Betrachtungen.* 2. Auflage. Berlin: Verlag von Karl Siegismund. S. 21 f.

46 Vgl. *Winkler, Max.* 1933. *Foreign Bonds: An Autopsy.* Philadelphia, PA: Roland Swain Company. Reprinted 1999. Washington: Beard Books. S. 22.

47 Vgl. *Sturzenegger, Federico und Jeromin Zettelmeyer.* 2006. *Debt Defaults and Lessons from a Decade of Crises.* Cambridge, MA: MIT Press. S. 3 ff.

48 Vgl. *Winkler, Max.* 1933. *Foreign Bonds: An Autopsy.* Philadelphia, PA: Roland Swain Company. Reprinted 1999. Washington: Beard Books. S. 26; *Bringmann, Klaus.* 2002. *Geschichte der römischen Republik.* München: C. H. Beck. S. 169 ff.

49 Vgl. *Reinhart, Carmen M. und Kenneth S. Rogoff.* 2009. *This Time is Different: Eight Centuries of Financial Folly.* Princeton, NJ: Princeton University Press. S. 176.

50 Vgl. *Reinhart, Carmen M. und Kenneth S. Rogoff.* 2009. *This Time is Different: Eight Centuries of Financial Folly.* Princeton, NJ: Princeton University Press. S. 86 ff.

51 Vgl. *Ferguson, Niall.* 2009. *Der Aufstieg des Geldes. Die Währung der Geschichte.* Berlin: Econ Verlag. S. 68.

52 Vgl. *Homer, Sidney und Richard Sylla.* 2005. *A History of Interest Rates.* 4. Auflage. Hoboken, NJ: Wiley, J. S. 120–130.

53 Vgl. *Homer, Sidney und Richard Sylla*. 2005. *A History of Interest Rates*. 4. Auflage. Hoboken, NJ: Wiley, J. S. 86.
54 Vgl. *North, Michael (Hrsg.)*. 2000. *Deutsche Wirtschaftsgeschichte*. München: C. H. Beck. S. 85 ff.
55 Vgl. *Alessandri, Piergiorgio und Andrew Haldane*. 2009. Banking on the State. *BIS Review* 139 (*www.bis.org/review/r091111e.pdf*).
56 Vgl. Vgl. *Sturzenegger, Federico und Jeromin Zettelmeyer*. 2006. *Debt Defaults and Lessons from a Decade of Crises*. Cambridge, MA: MIT Press. S.3 ff.; *Reinhart, Carmen M. und Kenneth S. Rogoff*. 2009. *This Time is Different: Eight Centuries of Financial Folly*. Princeton, NJ: Princeton University Press. S. 73–74 und S. 141 ff.
57 Vgl. *Alessandri, Piergiorgio und Andrew Haldane*. 2009. Banking on the State. *BIS Review* 139 (*www.bis.org/review/r091111e.pdf*).
58 Vgl. *Sturzenegger, Federico und Jeromin Zettelmeyer*. 2006. *Debt Defaults and Lessons from a Decade of Crises*. Cambridge, MA: MIT Press. S. 6.
59 Vgl. *Ugo Panniza, Frederico Sturzenegger und Jeromin Zettelmeyer*. 2009. «The economics and law of sovereign debt and default». *Journal of Economic Literature* 47(3). S. 669.
60 Vgl. *Benjamin, David und Mark Wright*. 2009. Recovery Before Redemption: A Theory of Delays in Sovereign Debt Renegotiations. *CAMA Working Paper 2009-15*.
61 Vgl. *Busch, Berthold, Manfred Jäger-Ambrozewicz und Jürgen Matthes*. 2010. Wirtschaftskrise und Staatsinsolvenz. Drohen auch den Industrieländern Staatsbankrotte? IW-Analysen. Institut der deutschen Wirtschaft Köln. S. 22.
62 Vgl. *Mitchener, Kris James und Marc D. Weidenmier*. 2004. Empire, Public Goods and the Roosevelt Corollary. *NBER Working Paper 10729*. S. 7–8.
63 Zitiert nach: *Historisches Seminar Universität Bern* (Hrsg.). 1957. *Quellen zur neueren Geschichte*. Bern. S. 76 f.
64 Vgl. *Mitchener, Kris James und Marc D. Weidenmier*. 2004. Empire, Public Goods and the Roosevelt Corollary. *NBER Working Paper 10729*. S. 7–8.
65 Vgl. *Mitchener, Kris James und Marc D. Weidenmier*. 2005. Supersanctions and Sovereign Debt Repayment. *NBER Working Paper 11472*. S. 7–8.
66 *Lauterbach, Thomas*. 2009. «New evidence on the interest rate effects of budget deficits and debt». *Journal of the European Economic Association* 7(4). S. 858–885.
67 Die Schätzung der EU-Kommission für 2010 für Griechenland wird im Monatsbericht Dezember 2009 (Tabelle 11, S. 127) des BMF mit 124,9 Prozent ausgewiesen.
68 Tatsächlich erreichte der Risikoaufschlag griechischer Zehnjahrespapiere gegenüber Bundesanleihen mit gleicher Laufzeit zwischenzeitlich sogar mehr als vier Prozentpunkte, wie in Abbildung 18 zu sehen ist.
69 Der Wert für 2005 und 2006 betrug 20,2 Prozent. Vgl. *Bundesministerium der Finanzen*. 2009. Finanzbericht 2010. Übersicht 17, S. 422.
70 *Ferguson, Niall*. 2009. *Der Aufstieg des Geldes. Die Währung der Geschichte*. Berlin: Econ Verlag. S. 64.
71 *Ferguson, Niall*. 2009. *Der Aufstieg des Geldes. Die Währung der Geschichte*. Berlin: Econ Verlag. S. 66.
72 Der Monatsbericht Dezember 2009 des BMF berichtet in Tabelle 11 (S. 126) die Schätzungen der *EU*-Kommission (197,6 Prozent), der OECD (197,2 Prozent) und des *IWF* (227,0 Prozent). Die Ratingagentur Fitch Ratings nennt einen Wert von 214,3 Prozent, Moody's eine Schuldenquote von 228,5 Prozent.
73 Vgl. *Reinhart, Carmen M. und Kenneth S. Rogoff*. 2009. *This Time is Different: Eight Centuries of Financial Folly*. Princeton, NJ: Princeton University Press. S. 23.
74 Vgl. *Beyerle, Hubert, Martin Kaelble und Thomas Fricke*. 2010. «Die weltweite Angst vor der Staatspleite». *Financial Times Deutschland*. 12. Januar.

75 Vgl. *Riße, Stefan.* 2010. *Die Inflation kommt.* München: Finanzbuchverlag. S. 43.

76 Einen detaillierteren Einblick in die Welt der CDS bieten *Leeming, Matthew, Søren Willemann, Rob Hagemans und Arup Gosh.* 2010. «Standard corporate CDS handbook – Ongoing evolution of the CDS market». *Barclays Capital.*

77 *Lasarte, Teo.* 2010. «Greece: What if?». *Economic Analysis Bank of America/Merrill Lynch.* 27. Januar. S. 36.

78 Zwischenzeitlich wurde in den USA ein Untersuchungsausschuss eingerichtet, der die Umstände der Rettung von AIG genauer untersucht. Vgl. *O. V.* 2010. «AIG-Rettung wie Staatsgeheimnis behandelt». *Handelsblatt.* 25. Januar.

79 Vgl. *CMA.* 2010. *Global Sovereign Risk Report.* 1st Quarter. *Gros, Daniel und Thomas Mayer.* 2010. «Towards a Euro(pean) Monetary Fund». *CEPS Policy Brief* 202. S. 1.

80 Vgl. *Andritzky, Jochen und Christoph Trebesch.* 2010. «Können Kreditderivate Unternehmensinsolvenzen beschleunigen?». *Neue Zürcher Zeitung* Nr. 10. 14. Januar. S. 30.

81 Vgl. *Hu, Henry T. C.* 2009. «Empty creditors' and the crisis». *Wall Street Journal.* 10. April. S. A13.

82 Vgl. *o. V.* «Eine bessere Regulierung von Kreditderivaten ist überfällig». *Neue Zürcher Zeitung.* 11. Dezember, sowie *o. V.* 2009. «CDSs and bankruptcy – No empty threat». *The Economist.* 18. Juni.

83 *Soros, George.* 2009. *Die Analyse der Finanzkrise und was sie bedeutet – weltweit.* München: Finanzbuchverlag. S. 37.

84 *Soros, George.* 2010. «America must face up to the dangers of derivatives». *Financial Times.* 23. April. S. 9.

85 O. V. 2010. «Keine CDS-Wetten gegen Griechenland». *Handelsblatt.* 8. März.

86 Vgl. *o. V.* 2010. «Leichte Entspannung am CDS-Markt». *Frankfurter Allgemeine Zeitung.* 2. März. S. 21.

87 Vgl. *Goldman Sachs.* 2009. *Global Economics Weekly* 43. 2. Dezember.

88 *Münchrath, Jens, Ruth Berschens und Oliver Stock.* 2010. «Wir haben die Folterwerkzeuge im Keller». Interview mit Jean-Claude Juncker. *Handelsblatt* Nr. 41. 1. März. S. 6–7.

89 Vgl. *Bundesanstalt für Finanzdienstleistungsaufsicht.* 2010. «BaFin untersagt ungedeckte Leerverkäufe und ungedeckte CDS auf Staatsanleihen der Eurozone». *Presseerklärung vom* 18. Mai.

90 O. V. 2010. «Gänzlich zu Unrecht zum Schweinestaat degradiert». *Stuttgarter Zeitung.* 18. Februar, sowie *Jessen, Corinna, Ralph Schulze, Paul Kreiner und Helmar Dumbs.* 2010. «Im Club Med der leeren Kassen». *Die Presse.* 14. Februar. O. V. 2010. «Italy hopes thrift can fend off Euro zone contagion». *Tehran Times.* 9. Februar.

91 O. V. 2010. «Alemania con margen para apoyar a otros países: Moody's». *Milenio.* 16. Februar, sowie *O. V.* 2010. «Barclays Gewinnsprung beflügelt die Aktienmärkte». *Frankfurter Allgemeine Zeitung.* 16. Februar.

92 *Moody's Corporation.* 2008. Testimony of Raymond W. McDaniel. Chairman and Chief Executive Officer Moody's Corporation before the United States House of Representatives Committee on Oversight and Government Reform. 22. Oktober.

93 Vgl. *Ujikane, Keiko and Aki Ito.* 2010. «Moody's warns of Greece cut if fiscal plan missed». *Bloomberg News.* 25. Februar.

94 *Ettel, Anja und Holger Zschäpitz.* 2010. «Die fünfte Gewalt im Euroland». *Welt am Sonntag.* 2. Mai.

95 Zur Rolle von externen Ratings für den Kreditmarktzugang von Unternehmen vgl. z. B. *Sufi, Amir.* 2009. «The real effects of debt certification: evidence from the introduction of bank loan ratings». *Review of Financial Studies* 22(4). S. 1659–1691.

96 Vgl. *Eckert, Daniel und Holger Zschäpitz.* 2007. «Bonitätsprüfer geben in der Krise schlechtes Bild ab». *Die Welt.* 3. August.

97 Vgl. *Beyerle, Hubert, Martin Kaelble und Thomas Fricke.* 2010. «Die weltweite Angst vor der Staatspleite». *Financial Times Deutschland.* 12. Januar. Für eine ähnliche Aussage, wonach Analystenurteile den Ratingagenturen vorauslaufen, siehe auch *De Franco, Gus, Florin P. Vasvari und Regina Wittenberg-Moerman.* 2009. «The informational role of bond analysts». *Journal of Accounting Research* 47(5). S. 1201–1248.

98 Vgl. hierzu beispielsweise *Mora, Nada.* 2006. «Sovereign credit ratings: Guilty beyond reasonable doubt?». *Journal of Banking & Finance* 30(7). S. 2041–2062.

99 Vgl. *Georgievska, Angelina, Ljubica Georgievska, Alex Stojanovic und Natasa Todorovic.* 2008. «Sovereign rescheduling probabilities in emerging markets: a comparison with credit rating agencies' ratings». *Journal of Applied Statistics* 35(9). S. 1031–1051.

100 Vgl. *Maehlmann, Thomas.* 2008. «Rating agencies and the role of rating publication rights». *Journal of Banking & Finance* 32(11). S. 2412–2422.

101 *Standard & Poor's.* 2009. «Sovereign defaults and rating transition data». 2008 Update. S. 18.

102 *U.S. Securities and Exchange Commission (SEC).* 2003. Report on the Role and Function of Credit Rating Agencies in the Operation of the Securities Markets. S. 26 (*http://www.sec.gov/news/studies/credratingreport0103.pdf*).

103 Vgl. *Mathis, Jerome, James McAndrews und Jean-Charles Rochet.* 2009. «Rating the raters: are reputation concerns powerful enough to discipline rating agencies?». *Journal of Monetary Economics* 56(5). S. 657–674.

104 *Chung, Joanna und Aline van Duyn.* 2009. «SEC to tighten grip on rating agencies after role in crisis». *Financial Times.* 18. September.

105 Vgl. *Frye, Andrew.* 2010. «Buffett backs Moody's after Goldman Sachs defence». *Bloomberg News.* 2. Juni.

106 Vgl. *Pittmann, Mark.* 2007. «S&P, Moody's hide rising risk on $200 billion of mortgage bonds». *Bloomberg News.* 29. Juni.

107 Vgl. *Pittman, Mark und Christine Richard.* 2007. «Immobilienkrise schadet Ratingagenturen». *Die Welt.* 9. August.

108 Vgl. *Pittman, Mark und Christine Richard.* 2007. «Immobilienkrise schadet Ratingagenturen». *Die Welt.* 9. August.

109 Vgl. *Partnoy, Frank.* 2001. The Paradox of Credit Ratings. *University San Diego Law & Econ Research Paper* 20.

110 Vgl. *Baseler Ausschuss für Bankenaufsicht.* 2004. Internationale Konvergenz der Kapitalmessung und Eigenkapitalanforderungen. Überarbeitete Rahmenvereinbarung.

111 Vgl. *De Grauwe, Paul.* 2009. «Greece: The start of a systemic crisis of the Eurozone?». *Voxeu.org.* 15. Dezember. *Europäische Zentralbank.* 2009. «Stellungnahme der Europäischen Zentralbank zu einem Vorschlag für eine Verordnung des Europäischen Parlaments und des Rates über Ratingagenturen». *Amtsblatt der Europäischen Union* C 115/3. 21. April.

112 Vgl. *Cailleteau, Pierre und Sarah Carlson.* 2010. «New ECB collateral rules enhance short- and long-term financial stability in the Eurozone». *Moody's Investors Service.* Special Comment.

113 Siehe *Bohlen, Sloan.* 2010. «Americas: Specialty finance: Diversified». Goldman Sachs. 7. Februar. S. 4.

114 Vgl. *Partnoy, Frank.* 2006. Hearings before the United States Senate Committee on Banking, Housing, and Urban Affairs Assessing the Current Oversight and Operations of Credit Rating Agencies. 7. März.

115 Vgl. *Partnoy, Frank.* 2001. The Paradox of Credit Ratings. *University San Diego Law & Econ Research Paper* 20.

116 Vgl. *Kunz, Anne.* 2010. «Keine exakte Wissenschaft». Interview mit dem Deutschland-Chef der Ratingagentur Standard & Poor's, Torsten Hinrichs. *Wirtschaftswoche* Nr. 19. 10. Mai.

117 Vgl. *Fitch Ratings.* 2009. «Sovereign credit risk».

118 *Moody's Investors Service.* 2009. *Aaa Sovereign Monitor.* Dezember. S. 4.

119 Vgl. *Moody's Investors Service.* 2008. «Sovereign bond ratings». *Standard & Poor's.* 2009. «Sovereign credit ratings: A primer» und *Fitch Ratings.* 2009. «Sovereign rating methodology – Master criteria report».

120 Vgl. z. B. *Steuer, Helmut.* 2008. «IWF schnürt Hilfspaket für Island». *Handelsblatt.* 24. Oktober.

121 Vgl. *Lerner, Abba P.* 1943. «Functional finance and the federal debt». *Social Research* 10. S. 297–310.

122 Frühe Überlegungen zu diesen Kosten finden sich z. B. bei *Wright, David M.* 1940. «The economic limit and economic burden of an internally held national debt». *Quarterly Journal of Economics* 55. S. 116–129.

123 Vgl. *Reinhart, Carmen M. und Kenneth S. Rogoff.* 2009. *This Time is Different: Eight Centuries of Financial Folly.* Princeton, NJ: Princeton University Press.

124 Vgl. *Bundesministerium der Finanzen.* 2009. *Monatsbericht November.* S. 18.

125 *Bundesrepublik Deutschland Finanzagentur GmbH.* 2010. *Emissionsplanung des Bundes* 2010.

126 Vgl. z. B. die Biographie von Charles Ponzi von *Zuckoff, Mitchell.* 2005. *Ponzi's Scheme, The True Story of a Financial Legend.* New York, NY: Random House.

127 Vgl. *Arvedlund, Erin.* 2009. *Too Good to be True, The Rise and Fall of Bernie Madoff.* New York, NY: Penguin Group, der aus dem Geständnis von Madoff zitiert, in dem Madoff sich selbst bezichtigt: «I operated a Ponzi scheme» (S. 3).

128 Genau genommen waren es 1692,2 Mrd. Euro. *Statistisches Bundesamt.* 2010. Pressemitteilung Nr. 095. 11. März.

129 *Bundesministerium der Finanzen.* 2009. *Monatsbericht Dezember.* Tabelle 14, S. 99.

130 Vgl. *Homburg, Stefan.* 1991. «Interest and growth in an economy with land». *Canadian Journal of Economics* 24(2). S. 450–459. *Ball, Laurence, Douglas W. Elmendorf und N. Gregory Mankiw.* 1998. «The deficit gamble». *Journal of Money, Credit and Banking* 30(4). S. 699–720.

131 *Sachverständigenrat zur Begutachtung der gesamtwirtschaftlichen Entwicklung.* 2007. *Staatsverschuldung wirksam begrenzen.* Wiesbaden: Statistisches Bundesamt. S. 43, Schaubild 7.

132 Zur Berechnung: Anwendung der Zinssätze für langfristige Staatsanleihen (zehnjährige Laufzeit) aus den Jahren 1960, 1970, …, 2000. Die langfristigen Zinsen wurden dem *OECD Factbook 2008. Economics, Environmental and Social Statistics* entnommen.

133 Zur Berechnung: Für 1960 beträgt das Pro-Kopf-BIP in Euro in jeweiligen Preisen für das alte Bundesgebiet einschließlich Saarland 2792 Euro. Für 2009 beträgt der Wert 29410 für ganz Deutschland. (Angaben: *Statistisches Bundesamt.* 2010. *Volkswirtschaftliche Gesamtrechnungen BIP, BNE, Volkseinkommen.* Lange Reihen ab 1950. Stand: Februar 2010). Bei einem geschätzten Wachstum von 2.4 Prozent nominal für das Jahr 2010 ergibt sich für 2010 ein Wert von 30145. Damit hat sich das nominale Pro-Kopf-BIP in 50 Jahren um den Faktor 30145/2792=10,797 erhöht.

134 *Bundesministerium der Finanzen.* 2000. «Finanzpolitik für das nächste Jahrzehnt». *Bulletin* Nr. 76-4. 4. November 2000. Berlin: Humboldt-Universität zu Berlin. S. 10.

135 *Steinbrück, Peer.* 2006. Rede des Bundesministers der Finanzen anlässlich der Einbringung des Entwurfs des Bundeshaushalts 2007 im Deutschen Bundestag. 5. September.

136 Hier beispielsweise auf der 111. Sitzung des Finanzplanungsrats am 10. Dezember 2009. Vgl. hierzu die Pressemeldung «Einvernehmlicher Beschluss der 111. Sitzung des Finanzplanungsrates».

137 Ein kirchliches Beispiel ist der Münchner Erzbischof Reinhard Marx. Vgl. *o. V.* 2009. «Erzbischof warnt vor Schuldenstaat». *Berliner Morgenpost* Nr. 345. 18. Dezember. S. 2.

138 *SPD. 2007. Hamburger Programm. Grundsatzprogramm der Sozialdemokratischen Partei Deutschlands.* Hamburg. 28. Oktober.

139 *CDU/CSU. 2009. Wir haben die Kraft. Gemeinsam für unser Land. Regierungsprogramm 2009–2013 der CDU CSU.* Berlin. 28. Juni. S. 16.

140 *FDP. 2009. Die Mitte Stärken. Deutschlandprogramm – Programm der Freien Demokratischen Partei zur Bundestagswahl 2009.* Hannover. 17. Mai. S. 8.

141 *Bündnis 90 / Die Grünen. 2009. Der grüne neue Gesellschaftsvertrag.* Bündnis 90/ Die Grünen. Berlin. 10. Mai. S. 50 f.

142 Siehe *Barro, Robert.* 1974. «Are government bonds net wealth?». *Journal of Political Economy* 82(6). S. 1095–1117.

143 Auf diesen Widerspruch und seine Konsequenzen hat Hans-Werner Sinn früher in seinen Veranstaltungen zur Sozialversicherung an der Universität München hingewiesen, an denen einer der Autoren teilgenommen hat. Wir verdanken diese Erkenntnisse also ihm. Wir nehmen ihn indes nicht in Haftung für das Argument.

144 Vgl. *Breyer, Friedrich und Johann Matthias Graf von der Schulenburg.* 1987. «Voting on social security: The family as decision-making unit». *Kyklos* 40. S. 529–547.

TEIL III
Schuldenreform

1 Vgl. *Ferguson, Niall.* 2009. *Der Aufstieg des Geldes. Die Währung der Geschichte.* Berlin: Econ Verlag.

2 *Feldman, Gerald D.* 1997. *The Great Disorder, Politics, Economics, and Society in the German Inflation, 1914–1924*, Oxford: Oxford University Press. Zu den Problemen der Wiedereinführung einer stabilen Währung vgl. auch den autobiographischen Bericht von *Hjalmar Schacht.* 1953. *76 Jahre meines Lebens.* München: Kindler und Schiermeyer Verlag. S. 233.

3 Vgl. Gesetz über den Lastenausgleich (Lastenausgleichsgesetz – *LAG*), § 3.

4 Vgl. *Eichengreen, Barry, Ricardo Hausmann und Ugo Panizza.* 2003. «The mystery of original sin». In: *Barry Eichengreen und Ricardo Hausmann (Hrsg.).* 2005. *Other People's Money: Debt Denomination and Financial Instability in Emerging-Market Economies.* Chicago, IL: University of Chicago Press.

5 Vgl. *Europäische Zentralbank.* 2010. Wirtschafts- und Währungsunion.

6 Vgl. *Alesina, Alberto.* 1988. «The end of large public debts». In: *Francesco Giavazzi und Luigi Spaventa (Hrsg.).* 1988. *High Public Debt. The Italian Experience.* Cambridge: Cambridge University Press; und *Kent, Bruce.* 1989. *The Spoils of War.* Oxford: Clarendon Press.

7 Vgl. *Schacht, Hjalmar.* 1953. *76 Jahre meines Lebens.* München: Kindler und Schiermeyer Verlag. S. 182; *Van der Borght, Richard* 1919. «Die deutschen Kriegssteuergesetze von 1918». *Finanzarchiv* 36(1). S. 182–344.

8 Vergleiche zu einer Darstellung und weiteren Quellen *Kent, Bruce.* 1989. *The Spoils of War.* Oxford: Clarendon Press. S. 49.

9 Vgl. zu einer Darstellung der politischen Diskussion *van der Borght, Richard.* 1919. «Die deutschen Kriegsteuergesetze von 1918». *Finanzarchiv* 36(1). S. 182–344. Eine Einordnung der Wegzugsteuern und Mobilitätsbeschränkungen findet sich bei *Schön, Wolfgang.* 2005. «Steuerstaat und Freizügigkeit». In: *Ulrich Becker und*

Wolfgang Schön (Hrsg.). 2005. *Steuer- und Sozialstaat im europäischen Systemwettbewerb*. Tübingen: Mohr Siebeck. S. 41–74.

10 Vgl. *Van der Borght, Richard*. 1919. «Die deutschen Kriegsteuergesetze von 1918». *Finanzarchiv* 36(1). S. 182–344.

11 Vgl. *Feldman, Gerald D.* 1997. *The Great Disorder, Politics, Economics, and Society in the German Inflation, 1914–1924*. Oxford: Oxford University Press, und *Alesina, Alberto*. 1988. «The end of large public debts». In: *Francesco Giavazzi und Luigi Spaventa (Hrsg.)*. 1988. *High Public Debt. The Italian Experience*. Cambridge: Cambridge University Press. S. 41–50.

12 Vgl. z. B. *Wagemann, Gustav*. 1925. *Die neuen Aufwertungsgesetze mit Durchführungsbestimmungen*. 3. Auflage. Berlin: Verlag Carl Haymanns. Letzteres enthält auch den Gesetzestext des *Gesetz über die Aufwertung von Hypotheken und anderen Ansprüchen* vom 16. Juli 1925. Vgl. auch *Borchardt, Knut*. 1982. *Wachstum, Krisen, Handlungsspielräume der Politik*. Göttingen: Vandenhoeck & Ruprecht. S. 156.

13 Vgl. zu einer ausführlichen Darstellung *Kent, Bruce*. 1989. *The Spoils of War*. Oxford: Clarendon Press.

14 Vgl. *Friedensvertrag von Versailles*. 28. Juni 1919. *www.versailler-vertrag.de*.

15 Vgl. *Schulze, Ernst*. 1920. «Die Staatsfinanzen der Vereinigten Staaten von Amerika». *Finanzarchiv* 37(2). S. 69–79.

16 *Lutz, Harvey L.* 1930. «Inter-allied debts, reparations, and national policy». *Journal of Political Economy* 38(1). S. 29–61.

17 Vgl. z. B. *Kent, Bruce*. 1989. *The Spoils of War*. Oxford: Clarendon Press. S. 42.

18 Vgl. *Kent, Bruce*. 1989. *The Spoils of War*. Oxford: Clarendon Press.

19 Siehe *Xammar, Eugeni*. 1924. *Das Schlangenei, Berichte aus dem Deutschland der Inflationsjahre 1922–1924*. Berlin: Berenberg Verlag S. 27.

20 Vgl. zu den unterschiedlichen Strategien *Alesina, Alberto*. 1988. «The end of large public debts». In: *Francesco Giavazzi und Luigi Spaventa (Hrsg.)*. 1988. *High Public Debt. The Italian Experience*. Cambridge: Cambridge University Press.

21 Die Berechnungen beruhen auf Daten der Ratingagentur Fitch Ratings.

22 *Snower, Dennis*. 2010. «Es droht ein Schulden-Tsunami». *Handelsblatt* Nr. 68. 9. April. S. 10–11.

23 Vgl. *Europäische Zentralbank*. 2009. *Monatsbericht September*. S. 96.

24 Vgl. *Cliffe, Mark*. 2010. «Fiscal adjustment. How and when?». Präsentation für ein Treffen von Chefökonomen bei der Bank für Internationalen Zahlungsausgleich BIZ in Basel. 16. April.

25 Vgl. zu einer Diskussion *Mühlenkamp, Holger*. 2005. «‹Public Private Partnership› ökonomisch analysiert». In: *Dietrich Budäus (Hrsg.)*. 2005. *Kooperationsformen zwischen Markt und Staat*. Baden-Baden: Nomos. S. 29–48.

26 Vgl. *Broadbent, Ben und Kevin Daly*. 2010. «Limiting the fall-out from fiscal adjustment». *Goldman Sachs Global Economics Paper* 195. S. 10; *Alesina, Alberto und Silvia Ardagna*. 2009. Large Changes in Fiscal Policy: Taxes Versus Spending. *NBER Working Paper 15438*; Metastudien liegen vor von *Gruber, Norbert und Hans Pitlik*. 2010. «Empirische Studien zu Erfolgsfaktoren von Konsolidierungen». In: *Karl Aiginger et al. (Hrsg.)*. 2010. *Optionen zur Konsolidierung der öffentlichen Haushalte in Österreich*. Wien: Wifo; und in einem Diskussionspapier des britischen Finanzministeriums, *UK HM Treasury*. 2009. International examples of spending consolidations.

27 Vgl. *Barro, Robert*. 1974. «Are government bonds net wealth?». *Journal of Political Economy* 82(6). S. 1095–1117.

28 Vgl. *Blanchard, Olivier*. 1985. «Debt, deficits, and finite horizons». *Journal of Political Economy* 93(2). S. 223–247.

29 Vgl. *Broadbent, Ben und Kevin Daly*. 2010. «Limiting the fall-out from fiscal adjustment». *Goldman Sachs Global Economics Paper* 195. S. 13 f. *Gruber, Norbert und Hans Pitlik*. 2010. «Empirische Studien zu Erfolgsfaktoren von Konsolidierungen». In: *Karl Aiginger et al. (Hrsg.)*. 2010. *Optionen zur Konsolidierung der öffentlichen Haushalte in Österreich*. Wien: Wifo. S. 33.

30 Vgl. *Cottarelli, Carlo*. 2009. The State of Public Finances: Outlook and Medium-term Policies after the 2008 Crisis. Paper prepared by the IMF Fiscal Affairs Department. S. 33.

31 Vgl. *Cottarelli, Carlo*. 2009. The State of Public Finances: Outlook and Medium-term Policies after the 2008 Crisis. Paper prepared by the IMF Fiscal Affairs Department. S. 33.

32 Vgl. *Ferguson, Niall*. 2001. *Politik ohne Macht. Das fatale Vertrauen in die Wirtschaft*. Stuttgart/München: DVA. S. 195–205.

33 Vgl. *Aizenman, Joshua und Nancy Marion*. 2009. Using Inflation to Erode the U.S. Public Debt. *NBER Working Paper* 15562.

34 Vgl. *Aizenman, Joshua und Nancy Marion*. 2009. Using Inflation to Erode the U.S. Public Debt. NBER Working Paper 15562.

35 Vgl. *Aizenman, Joshua und Nancy Marion*. 2009. Using Inflation to Erode the U.S. Public Debt. *NBER Working Paper* 15562. S. 21.

36 Vgl. Artikel 2 des Protokolls (Nr. 4) über die Satzung des Europäischen Systems der Zentralbanken und der Europäischen Zentralbank. Der Artikel bestimmt die Ziele der *EZB*. Nach Artikel 127, Absatz 1 und Artikel 282, Absatz 2 des Vertrags über die Arbeitsweise der Europäischen Union ist es das vorrangige Ziel des ESZB, die Preisstabilität zu gewährleisten. Soweit dies ohne Beeinträchtigung des Zieles der Preisstabilität möglich ist, unterstützt das ESZB die allgemeine Wirtschaftspolitik in der Union, um zur Verwirklichung der in Artikel 3 des Vertrags über die Europäische Union festgelegten Ziele der Union beizutragen. Das ESZB handelt im Einklang mit dem Grundsatz einer offenen Marktwirtschaft mit freiem Wettbewerb, wodurch ein effizienter Einsatz der Ressourcen gefördert wird, und hält sich dabei an die in Artikel 119 des Vertrags über die Arbeitsweise der Europäischen Union genannten Grundsätze.

37 Vgl. *Bundesministeriums der Finanzen*. 2009. *Monatsbericht Dezember*. S. 79.

38 Vgl. *Roxburg, Charles, Susan Kund, Tony Wimmer, Eric Amar, Charles Atkins, Ju-Hon Kwek, Richard Dobbs und James Manyika*. 2010. *Debt and Deleveraging: The Global Credit Bubble and its Economic Consequences*. McKinsey Global Institute. Januar. S. 36.

39 Vgl. *Berensmann, Kathrin und Angélique Herzberg*. 2009. «Sovereign insolvency procedures – a comparative look at selected proposals». *Journal of Economic Surveys* 23(5). S. 856–881. Die Ideengeschichte von anfänglichen Überlegungen bis hin zu den konkreten Vorschlägen des Internationalen Währungsfonds im Jahr 2001 beschreiben *Rogoff, Kenneth und Jeromin Zettelmeyer*. 2002. «Bankruptcy procedures for sovereigns: a history of ideas, 1976–2001». *IMF Staff Papers* 49(3). S. 470–507.

40 Vgl. *Krueger, Anne*. 2001. A New Approach to Souvereign Debt Restructuring. Address given at the Indian Council for Research on International Economic Relations in Dehli, Indien. Publiziert in IMF Publication Services, Washington.

41 Einen guten Überblick über die verschiedenen Aspekte gewinnt man aus dem Vergleich von verschiedenen Vorschlägen, den Berensmann und Herzberg vornehmen. Vgl. hierzu *Berensmann, Kathrin und Angélique Herzberg*. 2009. «Sovereign insolvency procedures – a comparative look at selected proposals». *Journal of Economic Surveys* 23(5). S. 856–881.

42 Vgl. *Snow, John W.* 2003. «Meeting of the International Monetary and Financial Committee (IMFC)». Statement by the United States Treasury Washington, DC. 12. April.

43 Zu einer Einschätzung vgl. *Sedlak, Jonathan.* 2004. «Sovereign debt restructuring: statutory reform or contractual solution?» *University of Pennsylvania Law Review* 152(4). S. 1483–1515. Vgl. auch *Paulus, Christoph G.* 2008. Rechtliche Handhaben zur Bewältigung der Überschuldung von Staaten. Unveröffentlichtes Manuskript. S. 4.

44 Vgl. *Rogoff, Kenneth und Jeromin Zettelmeyer.* 2002. «Bankruptcy procedures for souvereigns: a history of ideas, 1976–2001». *IMF Staff Papers* 49(3). S. 494 f.

45 Siehe *www.clubdeparis.org.*

46 Vgl. *Busch, Berthold, Manfred Jäger-Ambrozewicz und Jürgen Matthes.* 2010. Wirtschaftskrise und Staatsinsolvenz. Drohen auch den Industrieländern Staatsbankrotte? IW-Analysen, Institut der deutschen Wirtschaft Köln. S. 28.

47 Vgl. *Panniza, Ugo, Frederico Sturzenegger und Jeromin Zettelmeyer.* 2009. «The economics and law of sovereign debt and default». *Journal of Economic Literature* 47(3). S. 653.

48 *Braithwaite, Tom, Jim Pickard und Alex Barker.* 2008. «UK and Iceland clash on crisis». *Financial Times.* 10. Oktober.

49 Vgl. *Panniza, Ugo, Frederico Sturzenegger und Jeromin Zettelmeyer.* 2009. «The economics and law of sovereign debt and default». *Journal of Economic Literature* 47(3). S. 654.

50 *Liendo, Horacio T.* 2010. «The embargo of the BCRA reserves is possible». *La Nacion.* 14. Februar.

51 *Buchanan, James.* 1975. «The Samaritan's dilemma». In: *Edmund S. Phelps (Hrsg.).* 1975. *Altruism, Morality and Economic Theory.* New York, NY: Russel Sage Foundation.

52 Vgl. z. B. *Buchanan, James.* 1975. «The Samaritan's dilemma». In: *Edmund S. Phelps (Hrsg.).* 1975. *Altruism, Morality and Economic Theory.* New York, NY: Russel Sage Foundation, und *Bruce, Neil und Michael Waldman.* 1990. «The rotten-kid theorem meets the Samaritan's dilemma». *Quarterly Journal of Economics* 105(1). S. 155–165.

53 Vgl. BVerfGE 86, 148 – Finanzausgleich II, G I, 1992. S. 72.

54 Vgl. *Peffekoven, Rolf.* 1992. «Das Urteil des Bundesverfassungsgerichts zum Länderfinanzausgleich». *Wirtschaftsdienst* 79(12). S. 349–354.

55 Vgl. Bericht des Saarlandes zur Sanierung des Landeshaushaltes – Sanierungsbericht 2004. Saarbrücken. Mai 2005. *Hoff, Benjamin I.* 2006. *Föderalismusreform in der Haushaltsnotlage.* Baden-Baden: Nomos-Verlag. S. 206.

56 Vgl. z. B. *o. V.* 1999. «Baggern ohne Ende – Mit Milliarden aus Bonn baut die rotschwarze Koalition an der Weser eine Stadt der Zukunft». *Focus* Nr. 9.

57 Vgl. *Hoff, Benjamin-I.* 2006. *Föderalismusreform in der Haushaltsnotlage.* Baden-Baden: Nomos-Verlag. S. 209 ff.

58 *Bornemann, Holger.* 2002. *Prognos AG, Evaluierungsgutachten Wirkungsanalyse des Investitionssonderprogramms (ISP) des Landes Bremen, Endbericht.* Im Auftrag des Senators für Finanzen des Landes Bremen. Bremen. August.

59 Vgl. *Hoff, Benjamin-I.* 2006. *Föderalismusreform in der Haushaltsnotlage.* Baden-Baden: Nomos-Verlag. S. 211 f.

60 Vgl. *Hoff, Benjamin-I.* 2006. *Föderalismusreform in der Haushaltsnotlage.* Baden-Baden: Nomos-Verlag. S. 215.

61 BVerfGE 116, 327 – Berliner Haushalt.

62 Vgl. zu den Stellungnahmen der Rating-Agenturen *Stadler, Valentina.* 2007. «Konsequenzen des Berlinurteils aus der Kapitalmarktperspektive». In: *Kai A. Konrad und Beate Jochimsen (Hrsg.).* 2007. *Föderalismuskommission II: Neuordnung von Autonomie und Verantwortung.* Frankfurt am Main: Peter Lang Verlag. S. 33–45.

63 BVerfG. 2 BvF 3/03 vom 19. Oktober 2006, Absatz Nr. 173.

64 Vgl. *Korioth, Stefan.* 2007. «Nach der Föderalismusreform – Perspektiven einer Neuordnung der bundesstaatlichen Finanzbeziehungen». In: *Kai A. Konrad und Beate Jochimsen (Hrsg.).* 2007. *Föderalismuskommission II: Neuordnung von Autonomie und Verantwortung.* Frankfurt am Main: Peter Lang Verlag. S. 49–70.

65 Vgl. hierzu *Konrad, Kai A.* 2007. «Ein Ausweg aus der bundesstaatlichen Verflechtung». In: *Kai A. Konrad und Beate Jochimsen (Hrsg.).* 2007. *Föderalismuskommission II: Neuordnung von Autonomie und Verantwortung.* Frankfurt am Main: Peter Lang Verlag. S. 159 f.

66 *Stark, Jürgen.* 2009. «Eine Bilanz von zehn Jahren Euro und der Geldpolitik der EZB». *ifo Schnelldienst* 62(5). S. 12.

67 *Trichet, Jean-Claude.* 2009. 10 Jahre Euro: Erfolge und Herausforderungen. Rede des Präsidenten der EZB in Osnabrück am 12. Februar. Vgl. auch EU-Kommission. 2008. *EMU@10*, Successes and challenges after ten years of Economic and Monetary Union. S. 17.

68 Vgl. *o. V.* 2010. «Sarkozy: Ohne Griechenland macht der Euro keinen Sinn». *Reuters Deutschland.* 6. März. *O. V.* 2010. «So hilft Deutschland dem schlingernden Griechenland». *Die Welt.* 11. Februar. *Hope, Kerin und Jamil Anderlini.* 2010. «Athens turns to Beijing for bond sale». *Financial Times.* 27. Januar. S. 1. *Issing, Otmar.* 2010. «Die Europäische Union am Scheideweg». *Frankfurter Allgemeine Zeitung* Nr. 24. 29. Januar. S. 12. *Ruhkamp, Stefan.* 2010. «EZB spricht sich gegen IWF-Hilfen aus». *Frankfurter Allgemeine Zeitung* Nr. 54. 5. März. S. 11.

69 *Dams, Jan.* 2010. «Liebäugeln mit einem EU-Währungsfonds». Interview mit Wolfgang Schäuble. *Welt am Sonntag* Nr. 10. 7. März. S. 5. *Alich, Holger und Frank Drost.* 2010. «EU-Währungsfonds gewinnt neue Fans». *Handelsblatt* Nr. 46. 8. März. S. 1. *Gros, Daniel und Thomas Mayer.* 2010. «How to deal with souvereign default in Europe: Towards a Euro(pean) Monetary Fund». *CEPS Policy Brief* 202.

70 *o. V.* 2010. «Baroso und Merkel verteidigen Europäischen Währungsfonds». *Spiegel Online.* 10. März.

71 *Brost, Marc und Matthias Geis.* «Wir sind normal. Das ist auch nicht recht». Interview mit Wolfgang Schäuble. *Die Zeit* Nr. 14. 31. März. S. 2.

72 *Cohen, Michael D., James G. March und Johan P. Olsen.* 1972. «Garbage can model of organizational choice». *Administrative Science Quarterly* 17(1). S. 1–25.

73 Vgl. Statement by the Heads of State and Government of the Euro Area, Brüssel, 25. März 2010. Regierungserklärung von Angela Merkel zum Europäischen Rat am 25./26. März 2010.

74 *Häde, Ulrich.* 2009. «Staatsbankrott und Krisenhilfe». *Europäische Zeitschrift für Wirtschaftsrecht (EuZW).* S. 273.

75 BVerfGE 89, 155 vom 12. Oktober 1993, II (5).

76 Vgl. *Darnstädt, Thomas.* 1998. «Vier gegen den Euro». *Der Spiegel.* 12. Januar.

77 Vgl. *Schmidhuber, Peter M.* 1994. «Europa nach Maastricht». *Schriften des Zentrums für Europäisches Wirtschaftsrecht* 39. S. 24.

78 Vgl. z. B. *Weber, Albrecht.* 1994. «Die Wirtschafts- und Währungsunion nach dem Maastricht-Urteil des BVerfG». *Juristenzeitung* 49(2). S. 60, sowie *König, Doris.* 1994. «Das Urteil des Bundesverfassungsgerichts zum Vertrag von Maastricht – ein Stolperstein auf dem Weg in die europäische Integration?». *Zeitschrift für ausländisches öffentliches Recht und Völkerrecht* 54. S. 35.

79 Statement by the Eurogroup. Brüssel. 2. Mai 2010.

80 Statement of the Heads of State or Government of the Euro Area. Brüssel. 7. Mai 2010.

81 BVerfG, 2 BvR 987/10 vom 7. Mai 2010, Absatz Nr. (1–28), Absatz 26.

82 Council of the European Union, Press Release, Extraordinary Council Meeting Economic and Financial Affairs. Brüssel, 9./10. Mai 2010 (9596/10 (Presse 108).

83 Helmut Seitz hat eine ähnliche Darstellung zur Einordnung von Vorschlägen zur Schuldenbegrenzung von Bundesländern im Rahmen der Föderalismuskommission II gewählt. Vgl. *Seitz, Helmut.* 2007. Stellungnahme zum Fragenkatalog für die öffentliche Anhörung zu den Finanzthemen am Freitag, dem 22. Juni 2007, der Kommission von Bundestag und Bundesrat zur Modernisierung der Bund-Länder-Finanzbeziehungen. Kommissionsdrucksache 023.

84 Vgl. *Hellwig, Martin.* 1998. «Systemische Risiken im Finanzsektor: Finanzmärkte im Spannungsfeld von Globalisierung, Regulierung und Geldpolitik». *Schriften des Vereins für Socialpolitik.* Band 261. S. 123–151.

85 Vgl. *Uebersax, Peter.* 2005. *Erfahrungen und Lehren aus dem «Fall Leukerbad».* Basel: Helbing & Lichtenhahn.

86 Vgl. *Sinn, Hans-Werner.* 2009. *Kasino-Kapitalismus.* Berlin: Econ Verlag, sowie *Alessandri, Piergiorgio und Andrew Haldane.* 2009. Banking on the State. *BIS Review* 139.

87 *Nakamoto, Michiyo und David Wighton.* 2007. «Citigroup chief stays bullish on buy outs». *Financial Times.* 10. Juli. S. 1.

88 *Paulson, Henry.* 2010. *On the Brink.* Terra Alta: Headline. S. 69 f.

89 Angesichts eines Weltbruttoinlandsprodukts von rund 60 000 Mrd. *US*-Dollar im Jahr 2008 (United Nations Statistics Division, National Accounts Main Aggregates Database) und der konservativen Schätzung, dass die Kapitalmenge ungefähr zweieinhalb mal so hoch ist, ergibt sich ein Weltkapitalstock von ca. 150 000 Mrd. Dollar. Dem gegenüber sind die griechischen Staatsschulden von rund 400 Mrd. *US*-Dollar (300 Mrd. Euro) ein Anteil von ca. 0,27 Prozent.

Register